»Der Wald wurde mein Studierzimmer« (Jean-Jacques Rousseau)

Georg Penker

Im Dialog mit der Natur

Landschaftsarchitektur
seit 1960

Wienand

Inhalt

7 **Meine Planungsphilosophie**

11 **Hausgärten**
12 Hausgarten Böninger München-Grünwald, 1962
14 Hausgarten Döhmen, Viersen, 1969
15 Hausgarten in Ahlen, 1987/88
18 Hausgarten von Dohnany Bad Godesberg, 1972
20 Hausgarten de la Motte, Köln, 1993/94

23 **Verwaltungsgebäude – Grüne Oasen**
24 Hauptverwaltung Colonia Versicherung Köln-Holweide, 1981 – 1984
28 Neubau Forschungs- und Entwicklungszentrum der Heidelberger Druckmaschinen AG Heidelberg, 1987 – 1990
32 Hauptverwaltung Victoria Versicherung Düsseldorf, 1980 – 1986/1996 – 1998
36 Landeszentralbank Wiesbaden 1979 – 1982
38 Westend Carree Frankfurt a. M., 1990/91
40 Baykomm Kommunikationszentrum Leverkusen, 1989 – 1991
42 Hauptverwaltung Fuji Düsseldorf, 1993/94
44 Josef Lamy GmbH Heidelberg, 1994/95
46 Hauptverwaltung Provinzial Versicherung, Düsseldorf, 1992 – 1995
50 Internationales Handelszentrum (IHZ) Düsseldorf, seit 1994 in Planung

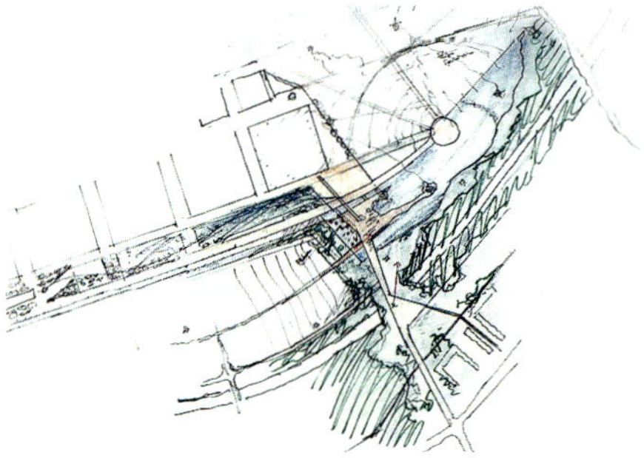

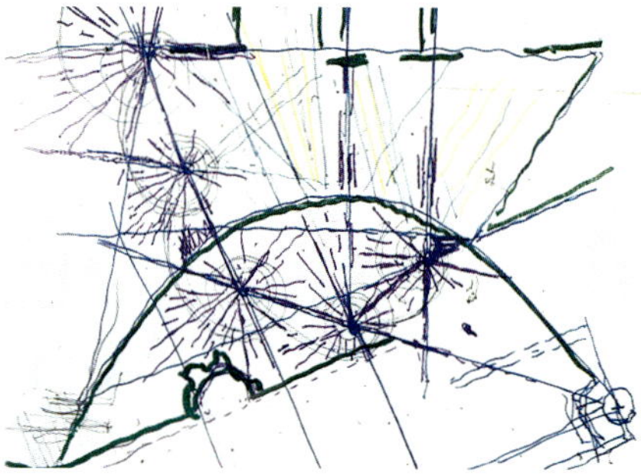

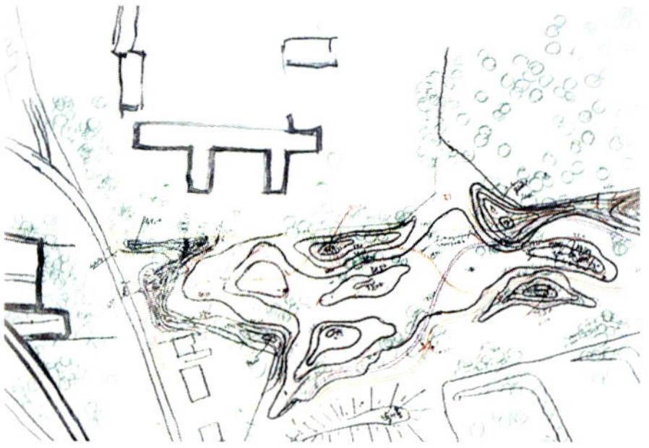

53 **Öffentliche Außenanlagen**
54 Heinrich-Heine-Universität Düsseldorf, 1964 – 1997
58 Ruhr-Universität, Bochum, 1966 – 1971
60 Sprengelmuseum, Hannover, 1985 – 1987
62 Stadthalle Hagen, 1980 – 1982
64 Spielbank Hohensyburg, 1986 – 1989

67 **Stadtplätze und Fußgängerzonen**
68 Remigiusplatz Viersen, 1990 – 1992
69 Fußgängerzone Dormagen 1983/84/1995 – 1997
70 Fußgängerzone Kaldenkirchen-Nettetal, 1974/75
71 Fußgängerzone Euskirchen, 1973 – 1975
72 Projekt Neuss-Innenstadt, 1996

75 **Gewerbeparks**
76 Gewerbegebiet Marl, 1992/93
78 Profilfertigungszentrum Josef Gartner & Co. Gundelfingen, 1991 – 1993

81 **Städtebauliche Konzepte**
82 Netzpark »Grüner Süden« Düsseldorf, 1985 – 1987
86 Rheinuferstraße/Landtag/Rheinpark Düsseldorf, 1988 – 1996
90 Yanbu, 1986
93 Altstadt, Köln, 1984 – 1986
96 Expo 2000, Hannover, 1992/1996

101 **Gartenschauen**
102 Spiellandschaft der Bundesgartenschau Gruga Essen, 1964/65
104 Bundesgartenschau Berlin, 1985
106 Bundesgartenschau Düsseldorf, 1987
108 Landesgartenschau Grevenbroich 1991 – 1995

114 **Kinderspiele**

119 **Parkanlagen**
120 Biegerhof, Duisburg, 1965 – 1967
122 Höhenpark, Witten, 1962/63
123 Nordpark, Düsseldorf, 1955 – 1959
126 Rheingarten, Köln, 1980 – 1983
130 Ein deutscher Garten am Parlament Bonn, 1989

133 **Landschaftsplanung**
134 Ruderregatta-Anlage München-Schleißheim, 1969 – 1972
136 Borner See, 1970 – 1972
138 Freizeitzentrum Kemnadersee Bochum-Witten-Herbede, 1979 – 1982

141 **Veröffentlichungen** von Georg Penker

152 **Über mich**

156 **Werkverzeichnis**

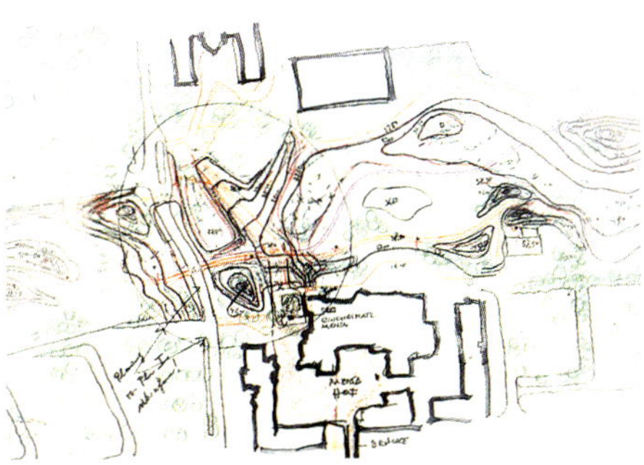

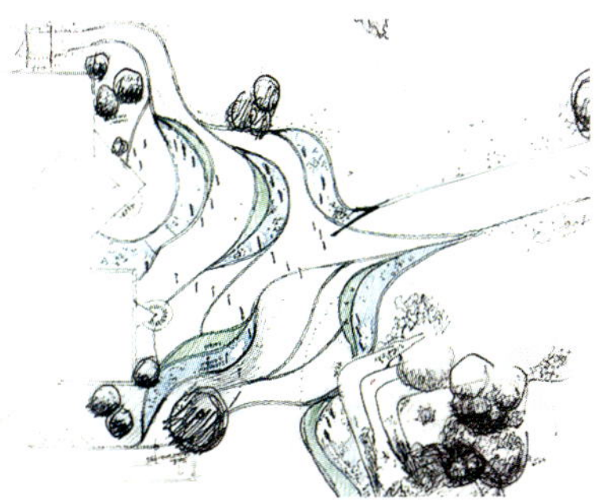

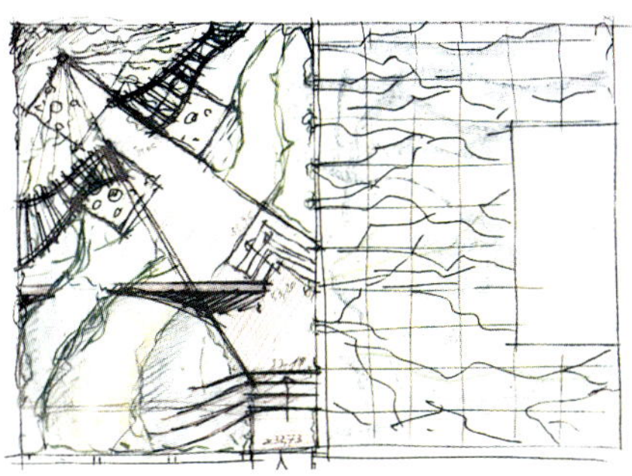

Für Erika,

meine Frau, die meinen Lebensweg
seit nunmehr 35 Jahren begleitet
und auch in dunklen Stunden
kompromißlos an meiner Seite stand.
Die Spannbreite unserer langen
Lebensarbeit ist groß, und
sie ist nur gemeinsam möglich gewesen.
Deshalb – und weil sie mich
in der Arbeit zu diesem Buch bestärkt hat –
habe ich es ihr gewidmet.

Meine Planungsphilosophie – statt eines Vorwortes

Wenn ich nur die Dichter, die Devisen einen Blumenteppich, die den Rasen rasenderweise ein schwellendes grünes Sammelkissen nennen, wenn ich nur die drei Stund lang barfuß herumjagen könnte, in der so vielfältig und zugleich so einfältig angeverselten Landnatur, ich gebet was drum.
(J. N. Nestroy)

Während der Arbeit an diesem Buch hat man mich gefragt, ob ich nicht auch über meine Planungsphilosophie schreiben wolle. Ich denke, daß – sofern der Leser die Mühe auf sich nimmt und sich durch dieses Konvolut rackert – er aus dem Kontext unschwer meine Konfession erkennen wird. Und doch möchte ich sie hier einleitend nochmals kurz zusammenfassen. Die im folgenden vorgestellten Einzelprojekte dokumentieren zahlreiche aus der Praxis entwickelte Planungsansätze über einen Zeitraum von bald 40 Jahren. Gerade nach dem Durchgang durch dies umfangreiche Material erscheint es sinnvoll, die eigene Haltung, die meiner Planungsarbeit zugrundeliegende Überzeugung zusammenfassend auf den Begriff zu bringen. Der Satz Rousseaus, den dieses Buch auch als Motto trägt, wurde zu meiner Lebensmaxime. Die Auseinandersetzung mit der Natur, das Spannungsverhältnis von Natur und Zivilisation, welches heute so viele bewegt, war immer mein zentrales Thema. Angesichts der unaufhaltsam voranschreitenden Zivilisation geht es ohnehin nur noch um Rückzugsgefechte für die Erhaltung der Natur.

Heute, im Zeitalter der Beliebigkeit, in dem »alles geht«, wechseln die Moden, wie man Hemden wechselt. Postmoderne, Konstruktivismus, Strukturalismus, Minimalismus sind die Schlagworte. Künstlichkeit triumphiert bis zum Exzeß, wird ungehemmt genutzt, gestaltet ohne zu reflektieren, so daß unsere Erde zu einem absehbaren Zeitpunkt »global gestaltet« sein wird. Im günstigsten Fall und als Utopie, werden wir den Globus als Gesamtkunstwerk bestaunen können. Die Natur wird dann museal in die Naturparks verbannt. Der Evolution der Natur folgt die der Zivilisation, und der

Weg zur totalen Künstlichkeit ist scheinbar unausweichlich. Es gibt in dieser Konfusion kaum noch einen allgemein verbindlichen Konsens.

Ein Beispiel dafür, wie weit wir die Natur manipulieren, zeigt die moderne »Meeresbewirtschaftung«. Der Lachs, dieses pfeilschnelle Tier, wird in »Unterwasserfarmen« zum »Stalltier des Meeres« eingepfercht – ähnlich der Massentierhaltung bei Hühnern. Mit Gift rückt man seinen Schädlingen und damit letztlich auch uns zu Leibe. Transgene Karpfen werden ebenso zu verfetteten, trägen Tieren – und nun das »geklonte« Schaf »Dolly«, diese wundervolle Kopie seiner Mutter, oder ist die Mutter sein Bruder oder seine Schwester, oder ist sie die Tochter oder der Zwilling der Mutter? Aber wer auf Zukunft setzt, muß dem Untergang widerstehen.

So bleibt dem Forscherauge des Homo Faber nichts verborgen. Homo Ludens dagegen traktiert in seiner Freizeit als Massentourist im zunehmenden Maße die letzten Flecken dieser Erde. Auch den Künstlern ist ihr Atelier zu eng geworden. Wüstenlandschaften sind nun die Herausforderung. Auf den letzten Gipfeln der Gebirge werden Happenings veranstaltet – und alle staunen . . .

Was hat das alles mit meiner Planungsphilosophie zu tun?

Der Mensch mit seiner vom ihm geschaffenen Zivilisation wird sich mit der Natur dieser Erde arrangieren müssen. Für mich ist das Ziel die »Schöpfungsverträglichkeit« unserer Handlungen und Vorhaben. Unser Kompaß muß die Natur sein, an ihr müssen wir uns orientieren. Für mich bleibt die Vision eines harmonischen Ausgleichs von Natur und Zivilisation das Ziel – ein schöpfungsverträglicher Umgang mit der Erde. Starke Visionen besitzen eine eigene Macht.

Die Wiederentdeckung der Poesie

Seit die modischen, dekorativen Flächenraster in die Landschaftsplanung Einzug gehalten haben, entfloh die Poesie den Gärten. Dabei läßt sie uns die menschenverachtenden Machwerke der herrschenden Mode vergessen und vertreibt sie aus unseren Gedanken.

Es gilt also die poetische Gartenkunst wieder zu erfinden. Durch sie wird die Natur veredelt und erhöht. Ihre Attribute sind Charme, Leichtigkeit, Verneigung vor der Natur und Glück.

Poetische Gärten sind herausgehobene Inseln der Glückseligkeit, sie werden als Refugium empfunden, in dem sich der Mensch ohne Konventionen der Liebe hingibt. Erotik ist das Leitmotiv der Gartenpoesie. Ein Garten, ein Park soll Gefühle provozieren, sonst verdient er seinen Namen nicht. Nur so erliegen wir seinem Zauber, und nur so können wir die Komplexität der vieldeutigen Welt gegen die destruktiven Kräfte der Vereinfacher retten.

Die Natur ist voller Wunder. Jeder Tag versetzt mich in Staunen über sie. Endzeitstimmung ist also nicht gefragt, aber: Nachdenken ist angesagt.

Hausgarten Erika und Georg Penker, Neuss

Hausgärten

Was soll ein Garten, wenn er nicht ein Gedicht von ganz bestimmtem Klange ist. (J. v. Eichendorff)

Natur und Kunst sollen sich dem Bewohner des Gartens als Einheit, als »Buch der Natur« offenbaren. Diesem Wunschbild nach einer idealen Welt entspringt wohl die Vorstellung vom Paradies als Garten.

Auf Gemälden alter Meister aller Kulturen finden wir Darstellungen des Paradiesgartens – wohlgeordnet leben Mensch, Pflanzen und Tiere friedlich nebeneinander. Im heutigen, brüchig gewordenen Weltbild ist uns der Garten um so mehr zum Ort der Zuflucht geworden – jedoch mögen wir an diese wohlfeile Paradieswelt nicht mehr so recht glauben.

Deshalb bewundern wir auch fasziniert die »Wildnis der Natur« als andere, uns fremde Ordnung, als eine Gegenwelt mit eigenen Gesetzlichkeiten und beginnen, den »Garten der Natur« als eine andere Form von Garten zu sehen.

Was immer man unter einem »Garten« auch versteht, er ist gleichsam die Kammermusik, bisweilen das Capriccio der Gartenkunst. Hier kann realisiert werden, was in den großen öffentlichen Parks nicht möglich ist. Hier offenbart sich der »Gartenschöpfer« ungeschminkt – entfaltet sein Wissen um die belebte Natur und deren Zusammenwirken mit der unbelebten Natur. Vieles will bedacht sein, die Kenntnisse über Pflanzen und Tiere, die Abhängigkeiten vom Klima, Boden und über die Einflüsse der unbelebten Natur.

Auf kleinstem Raum, in dem Mensch, Tiere und Pflanze in enger Beziehung stehen, kann der Bewohner des Gartens die Schönheit der Natur intensiv empfinden: Den Wechsel der Jahreszeiten von den ersten zaghaften Knospen im Frühjahr, dem Wachsen und Sprießen, dem Blütenreichtum im Sommer, dem Fruchtschmuck, der Blattfärbung und dem Laubfall im Herbst bis zur winterlichen Ruhe mit Rauhreif, Nebel und

Schnee. Die Wahrnehmungen von Duft, Farbe und Stimmung sind elementare sinnliche Erlebnisse. Und so wird der Garten zur Oase der Ruhe und Entspannung von den Anstrengungen des Alltags.

Die Staudenwelt im Garten erlebte eine Renaissance. Der verehrte Gärtnerdichter und Staudenzüchter Karl Förster hat hier Pionierhaftes geleistet. Wortschöpfungen wie »Traumulus«, »Gletscherfirn« vermitteln Begeisterung, ja Verklärung der Staudenwelt. So sind Gärten ein wahrer Lebensquell für die Menschen, seien es die einfachen, hauptsächlich zur Selbstversorgung dienenden Klein- und Schrebergärten oder die großen repräsentativen Kunstgärten.

Formalistische Entwürfe, wie sie heute Mode sind, in denen die Pflanze nur als Mittel zum formalen Zweck verwendet oder besser »mißbraucht« wird, offenbaren »Entfernung von der Natur«. Beispielhaft stehen hier die »Kreationen« der Amerikanerin Martha Schwartz. Auch wenn man sie als ironische Verfremdung oder Anspielung auf unsere pervertierte technische Zivilisation verstehen wollte – für den Garten als Sinnbild des Paradieses sind sie wohl untauglich.

Walter Benjamin formuliert hierzu in seinem Passagen-Werk: »Die Mode besteht ja nur aus Extremen. Da sie von Natur aus Extreme sucht, bleibt ihr nichts übrig, als sich beim Aufgeben einer bestimmten Form genau dem Gegenteil zu überliefern.«

Vergessen wir vor allem nicht den Bauherrn, den Bewohner des zukünftigen Gartens. Zugeschnitten auf ihn, auf seine speziellen Bedürfnisse, entsteht ein Nutzungs- und Ästhetikkonzept, das seiner Vorstellung entspricht. Für mich steht er immer im Zentrum der Überlegungen und des Geschehens. Selbstverwirklichung auf Kosten des Bauherrn, monomanische Auslassungen und Eitelkeit des Planers sind nicht meine Sache. Trotzdem ist ein Garten nur dann gelungen, wenn sich letztendlich – bei aller Berücksichtigung der Wünsche und der Persönlichkeit des Bauherrn – die Handschrift des Planers zeigt.

Sehen, Fühlen, Imagination, den Geist des Ortes erspüren, all das ist untrennbar mit meiner Arbeit verbunden. Oft kehre ich an den Ort, der einmal Garten werden soll, zurück. Langsam entwickelt sich eine Beziehung, die aus vielen Schichten besteht, man wird empfindlich für Wesentliches. Bewegung, Veränderung, Wachstum und Zufall sind es, die mich bewegen. Diese Erkenntnis ist der Schlüssel zum Verständnis der Natur. Der Widerstand, den ein Ort herzugeben vermag, treibt oft zur Resignation – bis sich endlich das Problem löst.

Norden und Süden, die Himmelsrichtungen, sind Schlüsselbegriffe zum Verständnis einer Landschaft, eines Ortes. Die Kontaktaufnahme mit der Natur läßt mich zum Wesen eines Ortes vordringen, seinen Jahreszeiten und Veränderungen. So ergeben sich in meiner Arbeit auch Konflikte, unbequeme Spannungen, die Kreativität erzeugen.

Gärten sind Orte der Kraft, von Spannungen und Aufeinandertreffen terrestrischer und kosmischer Energien. Wenn dies gelingt, ist eine wesentliche Aufgabe der Gartenplanung erreicht.

Hausgarten Böninger München-Grünwald, 1962

Naturgarten am Waldrand.
Ein erster Schritt gegen das bisher Praktizierte: Zivilisation und Wildnis – im Garten miteinander.
Mensch und Natur im Einklang

Die Planung dieses Gartens Anfang der 60er Jahre ist die Geschichte einer kleinen Revolution. Bauherr und Landschaftsarchitekt waren in der Umsetzung der neuen Ideen, die an Radikalität der Planung und Ausführung kaum mehr zu überbieten sind, von Beginn an einig. Ein konsequenter Naturgarten entsteht.
Der Garten Böninger liegt in München-Grünwald im Randgebiet des Perlacher Forstes. Bei Kriegsende war er mit großen Fichten bestanden, die vermutlich während der Kohleknappheit 1946 abgeholzt wurden. Nur an den Rändern blieben Fichten erhalten, die den waldartigen Eindruck bewirken.
Als 1959 mit dem Bau des Hauses begonnen wird, hat sich im gerodeten Mittelteil des Grundstücks ein dichter Wildaufwuchs gebildet. Er besteht aus angesamten Weidenarten, Eichen, Hainbuchen und Haselnüssen in einer Höhe von 6 bis 10 m mit am Boden wuchernden Himbeeren und Brombeeren.

Eine Bodendecke von dicht stehenden Buschwindröschen blüht jedes Jahr in überwältigender Schönheit.
Im Bereich der großen alten Fichten dagegen, wo sich das Strauchwerk nicht mehr durchsetzen konnte, sind sattgrüne Moospolster und Heidelbeeren vorhanden.
Der Bauherr und zugleich Architekt hat für seine große Familie ein für damalige Verhältnisse aufsehenerregendes Haus im Stil Richard Neutras geplant: ein eingeschossiger Flachbau, der allseitig mit Glas umgeben ist.
Die Planungsidee besteht darin, den kristallinen Baukörper des Hauses im Gegensatz zur elementaren Natur – zur Wildnis – zu bringen. So sollen die Bewohner die ursprüngliche Natur ebenso erleben wie das Spannungsverhältnis von Architektur und Wildnis.
Deshalb wird die Terrasse 30 cm über den Erdboden angehoben, so daß sich der Baukörper klar absetzt. Nicht die

Pflanzbeete im Innenhof

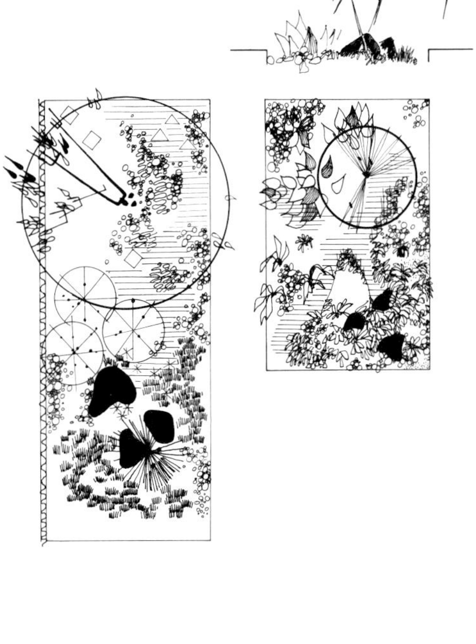

Der im Gegensatz zur Wildnis streng gestaltete Innenhof

Ungezähmte Wildnis brandet gegen das Haus

Verbindung mit der Natur, sondern der Gegensatz zu ihr wird gesucht. Einzig der Innenhof erhält eine starke formale Gestaltung und ist dem Hause zugeordnet. So geht es bei der Durchführung im wesentlichen darum, die im Nahbereich des Hauses beeinträchtigte Vegetation zu regenerieren. Zum Glück zieht der Bauherr den Gartenarchitekten schon vor Beginn der Planung des Hauses zu Rate.

Das Baugelände wird durch Schutzzäune eng begrenzt, außerdem werden die Stämme der großen Bäume durch Brettschalungen geschützt. Ohne große Schwierigkeiten ist es später möglich, die in Mitleidenschaft gezogenen und sehr kleinen beschädigten Restflächen um das Haus mit Gehölzen aus dem Bestand zu ergänzen. In der Mitte des Grundstückes entsteht eine mit Gehölzen durchsetzte waldartige Lichtung mit angesamten Wildstauden wie etwa Weidenröschen, Buschwindröschen und Fingerhut.

Für die Kinder ist diese Wildnis ein Paradies, vor allem auch für die Nachbarskinder aus den »Standard-Ziergärten«. Die meisten Besucher reagieren zunächst distanziert und verständnislos auf den Garten.

Häufig wird dem Bauherrn nahegelegt, nun auch die Wildnis »in Ordnung« bringen zu lassen. Es dauert manchmal eine Weile, bis die Absicht von den Besuchern in diesem Garten begriffen und dann begeistert aufgenommen wird.

Daß die Natur grausam ist, ist doch wohl eine typisch anthropozentrische Auffassung. Sie existiert, sie ist da und ist tätig, und wir gehören dazu und sind immer dann ganz sicher auf dem Holzwege, wenn wir uns über die »Natur« Gedanken machen und sie als etwas Fremdes und Feindliches empfinden. (H. Hesse)

Hausgarten Döhmen
Viersen, 1969

Ein guter Rat ist billig und spart viel Arbeit und Geld

Der Garten liegt am Stadtrand von Viersen, an einem üppig bewachsenen Hohlweg mit großen Bäumen. Die andere Seite des Hauses öffnet sich zur Landschaft.

Als der Landschaftsarchitekt dazukam, war der Garten sozusagen schon »fertig« – im traditionellen Sinne und nur mit viel Pflegeaufwand zu unterhalten. Dies galt es zu verbessern.

Da das Grundstück rundum von landschaftstypischem Bewuchs umgeben ist, gibt er den Rat, nichts mehr zu pflegen, sondern alles wachsen zu lassen, sich auf die »faule Haut« zu legen und auf die Natur zu warten. Ein preiswerter und unkomplizierter Rat. Bei der nächsten Vegetationsperiode sind die Bauherren verblüfft. Alles sprießt und blüht in wunderbarer Weise: Zunächst kommen Weidenröschen als typische Erstbewohner, dann weitere Waldstauden. Der größte Teil ist nun Wildnis.

Heinz und Resi Döhmen sind beide leidenschaftliche Kunstsammler und haben den Garten inzwischen mit Skulpturen verschiedener Künstler bereichert. Natur und Kunst gehen eine erstaunliche Symbiose ein.

Seit damals ist Heinz Döhmen mit dem »Landschafter« befreundet und manch weiterer guter Rat wird untereinander ausgetauscht.

Blick vom Garten auf die Terrasse

Das Haus ist fest im Griff der Natur

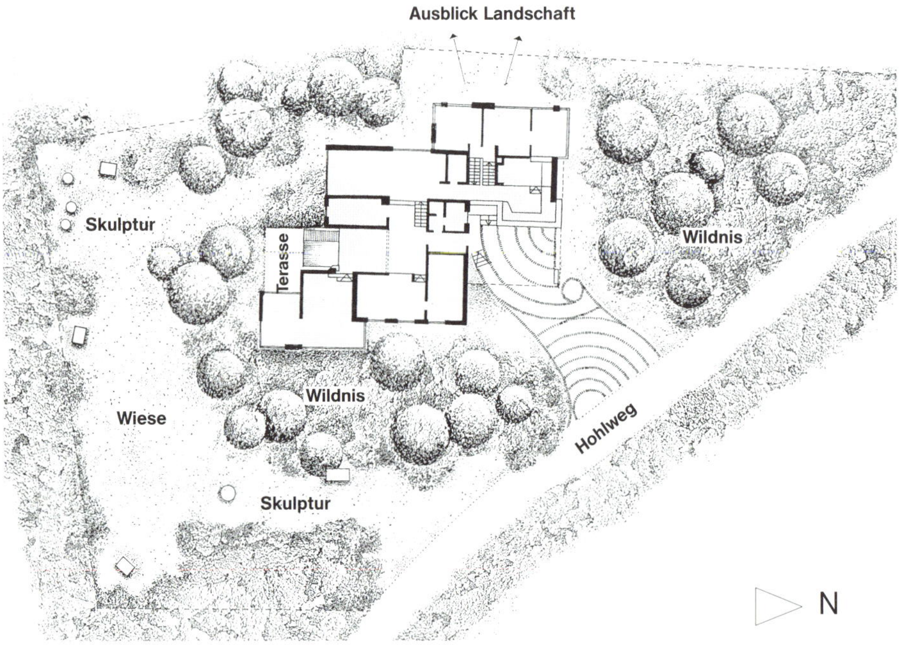

Hausgarten in Ahlen (Westfalen) 1987/88

Garten per Handschlag.
Ahlen in Westfalen: Heimat der Arbeiter.
Heckengärten, Gemüse und Obstbäume mittendrin der neue Garten

Dem Bauherrn wurde es in der Wohnung auf seinem Firmengelände zu eng. Man wollte sich vergrößern, selbst bauen, dabei in Ahlen bleiben.

Als Bauplatz wurde in Firmennähe eine Arbeitersiedlung mit Wirtschaftsgärten ausgesucht. Das Grundstück liegt in der Mitte eines großen Wohnblocks, gebildet durch Einfamilienhäuser mit Gärten. Die Mitte ist mit Wirtschaftsgärten (Arbeitergärten) von 1.000 bis 1.300 m^2 besetzt. Sie sind von etwa 2 m hohen, alten, geschnittenen Weißdorn- oder Hainbuchenhecken umgeben.

Auf den ersten Blick ist dies nicht der passende Rahmen für anders bestimmte Wohn- und Gartenbedürfnisse. Aber im Eingehen auf die vorgegebene Gartenstruktur ergab sich ein interessantes, gekammertes Gartenareal mit sehr unterschiedlich genutzten und gestalteten Einzelgärten. Diese Einzelgärten sind durch Sichtfenster, Durchbrüche, Blickachsen, Hecken- und Laubenwege miteinander verbunden.

Das Gartenkonzept sieht vor, die ehemalige Kleinteiligkeit durch Erhalt der Hecken und der alten Wegeführung zu bewahren. Die Hecke wird damit zum Hauptthema des Gartens.

1 *Spielgarten* 2 *Teichgarten* 3 *Sommer und Staudengarten* 4 *Naturwiese* 5 *Gemüsegarten* 6 *Obstwiese* 7 *Staudengarten* 8 *Baumhaus* 9 *Insel mit Pavillon* 10 *Kastanie mit Rundbank* 11 *Rhododendrongarten* 12 *Pförtner* 13 *Kräuter und Küchengarten* 14 *Wassergarten* 15 *Terrasse* 16 *Laubengang*

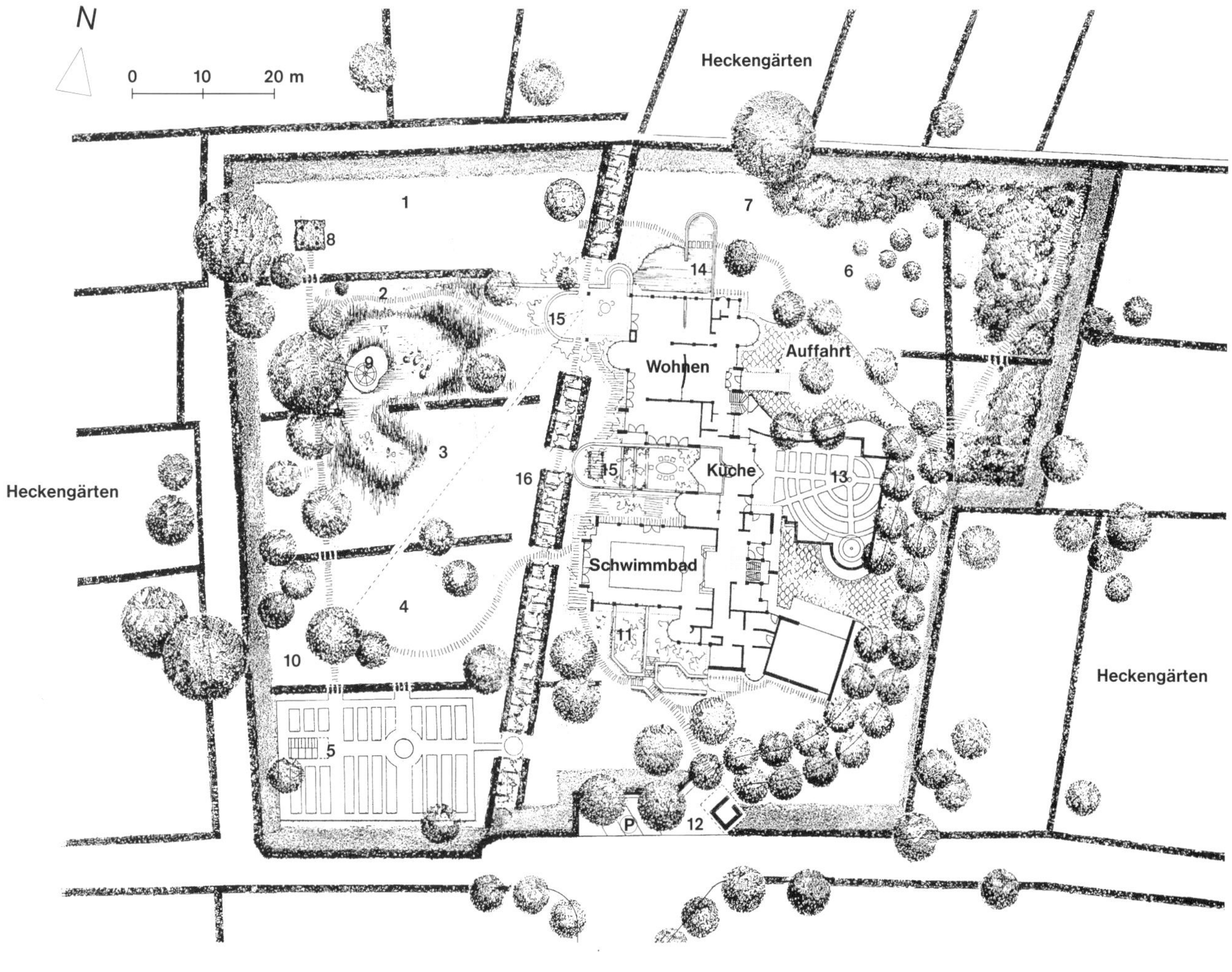

Der alte Heckengang wird mittels Rankpflanzen zum Laubengang weiterentwickelt. Viele kleine Gärten mit unterschiedlicher Thematik und Nutzung entstehen.

Zunächst wollte die Familie einen »romantischen« Garten, ließ sich aber sehr schnell und leicht von dem Heckengartenkonzept überzeugen. Das mittig gelegene Haus ist nun von den vielen kleinen Heckengärten umgeben. Die Anlage besteht aus einem großzügigen Eingangsbereich, einem Wassergärtchen mit Wasserbecken und Sitzterrasse, an der Küche ist ein Kräutergarten angelegt, ein Gemüsegarten mit Kompost etwas weiter entfernt, dazu kommt eine große Spielwiese für die Kinder, eine Naturwiese, ein Teich mit mehreren Freisitzen und einer kleinen Insel mit Pavillon, mehrere Terrassen und eine Wiese mit alten Obstbäumen. Nicht zu vergessen ist der Lieblingsplatz der Kinder: das Baumhaus.

Hausgarten Klaus von Dohnany Bad Godesberg, 1972

Hirtenidylle am Stadtrand

Haus und Garten entstanden 1972 in Bonn-Bad Godesberg, am Rand des Höhenzuges der Ville, einer tektonischen Hebung. Vom Siedlungsrand, bestehend aus Einzelhausbebauung, steigt eine offene, von Gehölzbewuchs freie Wildrasenfläche leicht an, auf der die Geographen der Universität Bonn Vermessungen üben.

Gegensätzlichkeit bestimmt das Bild. Der Nahbereich des Hauses ist an drei Seiten intensiv bepflanzt, die westliche Seite zur Ville hin läßt den Wildrasen bis an die Fassade herankommen. Das üppig bepflanzte Haus steht im Kontrast zum freien, ansteigenden Rasenhorizont.

Schafe, die das ganze Jahr über weiden, halten den Bewuchs niedrig. Schafe und Vermesser kommen gut miteinander aus – fast gibt man sich der Illusion einer ländlichen Hirtenidylle hin.

Auf dem unmittelbaren Baufeld standen und stehen noch immer alte, große Bäume. Um einen besonders schönen Baum herum wird die Gebäudekomposition in Form eines halboffenen Kreises gebaut. Mit Argusaugen achteten der Bauherr, Architekt und Landschaftsarchitekt darauf, daß die Bäume dem Baugeschehen nicht zum Opfer fielen.

Der Gebäudekomplex selbst, vom Architekten Erich Schneider-Wessling geplant, besteht aus drei Häusern, die sich um eine gemeinsame Mitte gruppieren. Dieser Bebauung liegt die Idee einer Wohngemeinschaft zugrunde.

Inzwischen ist alles üppig eingewachsen. Die Fassaden sind intensiv berankt, die Flachdächer zu Reflektionspools ausgebildet. Eine vorgelagerte Teichmulde fängt das Hangwasser auf.

Seitlich des Hauses stehen, zusammen mit einem kleinen Gemüse- und Küchengarten, mehrere inzwischen ausgewachsene Obstbäume.

Hausgarten de la Motte
Köln, 1993/94

Kreative Begegnung von Technik und Natur. Edler Garten mit Stahlpergola und Wasserbecken

1 *Sitzplatz* 2 *Terrasse*
3 *Weißdornhecke*
4 *Wasserbecken*
5 *Rasen* 6 *Pergola*
7 *Mauer* 8 *Pavillon*

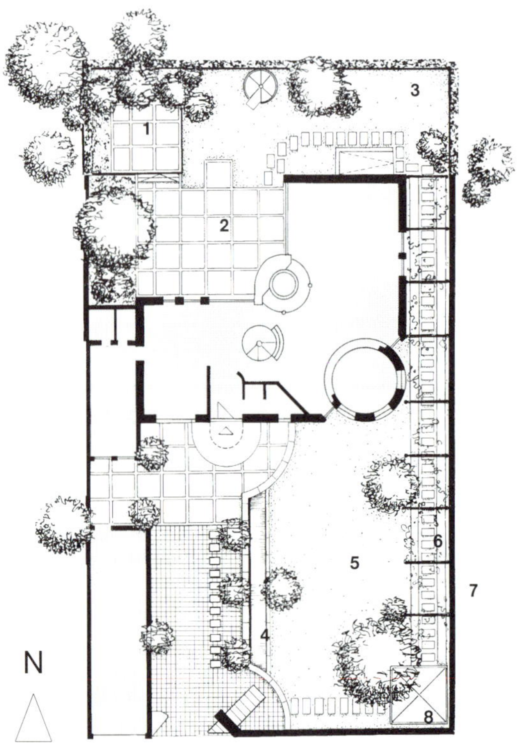

In einer vornehmen Wohnsiedlung aus den 50er Jahren erwirbt der Bauherr ein altes Wohnhaus. Technikbegeisterung und hoher Perfektionismus zeichnen ihn aus. Das völlig umgestaltete Haus mit dem markanten Walmdach verleugnet seine Leidenschaften nicht: Feine und edle Materialien, Marmor und Granit herrschen vor. Zudem lassen sich per Knopfdruck nahezu alle Funktionen im Haus vorher bestimmen, zu jeder Tageszeit und von jedem Ort der Welt aus.
Wie aber läßt sich ein Garten entsprechend technisieren?
Eine kreative Auseinandersetzung beginnt. Selten muß der Gartenarchitekt solch flammende Plädoyers für sein Konzept führen. Letztlich überzeugen aber die Pflanzenideen und wecken Vorfreude beim Bauherren auf Leben und Wachsen in seinem Garten.
Die Auswahl der Materialien Marmor und Granit im Inneren des Hauses wird auch für den Außenbereich richtungsweisend. Extravagantes Kennzeichen des Gartens ist ein interessantes Stahlpergolensystem, das seine Belebung durch Clematis-Arten und Rosen erfährt. Die gewünschte technische Perfektion zeigt sich im Sommer an der automatischen Rasenberegnungsanlage.

Unser gehetztes Arbeitsleben nicht völlig seelenlos werden zu lassen, seinem Riesenmechanismus die Maße und Werte des Menschlichen und Organischen entgegenzuhalten, ist ja heute wohl die wichtigste Funktion jeder Kunst. (H. Hesse)

Blick auf den Sitzplatz mit »Duschtempel« im Vordergrund

Das Stahlpergolensystem

Der Zugang zum Haus mit Baumreihe und langgezogenem Wasserlauf
Lichtplanung: Dinnebier, Wuppertal

1992

Verwaltungsgebäude – Grüne Oasen

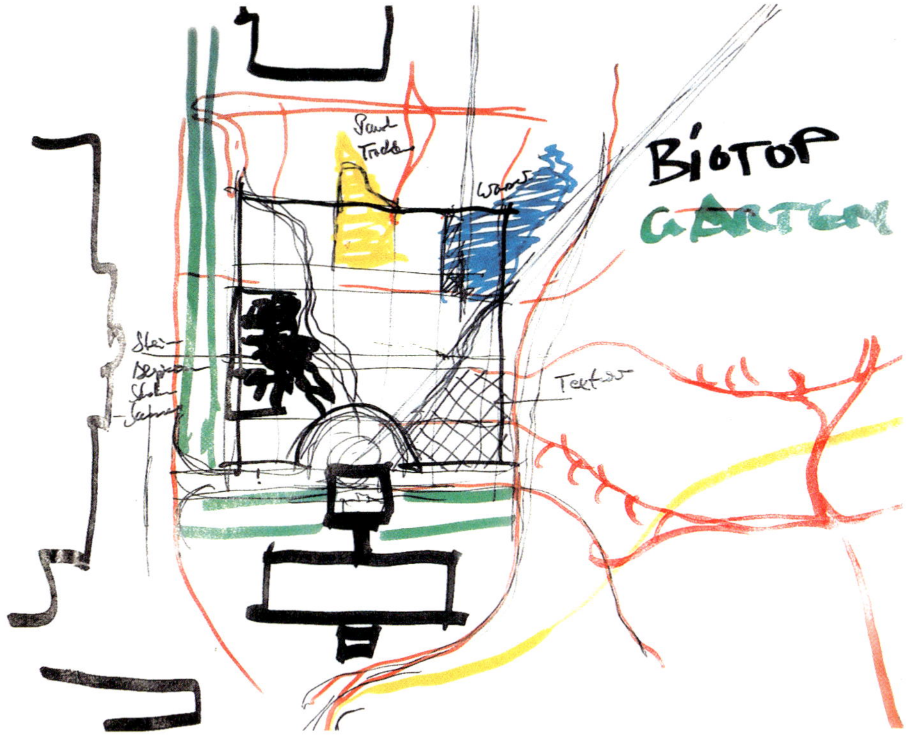

In einer Welt unzähliger Firmen und Konsumprodukte geben sich viele Konzerne eine umfassende, spezifische Firmenphilosophie, um sich von anderen Konkurrenten zu unterscheiden und eine interne Handlungsstrategie auszubilden.
Diese »Corporate identity« bezieht sich nicht nur auf das Produktmarketing, sondern ebenso häufig auf die Gebäudearchitektur und deren Außenanlagen.
Ein verantwortungsvoller Umgang mit der Natur und ihren Ressourcen erscheint vielen Firmen heute als ein zeitgemäßes Aushängeschild. Zudem hat »Grün« ja immer eine positive und freundliche Ausstrahlung.
Ziel dieser Planungen ist eine zurückhaltende, aber souveräne Grüngestaltung, die nicht plump repräsentativ ist, sondern eine eigene, unverwechselbare Identität und durchgehende Idee aufweist. Architektur und Außenanlagen müssen miteinander verschmelzen.
Nicht zuletzt sollen auch die Mitarbeiter ein angenehmes Arbeitsklima vorfinden.

Hauptverwaltung Colonia Versicherung Köln-Holweide, 1981 – 1984

Planung großzügiger, naturnaher Freianlagen mit urwaldartigen Dachflächen, exotischen Innenhöfen und vielgestaltigen Gewässern.
Köln am Rhein – Colonia weltweit.
Integration vor Ort – und im Innenraum die große weite Welt

Wer einen Baum erhalten will, muß einen Wald fordern. (Arabisches Sprichwort)

Mit dem Neubau der Hauptverwaltung des international arbeitenden Versicherungskonzerns Colonia wurde 1982 auf dem Gelände in Köln-Holweide begonnen. Der Entwurf sieht ein sechsgliedriges Gebäudeensemble vor, bestehend aus einem Eingangsbereich mit allgemeinen Einrichtungen und »fünf Heimathäusern«, die sich um einen großen Innenhof gruppieren.
Das Grundstück liegt auf der rechtsrheinischen Niederterrasse des Rheins, zwischen Königsforst und Rhein. Die Landschaft weist keine größeren Höhenunterschiede auf, und durch die Flurbereinigung ist sie weitgehend »ausgeräumt«. Aus dem östlich gelegenen Königsforst führen zahlreiche kleine Fließgewässer zum Rhein. Es gibt dort noch Wasserburgen und wasserumschlossene ehemalige Herrensitze.
Dieser Wasserreichtum ist Anlaß, das Wasser als dominantes Gestaltungsmittel zu nutzen. Charakteristisch ist das

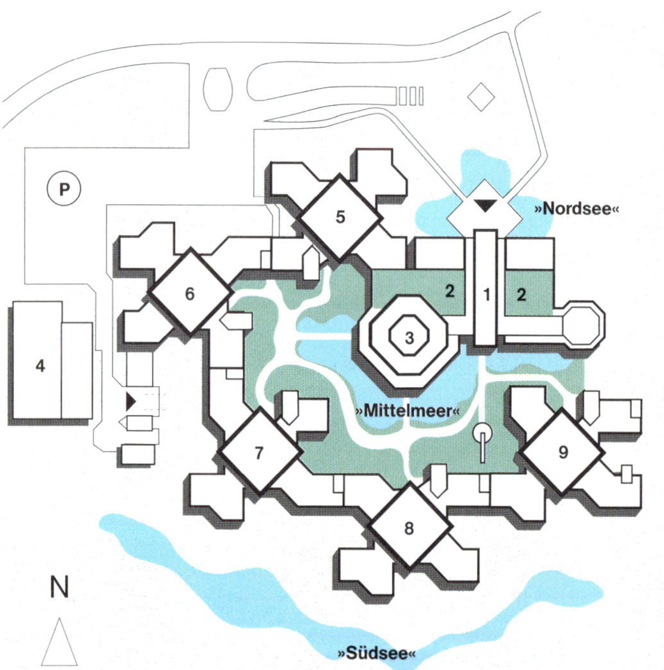

1 *Eingangsgalerie* 2 *Vorstandsgärten*
3 *Restaurant* 4 *Sporthalle*

gestaltete Grünflächen
gestaltete Wasserflächen

Innenbegrünung
5 *Tropendschungel*
6 *Palmen-Plaza*
7 *Ficus-Plaza*
8 *Yucca-Plaza*
9 *Kakteenlandschaft*

dreistufige Gewässerkonzept: Am Haupteingang im Norden ein architektonisch elegantes Becken über einer Tiefgarage mit klarem Wasser, im parkartig gestalteten Innenhof ein naturnaher Teich und im Süden ein seeähnliches Gewässer, landschaftlich ausgebaut und in seiner Entwicklung weitgehend sich selbst überlassen.

Irgendwann erhielten die drei Gewässer ihre Namen, nämlich »Nordsee«, »Mittelmeer« und »Südsee«. Für die Mitarbeiter bieten sie eine Art Identifikationsmerkmal: Colonia im und am Wasser.

Blick in den Innenhof

Ziel des Entwurfes ist eine landschaftsgerechte Einbindung der städtebaulichen Großform in die Niederterrasse der Rheinlandschaft. Verwirklicht wird diese Idee durch Pflanzungen von Großbäumen.

Das Areal – auch der Haupteingang – ist nicht im üblichen Sinn repräsentativ gestaltet, sondern der Gebäudekomplex steht in kräuterreichen Wiesen, Gebüsch- und Baumgruppen aus heimischen Gehölzen.

Die Gestaltung der Atrien in den fünf Bürohäusern spiegelt hingegen die weltweite Ausrichtung des Konzerns wider und schafft damit auch ein Stück Identifikation für die Besucher aus allen Erdteilen.

Seefläche im Süden. Zur Laichzeit sind hier hunderte von Kröten und Unken zu hören

Jedes der fünf Häuser umschließt ein zentrales Atrium unter einer Glaskuppel. Die Bepflanzung ist so gewählt, daß sie die internationale Ausrichtung der Versicherung spiegelt:

- ein artenreicher Tropenwald
- eine amerikanische Kakteenlandschaft
- eine Palmen-Plaza mit Südseeatmosphäre
- eine mittelamerikanische Jucca-Plaza
- eine Ficus-Plaza, die Assoziationen zu den Tropen zuläßt.

Diese Gestaltung ermöglicht eine Identifikation und Unterscheidung der einzelnen Gebäudeteile. Um die Innenhöfe sind Räume für die Besuchergespräche angeordnet, und der Empfangssituation entsprechend sind die Innenhöfe attraktiv gestaltet. Auf den Plazas stehen Tische und Stühle, um wartenden Kunden wie Mitarbeitern in ihren Pausen einen angenehmen Aufenthaltsplatz zu bieten.

Die den Vorstandsräumen zugeordneten Dachgärten sind dschungelartig ausgebaut. Wer auf den schmalen »Naturpfaden« geht, kann trotz der kleinen Höfe die seitlich sie umschließenden Gebäude nicht mehr wahrnehmen. Man verläßt »gestreßt« das Büro und befindet sich sogleich in einer Art Gegenwelt, abgeschirmt von der Zivilisation, und kann seinen Gedanken nachgehen.

Rechts:
Der Vorstandsgarten auf dem Dach der ersten Etage. Durch die dichte Bepflanzung wird die seitliche Bürobebauung nicht wahrgenommen

Die Innenbegrünung der unterschiedlich gestalteten Atrien

Pflanzplan und Schnitt eines Innenhofes

Neubau Forschungs- und Entwicklungszentrum der Heidelberger Druckmaschinen AG Heidelberg, 1987 – 1990

Innenhöfe und begrünte, überdachte Plaza als Wintergarten.
Landschaftliche Dachgärten.
Einheit von Architektur und Garten

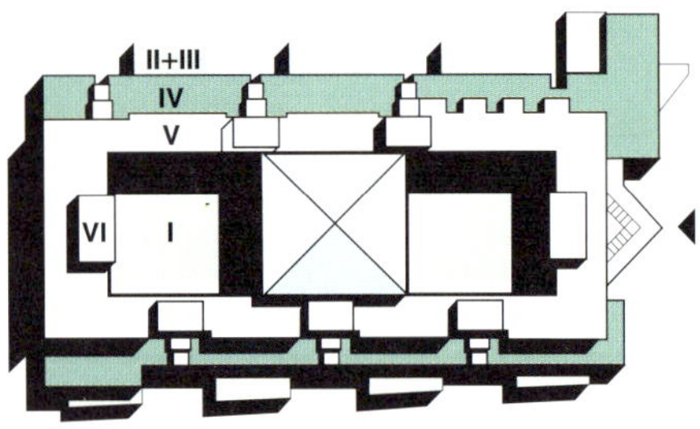

gestaltete Grünflächen
Glasdach

Eine großzügige Innenraumbegrünung bildet das Herzstück des Forschungs- und Entwicklungszentrums der Heidelberger Druckmaschinen AG.
Das Architekturkonzept sah zunächst eine Blockrandbebauung mit drei offenen Innenhöfen vor. Diese Dreiteilung resultierte aus zwei Stahlbrücken auf jeweils vier Ebenen, die die Außentrakte miteinander verbinden. Aufgrund der Zusammenarbeit mit dem Landschaftsarchitekten entscheidet man sich, den mittleren Innenhof zu verglasen und diesen als Wintergarten zu gestalten – die beiden seitlichen Atrien werden zu einem »Rosenhof« und einem »Rhododendrongarten« gestaltet.
Verbindendes Element aller drei Höfe ist ein Wasserlauf, der in den Außenhöfen natürlich gestaltet und im Wintergarten architektonisch gefaßt ist.

Der Mittelpunkt des viergeschossigen, klimatisierten Wintergartens ist ein Wasserbecken, um das sich 10 bis 12 m hohe Ficusbäume gruppieren. Die stark frequentierte Plaza ist im wesentlichen mit Porphyr- und Granitplatten gepflastert. In diesem ganzjährig nutzbaren Innenhof – einem Ort der Geselligkeit – entstand eine lichtdurchflutete Oase mit abwechslungsreichem, durch die Reflexion im Wasserbecken verstärkten Spiel von Licht und Schatten. Im Winter finden hier regelmäßig Konzerte, Feste und andere kulturelle Veranstaltungen statt. Die Mitarbeiter nutzen die Plaza zu Kaffeepausen und Gesprächen mit Kunden.

1 *Rosenhof* **2** *Wintergarten*
3 *Rhododendrongarten* **4** *3. OG Gartenterrasse*
5 *4. OG Dachterrasse* **6** *Plaza*

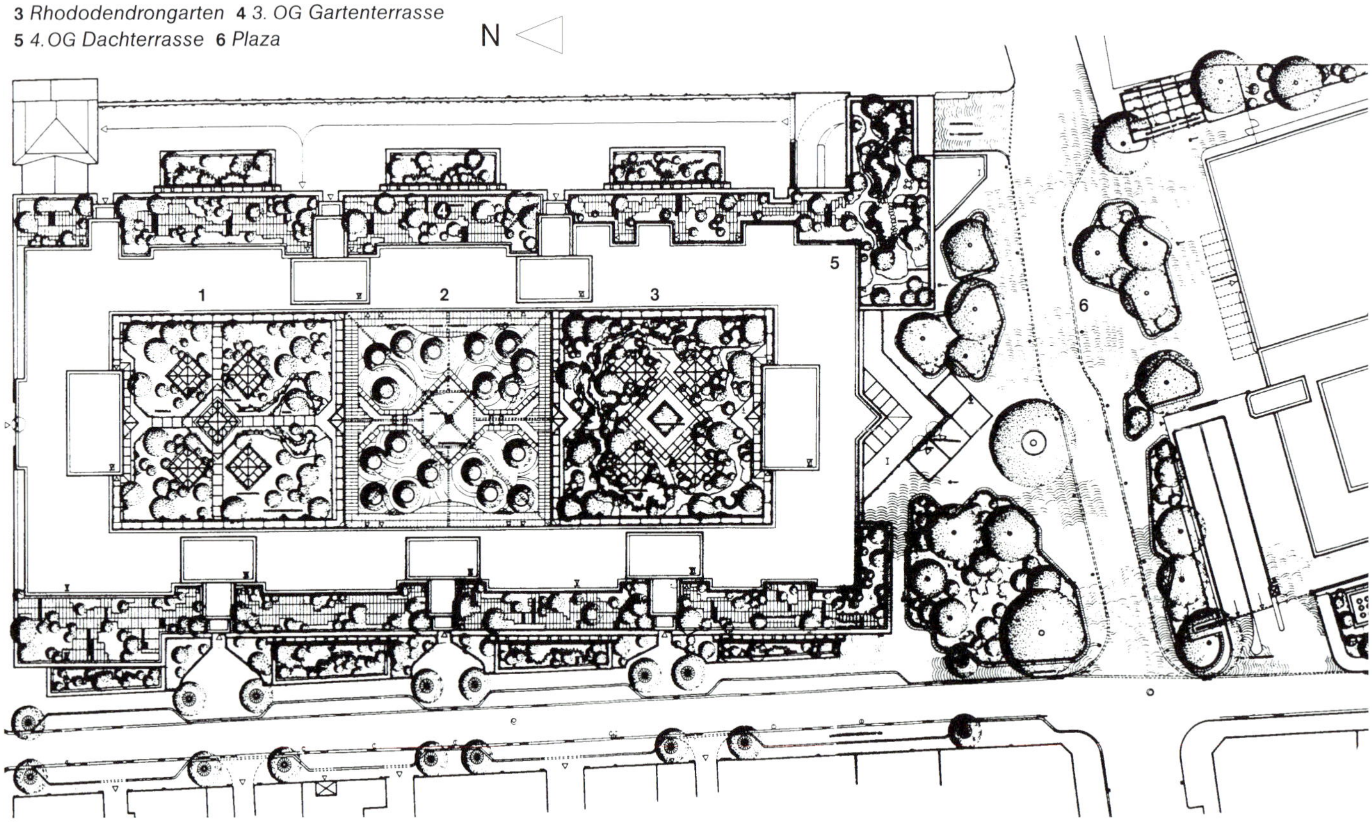

Das Wasserbecken fluchtet auf die senkrechte Fassadengliederung und führt in den dahinterliegenden Rosenhof

Die Pergolenkonstruktion führt die Sprossengliederung der Fassade mit gleichen Elementen fort. Ein interessantes »Spiel« zwischen Architektur und Außenraum

Urbaner Wintergarten mit Ficusbäumen und Wasserbecken

Außendachgärten überziehen alle vier Geschoßebenen. Auf dem 4. OG befinden sich die Vorstandsgärten mit Sicht auf das Panorama des Odenwalds. Hier werden üppig mit Gräsern, Rosen und Japanischen Ahornen bepflanzte »Oasen« angelegt, teilweise als Wassergärten, die das Alltagsgetriebe vergessen lassen.
Das neue Forschungs- und Entwicklungszentrum ist den Altbauten zugeordnet, jedoch durch die Eppelheimer Landstraße von diesen getrennt. Nach langen Verhandlungen mit der Stadt gelingt es, die Straße zurückzubauen und einen verbindenden Platz zu gestalten. Großbäume werden gepflanzt, um ein entsprechendes Entree zu gestalten. Der gesamte Vorplatz ist durch Tiefgaragen unterbaut mit Erdaufschüttungen zwischen 1 bis 3 m.
So entstand ein attraktiver Stadtplatz.

Dachgärten des Vorstands auf der vierten Etage mit dem Panorama des Odenwalds

Hauptverwaltung Victoria Versicherung Düsseldorf

1. Bauabschnitt 1980 – 1986

2. Bauabschnitt 1996 – 1998

Verwaltungsensemble mit Innenhöfen und Dachgärten. Die Versicherung im Schnittpunkt mehrerer Parks – eine Parklandschaft

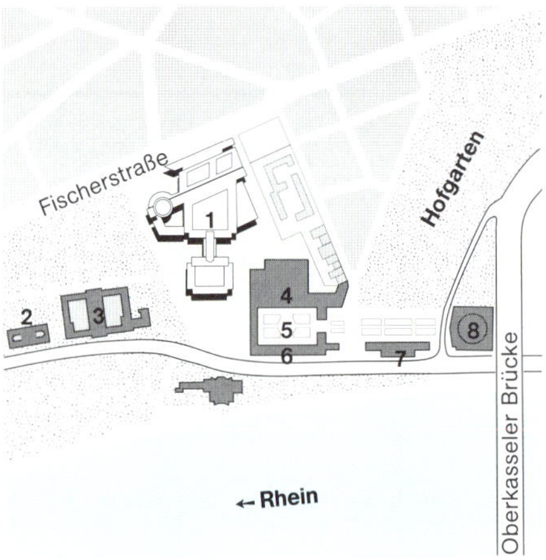

1 *Victoria Versicherung* 2 *Oberlandesgericht* 3 *Bezirksregierung* 4 *Robert-Schumann-Saal* 5 *Ehrenhof* 6 *Kunstmuseum* 7 *Landesmuseum Volk und Wirtschaft* 8 *Tonhalle*

gestaltete Grünflächen

Die Victoria Versicherung hat sich mit sicherem Gespür auf einem der Filetgrundstücke der Stadt Düsseldorf niedergelassen. Es ist das Grundstück der »Alten Messe«, die in den 70er Jahren nach Norden zum Stadion und Nordpark ausgelagert wurde.

Dieser bedeutende städtebauliche Raum, gebildet aus dem Ehrenhof-Ensemble mit Tonhalle (in den 20er Jahren von Wilhelm Kreis erbaut), dem Restaurant »Rheinterrassen«, dem Kunstmuseum, dem Landesmuseum sowie dem repräsentativen Bau des Regierungspräsidenten wurde ergänzt durch den Gebäudekomplex der Victoria.

Neben diesem städtebaulichen Aspekt spielt die Landschaft des Rheins eine wichtige Rolle. Drei große Parks treffen hier zusammen: der Rheinpark im Norden, der zu einem Park umgewandelte Golzheimer Friedhof mit einem großartigen alten Baumbestand (hier liegen viele prominente Düsseldorfer begraben, so z.B. Karl Immermann und Wilhelm von Schadow) und die Grünanlagen des Ehrenhofes, die mit dem bekannten Hofgarten Maximilian Weyhes verbunden sind. Hier beginnt auch die nun fertiggestellte, vielzitierte neue Rheinuferpromenade, die im Süden am Landtag mit dem Rheinpark endet.

Über diese städtebauliche und landschaftliche Beziehung hinaus besteht eine Achse kultureller und öffentlicher Einrichtungen und Anlagen: von den Museen des Ehrenhofes zur Tonhalle über die Kunstakademie und die Museumslandschaft der Altstadt.

Es bot sich an, das neue Gebäude auf dem sonst leergeräumten Grundstück von Anfang an mit zahlreichen großen Bäumen zu bepflanzen. Damit stand – sozusagen über Nacht – die Victoria Versicherung in einer Parklandschaft. Dies war im guten Sinne das »spekta-

Wasserkaskaden und Teich

Die einzelnen Geschoßebenen ergänzen sich zu einer Dachlandschaft

kuläre Ergebnis« der Planung. Die Victoria Hauptverwaltung bietet neben der städtebaulichen und landschaftlichen Einbindung auch ein gelungenes Beispiel für ein integriertes Innen- und Dachbegrünungskonzept.

Blickfang im Foyer des Haupteingangs ist ein Wasserbecken mit Bauminsel. Die Kronen der Bäume ragen über die Atriumsöffnung in das im 1. OG liegende Restaurant und durch die lichtdurchflutete Glaskuppel bis in die seitlichen Dachgärten.

Alle Dächer sind mit Rhododendron und Azaleen intensiv begrünt. Innen- und Dachgrün werden so zu einer optischen Einheit.

Die zentrale Wasserachse weist in den Atriumhof. Vertikale Elemente der Architektur werden aufgenommen und spiegeln sich im Wasser

Der zweite Bauabschnitt wird von einem runden, 28geschossigen Hochhaus und siebengeschossigen Bürotrakten geprägt.

Zur angrenzenden Hauptverkehrsstraße, der Fischerstraße, entsteht ein großzügiger, urbaner Eingangsplatz, der die strenge Gliederung der Architektur in Form eines Rasters im Bodenbelag aufnimmt. Der Fassade sind geometrische Wasserbecken vorgelagert, in denen sich die Architektur spiegelt. Die Raumkante des Platzes zur Fischerstraße, bzw. die Einbindung des Gebäudes in das Stadtumfeld wird durch eine Baumallee erreicht. Auf diese Weise entsteht ein ruhiger und zurückhaltender Platz, der durch einen markanten Einzelbaum seine besondere Akzentuierung erhält. Auch die üppige Dachbegrünung über mehrere Geschoßebenen ordnet sich mit ihren geometrischen Pflanzflächen und ihren durchgehenden Achsen dem Gesamtkonzept unter. Vom Turm aus betrachtet, entsteht ein geschlossenes »Bild« geometrischer Pflanzformen auf unterschiedlicher Höhe der gestaffelten Dächer.

Wer Bäume pflanzt,
wird den Himmel gewinnen.
(Konfuzius)

Drei große Kastanien werden mittels Kran in den Innenhof gehieft. Für die Presse setzt sich der Landschaftsarchitekt auf den »schwebenden« Baum

Plan der Dachgärten

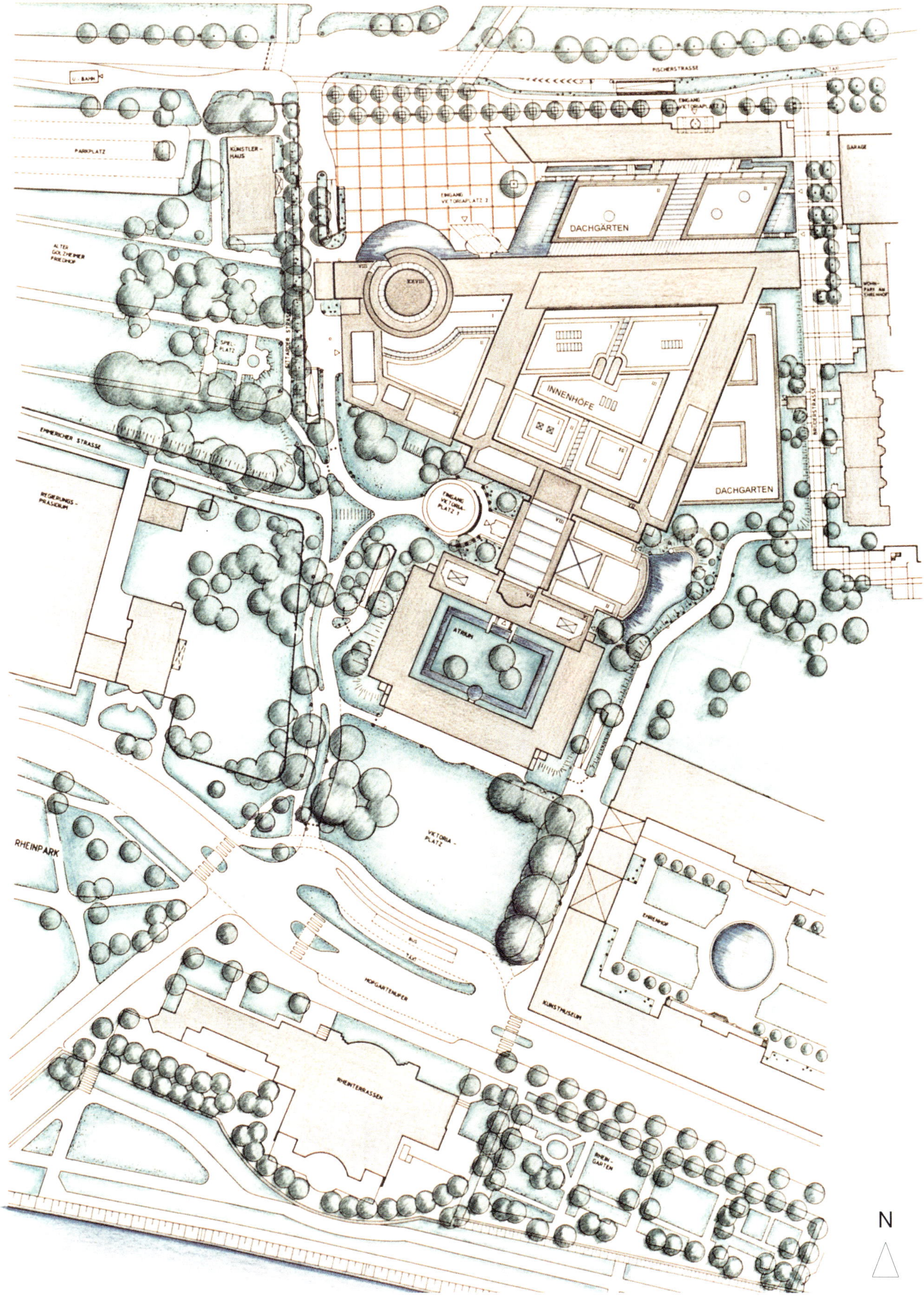
FISCHERSTRASSE
PARKPLATZ
KÜNSTLER-HAUS
DACHGÄRTEN
INNENHÖFE
DACHGARTEN
GARAGE
EMMERICHER STRASSE
ATRIUM
VIKTORIA-PLATZ
RHEINPARK
HOFGARTENUFER
RHEINTERRASSEN
KUNSTMUSEUM
EHRENHOF
N

Landeszentralbank Wiesbaden 1979 – 1982

Wildnis auf dem Geldtresor.
Money saves ecology – Zeichen setzen.
Beste Sicherheit des Marktes:
die ökologische Lebensversicherung.
Garantiert mit vielfältiger, artenreicher Ausschüttung

Das Baugrundstück, in der östlichen Wiesbadener Innenstadt an der Mainzer Straße in einem ehemaligen Villenviertel der Gründerzeit gelegen, vermittelt den Eindruck eines großen, etwas verwilderten Parks mit altem Baumbestand.
Dem Architekten Erich Schneider-Wessling gelang es, ein Bankgebäude von beträchtlichem Volumen (etwa 30.000 m^3) auf einem relativ kleinflächigen Grundstück von 4.500 m^2 unterzubringen und in die vorhandene städtebauliche Situation zu integrieren. Dies wird durch die Verlegung der überwiegenden Baumasse in die Erde als Sockelgeschoß erreicht, was sich durch den beträchtlichen Höhenunterschied innerhalb des Grundstückes anbietet. Zusätzlich wird die Baumasse in einzelne Bank- und Wohngebäude gegliedert.
Aus dieser Situation entsteht die Leitidee, Architektur, Natur und Kunst zu einer Einheit zu verbinden. Der parkartige Quartiercharakter wird aufgenommen und zu einem intensiv begrünten, verwilderten Gartenraum von hoher ökologischer Wirksamkeit und ästhetischer Erlebnisvielfalt weiterentwickelt.
Das Eingehen eines öffentlichen Bauherrn auf ökologisches Gedankengut, verbunden mit der Abkehr von einer banküblichen Repräsentationsgestaltung, war nicht nur in der Planungsphase ein mutiger und experimentierfreudiger Schritt, sondern bildet auch heute noch die Ausnahme. Der ökologisch ausgerichtete naturnahe Garten steht in spannungsreichem Kontrast zum nüchternen Bankgewerbe.

Gestaltungskonzept

Ausgehend von der Erhaltung der wenigen bestehenden Bäume wird ein Mosaik kleinräumiger, artenreicher Lebensbereiche geschaffen, denen unterschiedliche ökologische Standortbedingungen zugrundeliegen, vor allem in bezug auf die Licht-, Boden-, Nährstoff- und Wasserverhältnisse.
Ein breites Artenspektrum garantiert, daß sich auf Dauer möglichst viele Pflanzenarten etablieren können. Diese Vielfalt an ökologisch wirksamen Kleinstrukturen führt schließlich zu einer reichhaltigen Tierwelt.
Durch die Ergänzung des vorhandenen Baumbestandes mit raumbildenden Sträuchern und Bäumen wird der typische Charakter des parkartigen Villenviertels gewahrt und gestalterisch weiterentwickelt. Die Großbäume auf den angrenzenden Grundstücken werden optisch in die Gestaltung einbezogen, so daß der Garten größer wirkt als er tatsächlich ist. Die intensive Dach-, Fassaden- und Stützmauerbegrünung mit hängenden und kletternden Pflanzen läßt die Baukörper optisch kleiner erscheinen. Die Integration in den parkartigen Garten wird so

1 *Rundweg* 2 *Kräuterspirale* 3 *Wohnhaus* 4 *Wasserwand* 5 *Steg* 6 *Pavillon* 7 *Teich* 8 *Belichtung Tresor* 9 *Wildnis* 10 *Parken* 11 *Rampe* 12 *Bankgebäude*

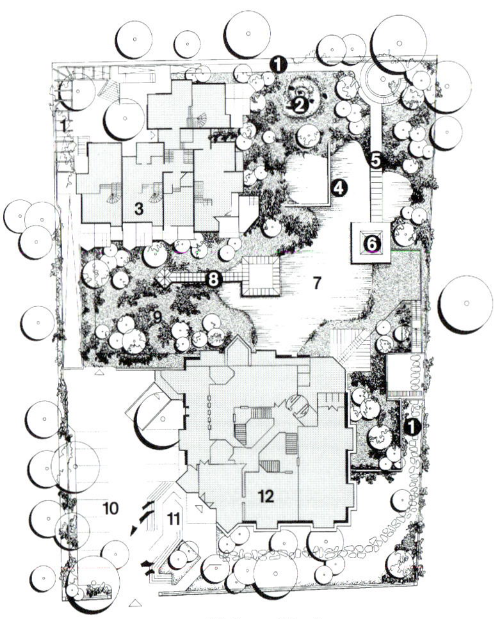

Mainzer Straße

Eingangsbereich mit der Plastik »Steingewitter« von Leo Kornbrust

Kräuter- und Beerenobstgarten mit Natursteinsäulen von Mary Bauermeister

Blick auf die Landeszentralbank. Hoch auf dem Dach wächst der »Hausbaum«

gestärkt und der verwilderte Charakter des Geländes betont. Die aufgelockerte Architektursprache setzt sich in der Freiraumgestaltung fort: Garten und Gebäude bilden eine Einheit. Während die Beziehung zwischen Architektur und Gartenkunst in der barocken Epoche durch geometrische bzw. achsiale Formen sowie Distanz gekennzeichnet waren, ist heute eine lebendige Unmittelbarkeit zeitgemäß. Im Nahbereich der Wohnungen werden Freiraum und Wohnräume direkt miteinander verbunden. Im Sommer wird der Wohnbereich über die angegliederten Terrassen und Balkone ausgedehnt, im Winter die Natur über den Wintergarten ins Haus gebracht.

Durch Vielfalt der naturnahen Strukturen entstehen zahlreiche Erlebnisbereiche. Ein Rundweg erschließt sie und verbindet die Eingangs- und Wohnhöfe mit dem zentralen Teil des Gartens, dem besonders attraktiv gestalteten Bereich zwischen Wohn- und Bankgebäude. Um den Teich liegen Terrassen, ein Pavillon mit Voliere, ein Baumplatz und ein Kräutergarten.

Zwei Kunstobjekte steigern den Garten in seiner Wirkung und setzen metaphorische Akzente: Den Kräuter- und Beerenobstgarten hat die anthroposophisch ausgerichtete Künstlerin Mary Bauermeister spiralförmig angelegt und mit Natursteinsäulen angereichert. Im Eingangsbereich des Bankgebäudes steht die Plastik »Steingewitter« des Münchner Künstlers Leo Kornbrust.

Westend Carree
Frankfurt a. M., 1990/91

**Weiß hellt auf: Gestaltung von vier verschatteten Innenhöfen.
Ein Baumkranz um das Carree**

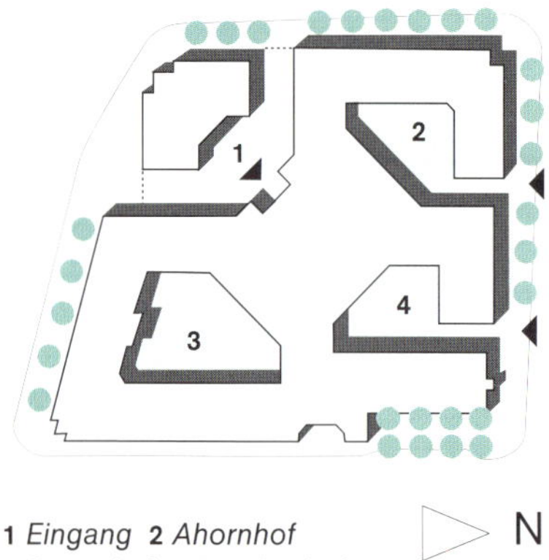

1 *Eingang* 2 *Ahornhof*
3 *Rosenhof* 4 *Bambushof*

gestaltete Innenhöfe

Ein fast quadratischer Gebäudekomplex, allseits von Straßen und Gebäudefluchten umgeben, wird durch vier Innenhöfe gegliedert. Neben dem versteinten Eingangshof gibt es drei grüne Höfe. Alle Fassaden sind dunkel verglast, die Höfe sind tief eingeschnitten und deshalb stark verschattet. Blendend weißer Kies hellt sie nun auf, dazu saftiges, üppiges Grün. Dieses Konzept geht auf, denn jetzt erscheinen die Höfe hell und freundlich.

Das gestalterische Problem wurde gelöst, indem »Pflanzeninseln« von ausgedehnten weißen »Parkkies-Meeren« eingefaßt sind. Diese Anleihe an die japanische Gartenkunst schafft eine ansprechende Atmosphäre. Während drei Höfe durch unterschiedliche Pflanzenthemen charakterisiert sind (z.B. Bambus, Ahorn und Azaleen), prägt Natursteinpflaster mit einem urbanen Ambiente den vierten Hof, den Eingangsbereich.

Technische Schwierigkeiten resultierten daraus, daß es für das Pflanzsubstrat nicht genügend Aufbauhöhe gab (nur 15 cm). Zudem reichen in zwei der Höfe die Einfahrtsrampen zur Tiefgarage bis in die Hofmitte, wodurch der Hof optisch kaum mehr gestaltbar war. Die Einfahrtsrampe wird teils durch »Hochwölben« der Tiefgaragendecke optisch verkleinert, teils durch Pergolen eingerankt, so daß sie kaum mehr sichtbar ist.

Weil die Bürgersteige um das Carree schmal sind und teilweise mit Garagen unterbaut sowie mit Leitungen aller Art durchzogen, wurde es besonders schwierig, Bäume zu pflanzen. Heute wachsen große Eichen aus den hochgemauerten Baumgruben, die den gewaltigen Komplex einbinden.

So läßt sich dank der genauen Kenntnis der Ansprüche der Pflanzen einerseits sowie des Einsatzes präziser technischer Möglichkeiten andererseits – allen Schwierigkeiten zum Trotz – die Natur in die Stadt zurückholen.

Baumkranz aus Eichen und hochgemauerte, mit Efeu bepflanzte Baumgruben

Der Innenhof mit unterschiedlichen japanischen Ahornarten

Baykomm Kommunikationszentrum Leverkusen, 1989 – 1991

Parkanlage auf dem Dach als Fortsetzung des Carl-Duisberg-Parks und als Verbindung zum japanischen Garten. Kommunikation unter der Erde. Repräsentation nicht durch gewaltige Architektur, sondern durch ein erweitertes Parkkonzept

1 Bayer-Hochhaus 2 Kommunikationszentrum unter dem Rasendach 3 Rondell 4 Busparkplatz 5 Teich 6 Japanischer Garten 7 Carl-Duisberg-Park 8 Casino 9 Altes Verwaltungsgebäude 10 Neue Umgehungsstraße 11 Heide-Garten 12 Kaiser-Wilhelm-Allee 13 Pavillon

gestaltete Grünflächen
gestaltete Wasserflächen

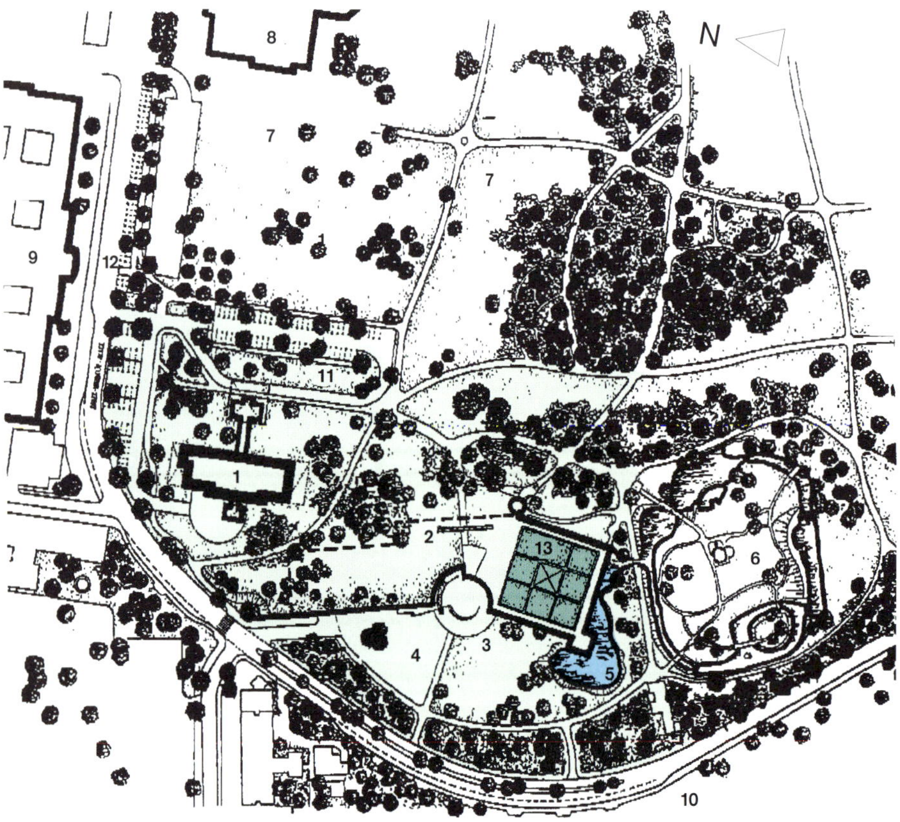

Der Entwurf des Kölner Architekten Erich Schneider-Wessling für ein modernes Kommunikationszentrum der Bayer-AG ist ein unterirdisches, fast vollständig mit Grün bedecktes Bauwerk, das sich harmonisch in die umgebende Parklandschaft einfügt. Nur die quadratische Form des Ausstellungspavillons setzt ein deutliches architektonisches Signal.

Das Baykomm liegt im Herzen des Konzerngeländes, zwischen dem 33stöckigen Verwaltungshochhaus, dem im Stil des englischen Landschaftsgartens gestalteten Carl-Duisberg-Park und dem Japanischen Garten. Früher besetzte eine veraltete, etwa 4 m tief liegende Versuchsgärtnerei für Pflanzenschutzmittel den Bauplatz. Der Architekt nutzt diesen Geländeversprung, der sich vom höher gelegenen Park her ergibt. Die Konzeption einer Dachbegrünung des Flachbaus schafft eine Fortsetzung der Parklandschaft des Carl-Duisberg-Parks. Das Gebäude ist zum integrativen Bestandteil des Parks geworden.

Nach Süden wird die wenig attraktive Industriekulisse durch eine große, halbrunde Geste eines mit Bäumen bepflanzten Erdwalls abgeschirmt.

Neben dem Baykomm selbst ist die Verlegung der alten, den Park zerschneidenden Haupterschließungsstraße als Umgehung nach Süden der größte Gewinn dieser Unternehmung, durch die die Einheit des Parks wiederhergestellt wird. Spaziert man vom Park herkommend über das Dach, so eröffnet sich überraschend an der Gebäudekante die Rotunde des Forums mit dem tieferliegenden Parkteil. Elegant führt eine freischwingende Treppenrampe hinunter. Das Forum, versehen mit einer sichelförmigen Sitzstufenanlage, fungiert als Eingangsplatz, als Treff- und Sammelpunkt vor dem Eintritt ins Gebäude. Es ist umgeben von einem mit Glyzinien umrankten Arkadengang. Unmittelbar neben dem Ausstellungspavillon ist ein Teich angelegt, der die architektonische Form der Gebäudekante aufnimmt und dessen Ufer zur Parkseite organisch gestaltet ist. Ein Trittsteinweg kreuzt den Teich und führt zu einem laubenähnlichen Platz. Durch die Verbindung zur Wasserfläche des Japanischen Gartens nimmt der Teich des Baykomm eine wichtige integrative Funktion ein.

Auf dem Dach des Baykomm setzt sich der Carl-Duisberg-Park fort.
Im Hintergrund das bekannte Bayer-Hochhaus

Der über die Wasserfläche führende Trittsteinweg nimmt die Flucht der Arkaden auf

Hauptverwaltung Fuji Düsseldorf, 1993/94

Wasserhof und Wassersteg. Illusionen – Illuminationen. Schwebende Felsen im Wasser und reiche Blütenpracht. Annäherung zwischen westlicher und östlicher Welt

Das rechteckige Bürogebäude der Fuji-Foto Film GmbH in Düsseldorf-Herdt wird durch einen neuen, U-förmigen Baukörper ergänzt.

Alt- und Neubau ergeben zusammen einen rechteckigen Innenhof, zu dem sich das ganze Gebäude hin orientiert. Eine mittige Brücke quert den Innenhof und verbindet beide Gebäudeteile. Im Innenhof entsteht ein moderner europäischer Wassergarten mit assoziativen Anleihen aus der asiatischen Gartenkunst.

Zentrales Gestaltungselement ist das großzügige, rechteckige Wasserbecken, das mittels automatischer Wasserzufuhr gespeist wird. Die polygonal zugeschnittene Insel mit großer Kiefer als Solitär dient als Blickfang. Einen weiteren gestalterischen Akzent bildet der sogenannte »Fotosteg«, der symbolisch auf das foto-filmische Betätigungsfeld der Firma hinweist und wie ein Laufsteg in die Wasserfläche hineingreift. Der plattformartige Endpunkt des aus Holzbohlen bestehenden Steges ist ein idealer Foto-Point. Aus dem Wasser ragende Lavafelsen und eine Bepflanzung aus Sumpfstauden, Wassergräsern und Seerosen sorgen für ein spannungsreiches Ambiente im Wasserbecken. Eingefaßt wird es durch eine lineare Basaltlavaverblendung.

Edelstahlstreifen nehmen den Fassadenrhythmus auf, gliedern die Pflanzflächen bis zum Beckenrand, tauchen senkrecht bis zum Beckenboden ab und sorgen für eine gestalterische Einheit zwischen Architektur und Garten.

Die Bepflanzung des gesamten Innenhofbereiches besteht im wesentlichen aus Magnolien und einer Vielzahl von Rhododendren und japanischen Azaleen. Im Frühling, vor allem im Mai, ist ein Blütenmeer zu besichtigen. Zur Innenhofbegrünung gehören außerdem zwei reich begrünte Dachflächen über dem ersten Obergeschoß. Unterwasserstrahler erzeugen bei Dunkelheit eine effektvolle Illumination des Innenbereichs.

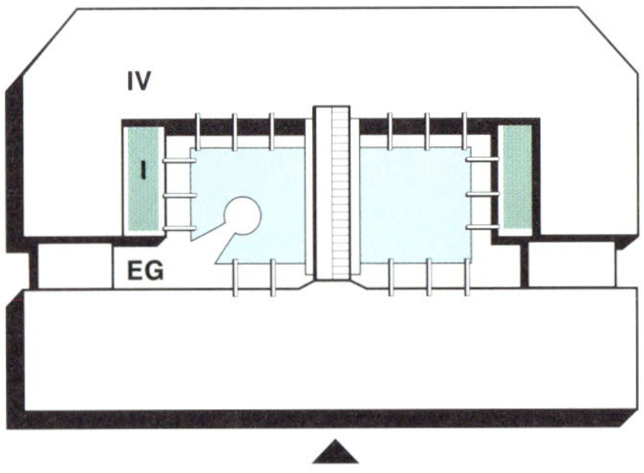

gestaltete Grünflächen
gestaltete Wasserflächen

Die polygonal zugeschnittene Insel mit großer Solitär-Kiefer im Gegensatz zum »strengen« Wasserbecken

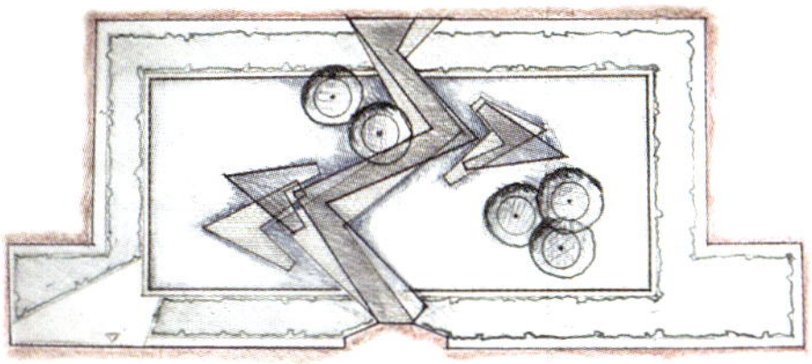

Alternative Vorentwürfe

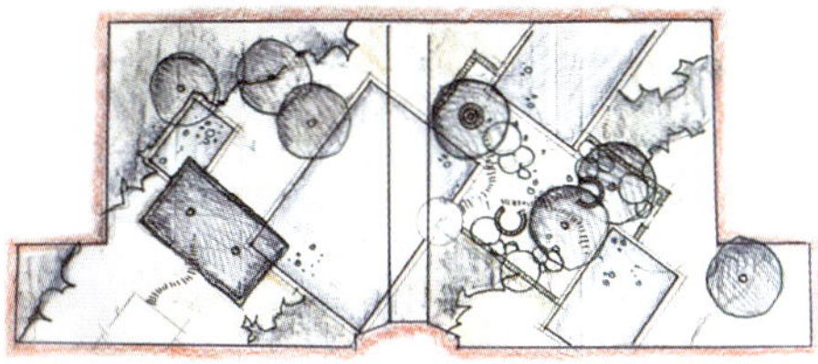

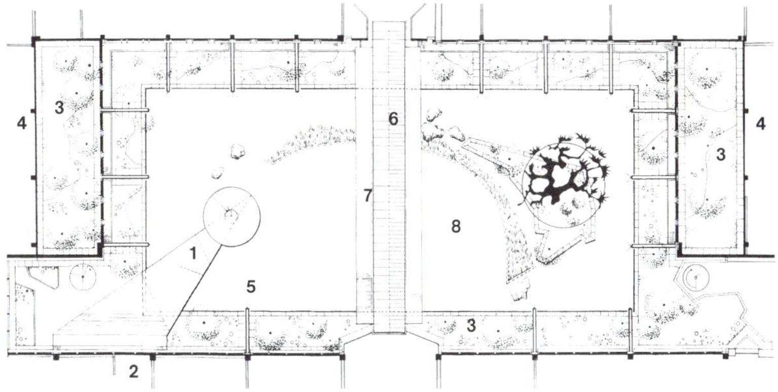

1 *Laufsteg aus Holz* **2** *Fotoateliers* **3** *Azaleenbeete* **4** *Dachgarten 1. OG*
5 *Edelstahlstreifen* **6** *Verglaster Brückengang* **7** *Holzsteg* **8** *Wasserbecken*

Wasserbecken mit »Fotosteg«. Im Wasser »Lava-Felsen«

Josef Lamy GmbH
Heidelberg, 1994/95

Dachgarten als Skulpturengarten.
Die Leichtigkeit geometrischer Formen

Der Bauherr, ein exzellenter Konstrukteur und Kunstsammler, begeistert sich für Natur und Gärten. Die Schreibgeräte werden von verschiedenen Designern in Form gebracht. (»Eben jetzt schreibe ich mit einem Lamy Lady Füllhalter mit 14 K Goldfeder.«)

Ein großer Teil seines Firmengeländes ist stark begrünt, am Restaurant im 1. OG befindet sich eine gemütliche Gartenterrasse mit Glycinienlaube. An diesen kleinen Garten schließt ein rechteckiges Flachdach von ca. 22 mal 45 m übergangslos an.

Dr. Lamy stellte sich auf diesem Dach einen Skulpturengarten vor und schrieb hierfür einen Wettbewerb aus. Wie bei vielen Dachgärten stellt sich auch hier das Problem einer niedrigen Belastbarkeit und damit die nur geringe mögliche Aufbauhöhe für das Pflanzsubstrat.

Es bot sich an, das Thema »technisches Design« bei der Gestaltung des Gartens aufzunehmen.

Die Planung sieht eine Eingrenzung des ebenen Gartens mit einer 2 m hohen, streng geschnittenen Hainbuchenhecke vor. Eingeschnittene Fenster gewähren Durchblicke in die Landschaft. Rasen, Bambus (Phyllostachys nigra), Hecken, markante Hängebirken als Pflanzenskulpturen, Wasser und heller weißer Stein bestimmen das Bild. Die Hecken und Bambusgruppen sind so angeordnet, daß sich vielfältige, interessante Durchblicke auf die Skulpturen der Künstler Christoph Freimann und Alf Lechner eröffnen.

Dr. Lamy, Frau Beate Weber, Oberbürgermeisterin der Stadt Heidelberg, mit dem Landschaftsplaner

1 *Bambus* 2 *Heckenkarree* 3 *Wiese*
4 *Hängebirken* 5 *Kiesfläche* 6 *Terrasse*

gestaltete Grünflächen
gestaltete Wasserflächen

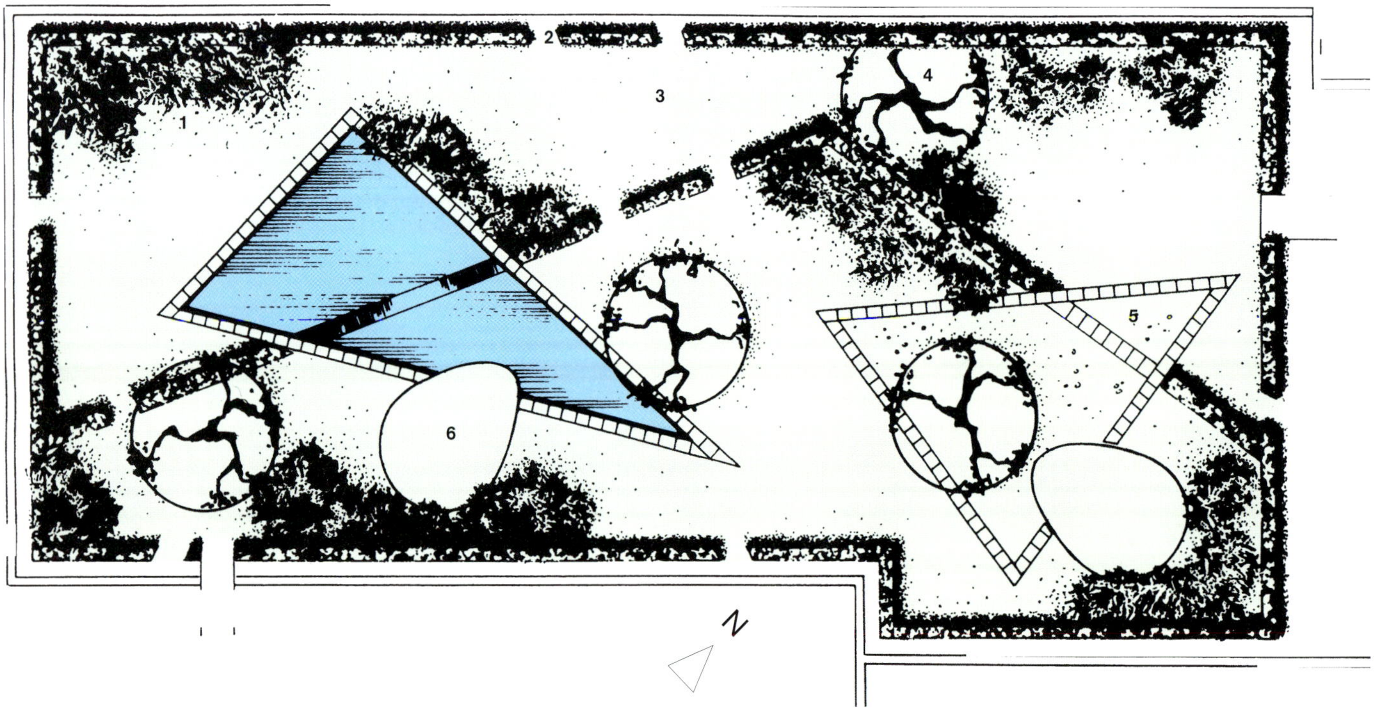

Skulptur von Christoph Freimann

Hauptverwaltung Provinzial Versicherung Düsseldorf, 1992 – 1995

Lebendiges Grün, »hängende« Gärten. Eine Hallenlandschaft mit Wasserlauf und Bambusdschungel

Der von den Düsseldorfer Architekten HPP entworfene große Bürokomplex zeichnet sich durch kompositorische Einheit von Architektur und Grüngestaltung aus. Dieser Neubau der Provinzial steht auf eng geschnittenem Grundstück und grenzt unmittelbar an die Wohnbebauung »Düsseldörfchen« und den anschließenden Bugapark.

Der viergeschossige Bürokomplex staffelt sich zu der zweigeschossigen Bebauung des Düsseldörfchens mit bepflanzten Terrassen ab. So entstehen üppig begrünte »hängende Gärten« .

Fünf bis zu 2 m tief eingeschnittene Gartenhöfe entlang des Düsseldörfchens ermöglichen selbst den Büros im Souterrain eine angenehme Aussicht, die zum Träumen einladen könnte.

Mauern aus geschichteten Basaltlava-Felsenbrocken tragen zum Ambiente in Verbindung mit Mauerstauden und Berankung bei. Klettergehölze beranken die Fassaden und lenken den Blick auf die oberen Stockwerke, deren gestaffelte Absätze bis zum obersten Dach großflächig begrünt sind.

Der Eingangsplatz ist halbrund durch eine geschnittene Baumhecke aus 6 m hohen Linden eingefaßt. Der steinerne urbane Platz steigt zum Eingang etwa 1,40 m an. Die Befestigung besteht aus

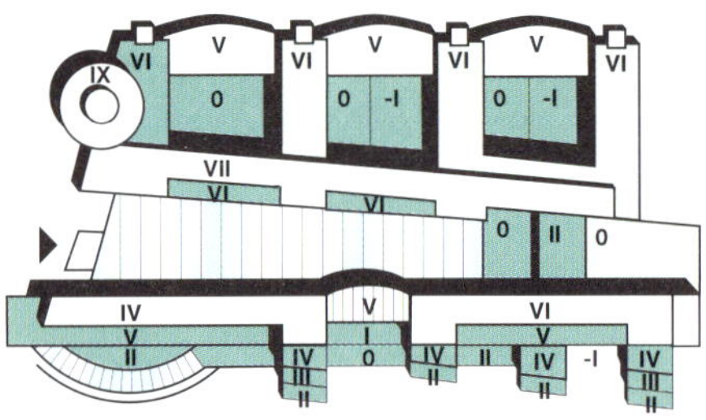

■ *intensive Bepflanzung*
extensive Bepflanzung

Wasserkaskade im Eingangsbereich

Die »hängenden Gärten«

Seite 47:
Ein künstlicher Wasserlauf als verbindendes Element in der imposanten Hallenlandschaft

Internationales Handelszentrum (IHZ) Düsseldorf seit 1994 in Planung

Innerstädtischer repräsentativer Park. Die Architektur demonstriert Internationalität – und im Park spielen die Kinder des Viertels. Besucher und Stadtbewohner flanieren unter einem Lindendach

Mit dem Bau des Internationalen Handelszentrums an der Kölner Straße östlich des Hauptbahnhofes beabsichtigt die Stadt Düsseldorf einen zukunftsweisenden, innerstädtischen Bürostandort von hoher gestalterischer und städtebaulicher Qualität zu schaffen.
Eine wichtige Integration in das städtische Umfeld erfolgt vor allem durch einen Grünzug vom Hauptbahnhof nach Osten bzw. Süden in die Stadtteile Flingern und Oberbilk. Vorhandene und geplante Grünflächen werden vernetzt und somit die Verbindung vor allem für Fußgänger und Radfahrer verbessert. Der neue Park mindert das Defizit an Grünflächen der angrenzenden Stadtteile.
Aus einem offenen städtebaulichen Wettbewerb ging das Team Hentrich, Petschnigg & Partner aus Düsseldorf/Büro Penker als 1. Preisträger hervor. Leitmotiv des Entwurfs ist ein zentraler großzügiger Park in Rechteckform, der durch eine zweireihige, karreeartige Baumallee gefaßt wird. Die anschließende Bürobebauung stellt den städtebaulichen Rahmen dar. Die Dimensionierung des Parks entspricht in Lage, Länge und Breite etwa der Königsallee, der für Düsseldorf charakteristischen Grünpromenade im Herzen der Stadt.
Kernpunkt im Zentrum der Parkgestaltung ist ein urbaner Platz vor dem geplanten städtebaulichen Höhepunkt, dem attraktiven Hochhaus. Er ist eingebettet in eine zentrale urbane Achse, die vom Hauptbahnhof kommt und in die angrenzenden Stadtteile weiterführt. In diese Achse eingegliedert sind kleinere Gartenräume, die durch spezielle Pflanzenthemen charakterisiert sind (Rosen-, Rhododendron- und Farngarten). Die östliche Fassung des zentralen Platzes wird durch eine großzügige Treppenanlage (Höhenunterschied 5 m) hergestellt. Anregung gab die Spanische Treppe in Rom. Eine hohe Aufenthaltsqualität wird angestrebt.
Von besonderer Attraktivität ist die Anlage einer langgestreckten Wasser-

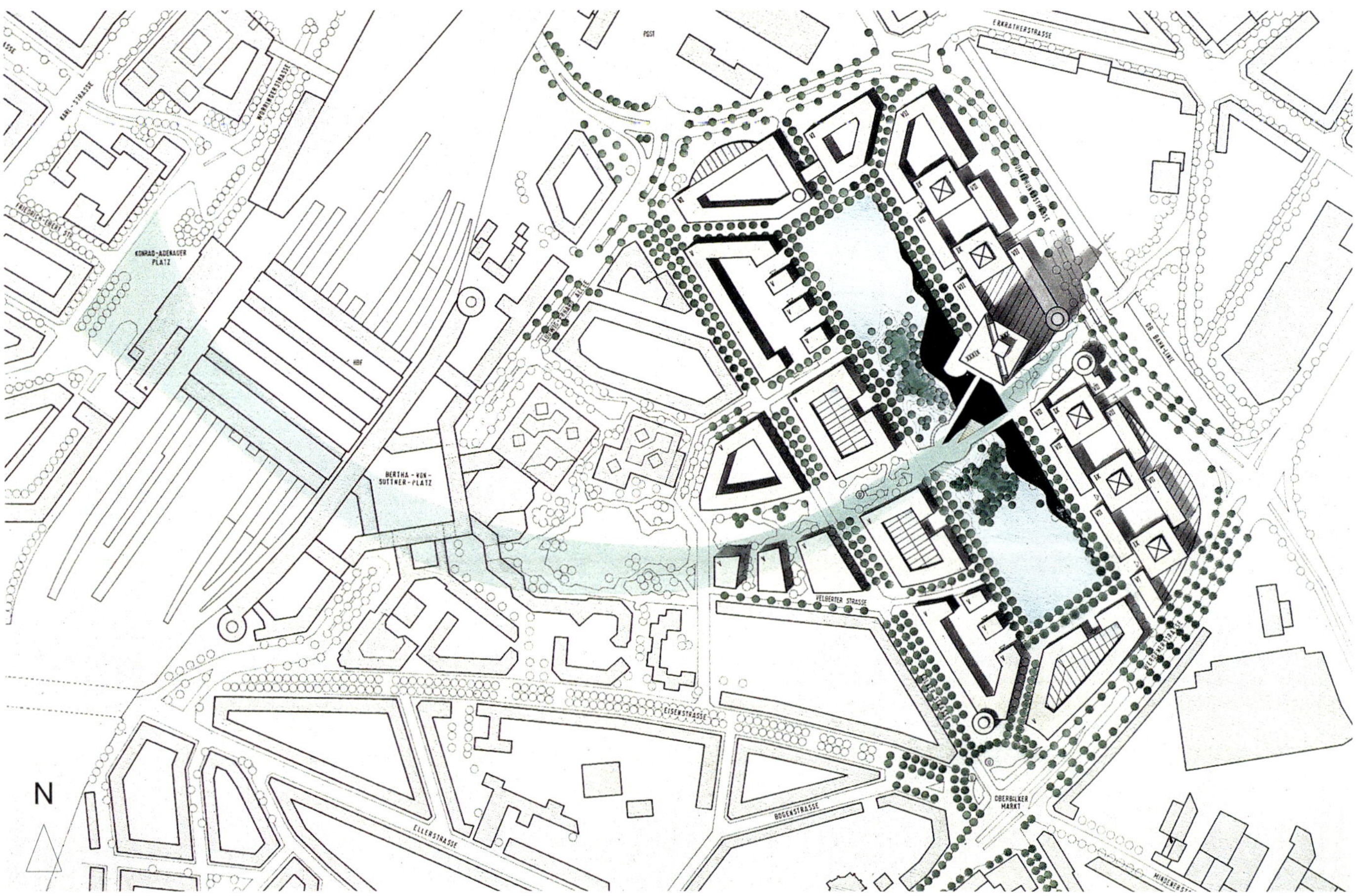

fläche. Sie betont formal die Baukanten: Auf der Wasserfläche spiegeln sich die Alleen und das angrenzende Grün wider. Die Wasserfläche ist so konzipiert, daß ein spannungsreicher Kontrast zwischen differenziert gestalteten natürlichen Uferzonen und architektonisch gefaßten Uferpartien entsteht.
Als Verbindungselement zwischen der zentralen Achse und den weitläufigen Rasenflächen fungiert ein hainartiges Wäldchen. Er ist umgeben von einem extensiven Wiesengürtel.
Die ausgedehnten Rasenflächen laden zu einer vielfältigen Inanspruchnahme der Bevölkerung ein. Die Dauerhaftigkeit der Grüngestaltung ist aufgrund der Belastbarkeit der Fläche in Verbindung mit den entsprechenden Pflegemaßnahmen gewährleistet.
In der ersten Ausbauphase im November 1993 wurde bisher nur das Russische Handelszentrum am Oberbilker Markt und der angrenzende Parkteil realisiert.

Planungsskizzen

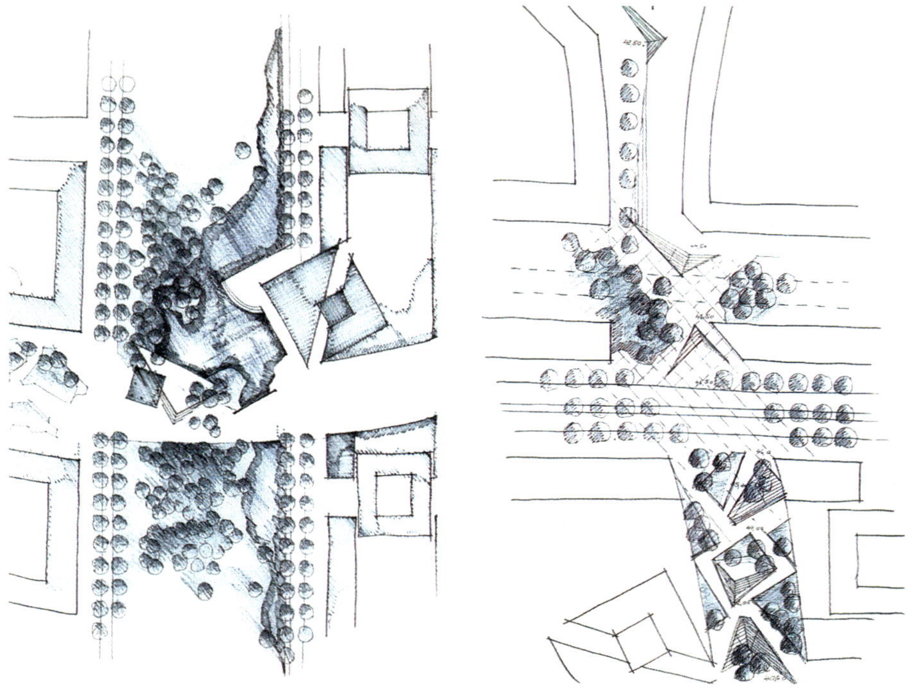

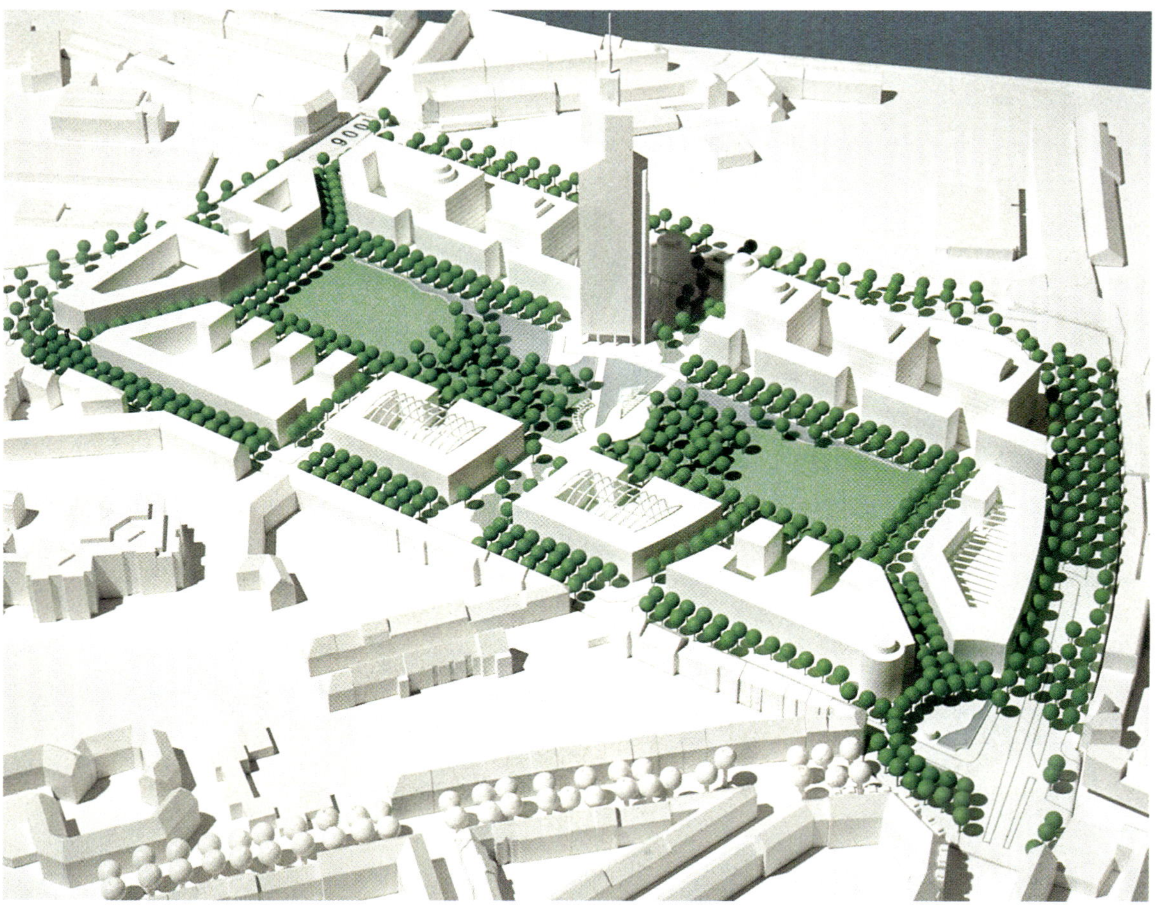

Der spezifische Reiz der Aufgabe »Demokratie als Bauherr« liegt in der inhaltlichen Umsetzung durch die Planung. Es handelt sich um Vorhaben der öffentlichen Hand, also des Bürgers.

Die demokratischen, pluralistischen Grundsätze unserer Gesellschaft sollten sich auch in den Außenanlagen und Parks widerspiegeln. Die Aufgabe, nimmt man sie ernst, ist dienender Natur. Repräsentative Gestaltungen, wie wir sie leidlich aus der Vergangenheit kennen, können nicht die Lösung sein.

Die Palette der Anlagen ist so breit gefächert wie die Ansprüche an ihre Gestaltung. Abhängig von der spezifischen örtlichen Situation und den Funktionen der Gebäude (Museum, Parlament, Universität usw.) ergeben sich ganz unterschiedliche Aufgaben, die den Gestalter in besonderer Weise fordern.

Vielfältige Benutzermöglichkeiten für alle Gesellschaftsschichten und Altersstufen sind Grundvoraussetzung. Dazu gehört von Anfang an die Forderung nach einer offenen, ökologisch verantwortlichen und prozeßhaften Planung unter Beteilung der Bürger. Dies dient nicht nur der Förderung des Gemeinschaftsgefühls. Möglichkeiten für intensive Kommunikation sind ebenso selbstverständlich wie der sparsame Umgang mit öffentlichen Geldern. Vor allen Dingen soll dem Verlust öffentlichen Lebens und dem Rückzug ins Private entgegengearbeitet werden. Hier nehmen die öffentlichen Freiräume in der Stadt eine besondere Stellung ein.

Heinrich-Heine-Universität Düsseldorf, 1964 – 1997

Gesamtplanung der Außenanlagen. Campus, Deiche und Polder

1 *Universitätsklinikum*
2 *Universität*
3 *Botanischer Garten*
4 *Universitätssee (Planung)*
5 *Gewächshaus*
6 *See am Forum*

gestaltete Grünflächen
gestaltete Wasserflächen
vorhandene Wasserflächen
Fußgängerzone »steinerner Deich«

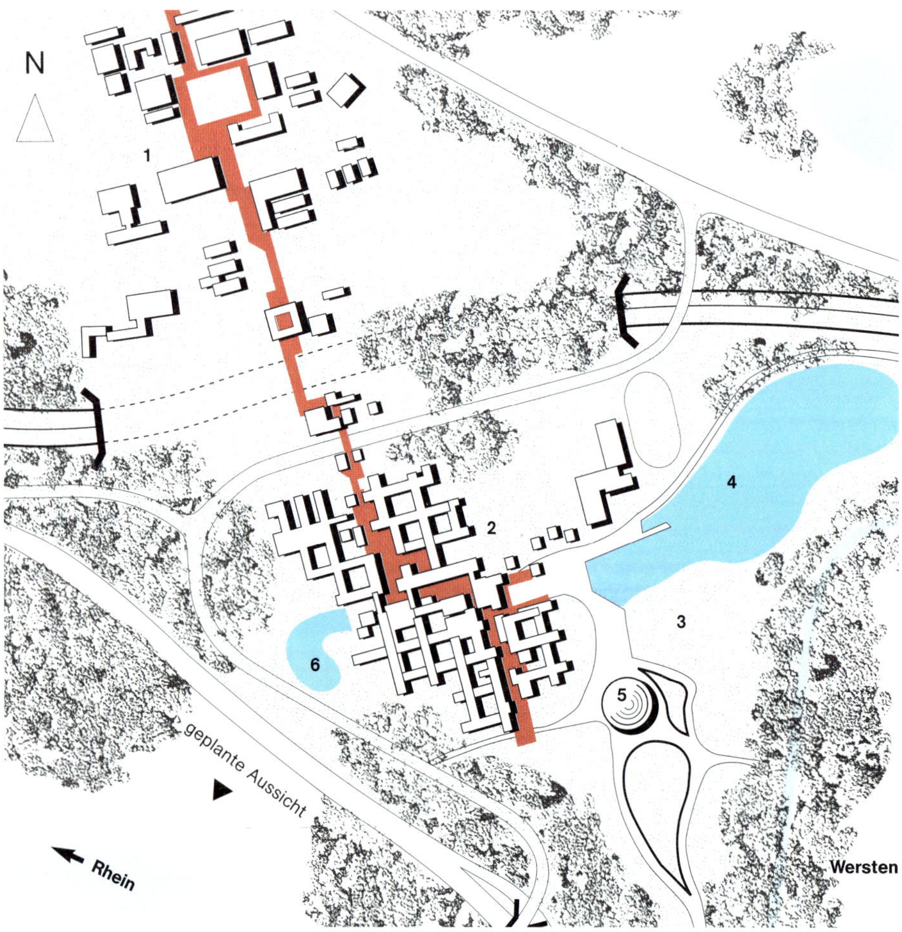

Die Planung der Universität Düsseldorf erfolgt Mitte der 60er Jahre zu einer Zeit, als die Konzeption sogenannter »Campus-Universitäten« Konjunktur hat. Man lehnte damals die dezentrale Verteilung der Gebäude im Stadtgebiet ab und baute statt dessen alle Universitätseinrichtungen auf »der grünen Wiese«. In Düsseldorf mußten hierzu die vorhandenen, Ende des letzten Jahrhunderts gebauten Krankenanstalten mit dem Neubau der Universität verbunden werden.

Das Planungsgebiet von 44 ha Größe liegt zwischen dem Kerngebiet der Stadt und einem südlich verlaufenden Rheinbogen bei Vollmerswerth. Die Universität ist durch zwei Grünzüge städtebaulich eingebunden.

Der Nordsüd-Grünzug führt von der Stadt über das Universitätsgelände und weiter zu den angrenzenden Stadtteilen. In der Ostwest-Richtung verläuft eine Grünachse vom Hauptbahnhof, Volksgarten (Südpark) über die Universität zum Rhein.

Mit dem Bau der Universität nahe am Rhein wurde eine hervorragende städtebauliche Situation geschaffen. Rhein und Universität in enge Beziehung zu bringen, war das vornehmliche Ziel der Planungsaufgabe.

Das Leitmotiv der Planung bestand darin, das vorhandene Spannungsverhältnis zwischen Rheinlandschaft und urbanem Städtebau der Universität in der Freiraumgestaltung zum Ausdruck zu bringen. Große Teile des Universitätsgeländes haben die Funktion eines Polders (Überschwemmungsgebiet des Rheins). Das prägende Element des Niederrheins, der Deich, wurde in künstlicher Form als steinerne Skulptur gestalterisch aufgenommen. Das Deichthema ist somit Leitmotiv und signifikantes Gestaltungsmerkmal der Universität. Farblich wird auf die Akzente Rot (Klinker), Grün (Vegetation) und Grau (Straßen) gesetzt.

Zwei Achsen gliedern den Unikomplex. Ein nach Nordsüd verlaufender, urban gestalteter Fußgängerbereich als Deich, ca. 4 m über Normalniveau, und ein landschaftlich gestalteter Ostwestgrünzug vom ehemaligen Bugapark zum Rhein. Mehr oder weniger steile, artifiziell gestaltete Klinkerböschungen bilden die Flanken des Deiches. Je nach örtlicher Situation sind sie unterschiedlich geformt. So durchzieht der Deich als eine aus Klinkern geprägte »Großskulptur« die Universität. Integriert in diese Achse sind große und kleine Platzflächen, die durch Wasser, Skulpturen und Bäume belebt und gegliedert sind. Die steinerne und die grüne Achse durchdringen sich am zentral gelegenen Forum. Als bauliches Zentrum mit Auditorium maximum und Hörsälen ursprünglich angedacht, fiel es der Wirtschaftskrise in den 70er Jahren zum Opfer. Deshalb wurde umgedacht, und eine grüne Mitte mit streng geordnetem Baumraster über der bereits bestehenden Tiefgarage entstand.

Der »steinerne« Deich durchzieht als Großskulptur die Universität

Zentrale Fußgängerachsen mit Platanen als Leitbaumart auf dem »Deich«

Quellbecken als Beginn einer Wasserlandschaft, die drei Innenhöfe mit einladenden Sitzmauern und Stufen durchläuft

Wasserlauf

Für die Betreibung der Klimaanlage wird Kühlwasser benötigt. Ursprünglich war vorgesehen, dies mittels Rohrleitung aus einem Bach zu entnehmen und wieder zurückzuführen. Der Vorschlag des Landschaftsarchitekten, das benutzte, erwärmte Wasser über einen offenen Wasserlauf mit architektonischen und naturnahen Ufern über den zentralen Universitätssee dem benachbarten Grundwassersee zurückzugeben, wurde schließlich ausgeführt. Aus der technischen Notwendigkeit wurde eine gestalterische Tugend. Im Winter erzeugen Nebelschwaden über dem erwärmten Wasser eine skurrile Atmosphäre.

Innenhöfe

Zwischen den einzelnen Vorlesungsgebäuden und Institutsbereichen gibt es zahlreiche Innenhöfe. Die Innenhöfe sind stärker gärtnerisch und artifiziell gestaltet. Die skulpturale Verwendung des Klinkers in Verbindung mit Wasser bestimmt den Charakter. Einzelne Höfe sind stärker vom Wasser, andere Höfe mehr vom Grün dominiert.

Pflanzung

Die landschaftliche Integration der Universität erfolgte vorwiegend durch heimische, standortgerechte Gehölze. Große Pflanzflächen, die zur landschaftlichen Integration nötig waren, wurden teilweise mit »Forstgehölzen« bepflanzt, damit konnten die Kosten der Anlage und die Pflege auf ein Minimum gesenkt werden. Die Hauptfußgängerachse wird durch eine Leitlinie aus geschnittenen Platanen, die typisch für den Niederrhein sind, gekennzeichnet.

Arboretum

Als Ergänzung zum botanischen Garten wurden Bäume aus den verschiedenen Florenbereichen der Erde auf den Grünflächen rings um die Universität gepflanzt, so die Baumflora Europas (Hohlarktis), Nord- und Südamerikas, Ostasiens. Die Universität ist jetzt von einem Arboretum umgeben.

Bodenreliefierung

Entsprechend dem Charakter der Landschaft entstand ein Relief aus unterschiedlichen Anhöhungen und Ebenen in Verbindung mit der bewußt skulptural gehaltenen Deichgestaltung. Der gesamte Erdaushub der Universität wurde auf dem Gelände wiederverarbeitet.

Die skulptural gehaltene Deichgestaltung

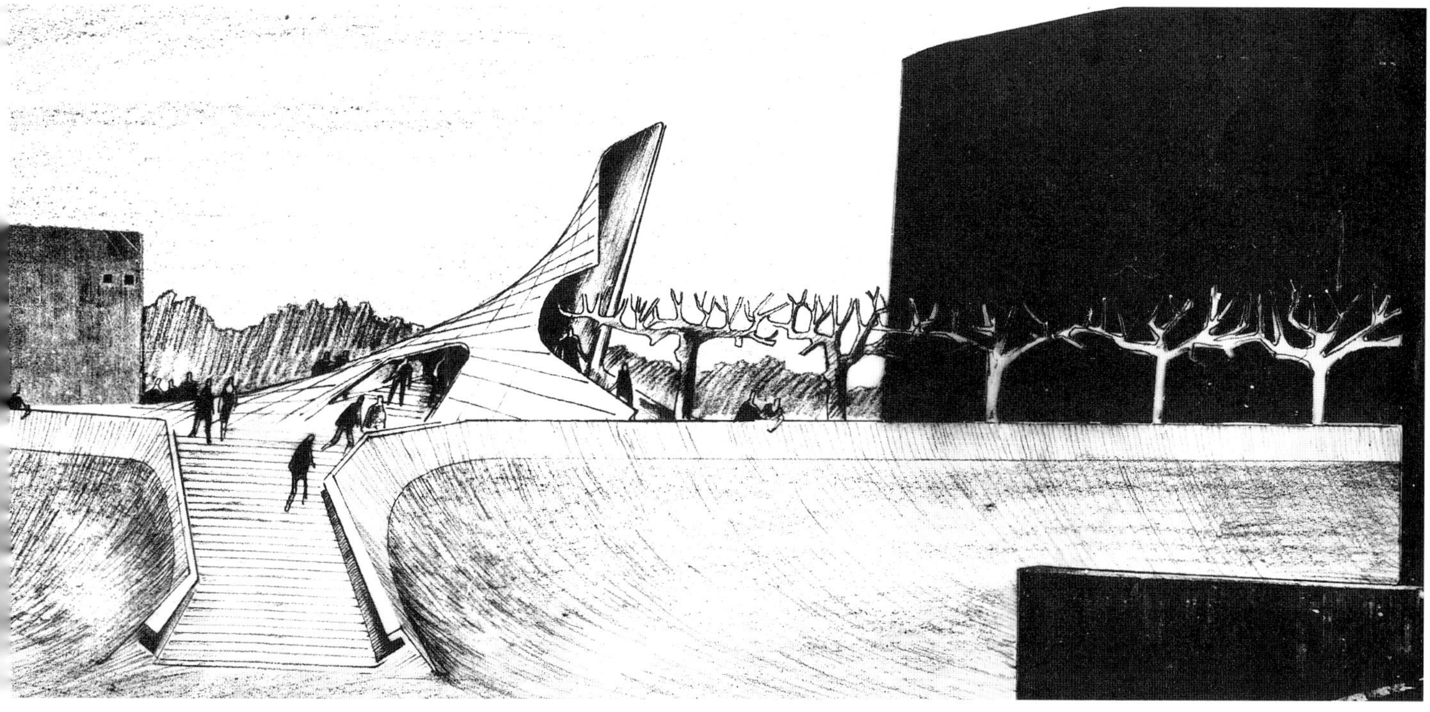

Ruhr-Universität Bochum, 1966 – 1971

Gesamtplanung der Außenanlagen. Universität im Spannungsbereich von Stadt und Ruhrlandschaft – »Gebirgsbach« durch Betonfelsen

Das aus einem Wettbewerb unter Landschaftsarchitekten als 1. Preis hervorgegangene Grünkonzept sieht eine Synthese von ortstypischen landschaftlichen und artifiziellen urbanen Elementen vor.

Die architektonische Großform der Universität ist auf einem hochliegenden Plateau am Rande der Stadt Bochum angesiedelt und beherrscht die Landschaft weithin.

Eine Aufgabe war die gewaltige Baumasse in die Landschaft einzubinden. Mit Einzelbäumen war dies nicht zu bewältigen. Waldartige Bereiche an den Seitenflanken waren das adäquate landschaftliche Gegengewicht. Von den begehbaren Flachdächern erlebt man das imposante Landschaftspanorama im Süden der südlichen Ruhrlandschaft.

Die Landschaft selbst ist durch tief eingeschnittene Kerbtäler (Siepen) stark zerteilt, zum Teil plätschern kleine Bäche munter zur Ruhr. Fachwerkhäuser, Streuwiesen und Viehweiden sind ortstypisch. Die Universität, baulich extrem verdichtet, wird durch den zentralen Platz am Auditorium maximum, und zwei weiteren Foren im Westen und Osten gegliedert. Die Nord-Südachse, von der Stadt kommend, ist urban gestaltet, das Ost- und Westforum dagegen erhielten eine landschaftliche Ausprägung. Diese beiden Foren nehmen gestalterisch und formal übersetzt die Elemente der angrenzenden Mittelgebirgslandschaft des Ardey auf.

Das Forum selbst ist als großzügiger Kommunikationsraum konzipiert. Es hat eine Ausdehnung von ca. 80 mal 300 m. Beachtliche Höhenunterschiede bis zu 15 m sind auf kurzen Strecken zu überwinden. Die Überbrückung der Höhen erfolgt im Bereich des Zentrums durch Mauern und Terrassen, nach außen zur Landschaft treten mehr und mehr natürliche Elemente in Form von Bodenmodellierungen auf.

Die Besonderheit des Forums Ost ist

1 *Wohnstadtzentrum* 2 *Hauptforum*
3 *Querforum West* 4 *Querforum Ost*

M *Medizin* I *Ingenieurwissenschaften*
G *Geisteswissenschaften* N *Naturwissenschaften*

Gestaltungsbereich
gestaltete Grünflächen
vorhandene Bäume
gestaltete Wasserflächen

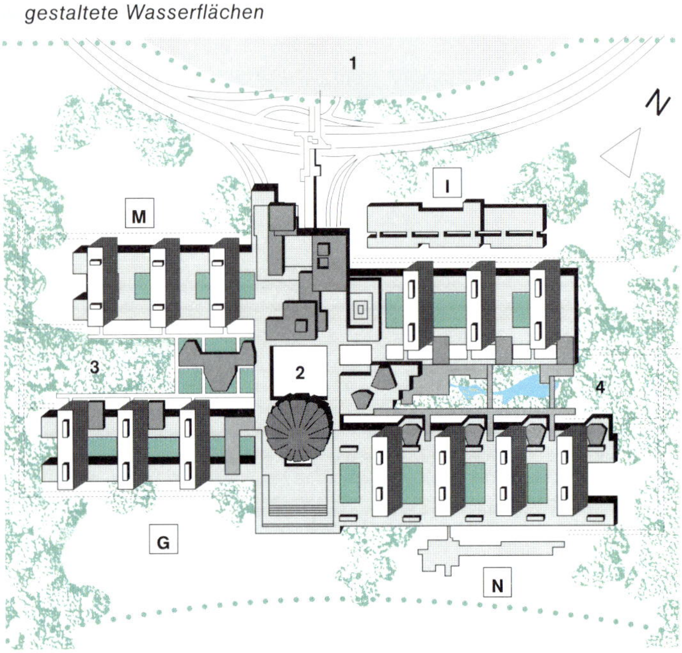

ein stilisierter Gebirgsbach. Wesentliche Merkmale eines natürlichen Bachlaufes sind in einer der gebauten Umwelt entsprechenden Form gestaltet. Fels wurde in kubische Betonformen übersetzt. Die stilisierten »Felsgruppen« sind aus einem Modul von drei geometrisch geformten Betonelementen hergestellt worden. Die Kombination dieser Elemente ermöglicht vielgestaltige Situationen.

Das Wasser tritt im westlichen Ausgangspunkt als Wasserlauf und steil abfallende Kaskade wieder aus. Der Wasserfall fächert sich in mehrere Seitenarme mit unterschiedlichen Niveaus auf, die später wieder zusammen laufen, entsprechend der Art eines natürlichen Baches. Der Wasserlauf mündet über flache Kaskaden mit Sitzstufen in ein großes Hauptbecken.

»Gebirgsbach«, stilisierte Felsenlandschaft aus Betonelementen

Innenhöfe

Die Innenhöfe (jeder ca. 2.500 m^2 groß) erhalten entsprechend ihrer Zuordnung zu den vier Universitätsbereichen (Natur-, Geistes- und Ingenieurwissenschaften sowie Medizin) eine spezifische Gestaltung. Im Hof der Naturwissenschaften herrscht eine Gestaltung aus Stein, Fels und Pflanzen gestaffelt in Terrassen vor, während die Ingenieurwissenschaften durch einen Hof mit farbigen Keramikplatten in geometrischer Form repräsentiert werden. Tiefblau und meergrüne Farben geben diesen Höfen eine poetische Note.

Wasserbecken mit flachgezogenen Kaskaden als Abschluß des »Gebirgsbachs«

4

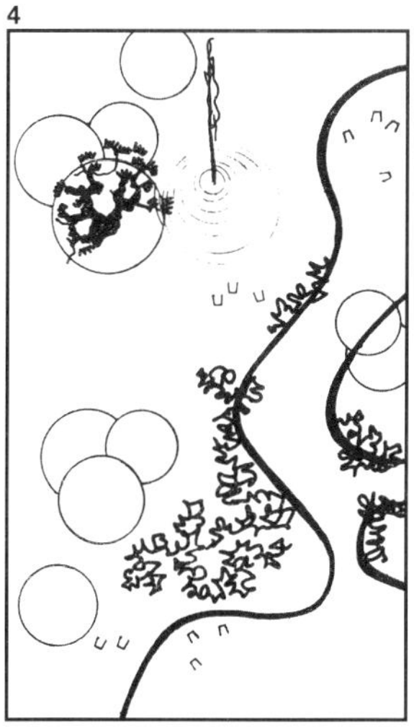

1 2 3

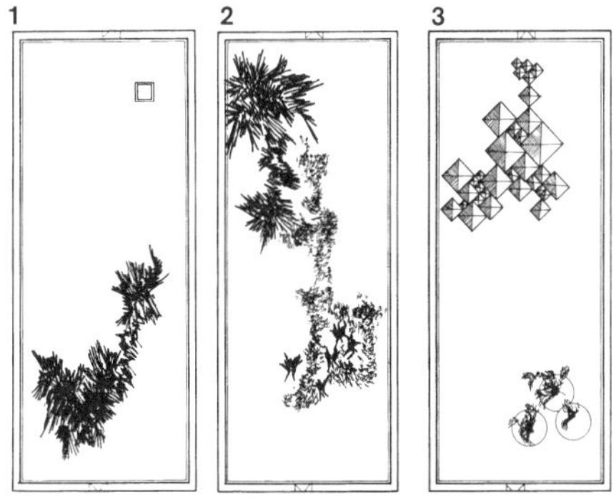

Innenhofentwürfe
1 *Blaue Keramikplatten mit flachwachsenden Eiben, Nadelstruktur* **2** *Rote Keramikplatten mit flachwachsenden Eiben, Gräsern, Stachelnüßchen* **3** *Grüne Keramikplatten, Betonpyramiden, Kiesel* **4** *Astilben* **5** *Moorbeetpflanzen* **6** *Azaleen* **7** *Gräser*

5

6

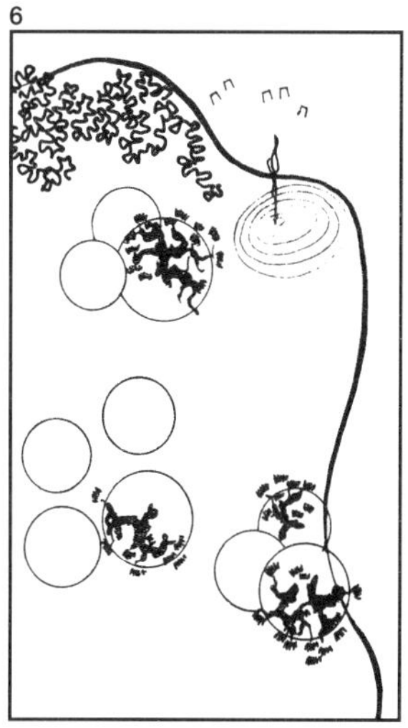

7

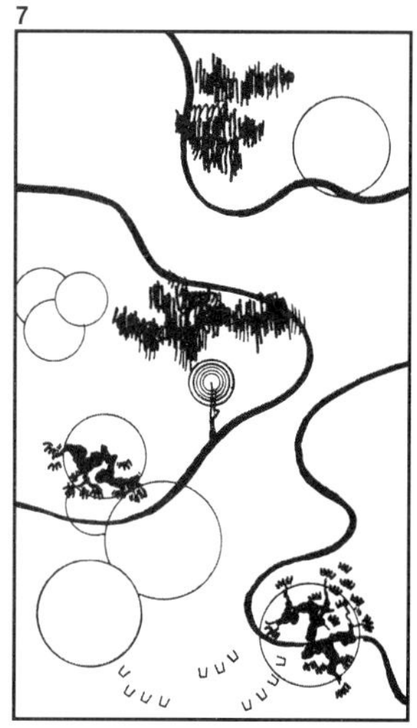

Sprengelmuseum Hannover 1985 – 1987

Museum und Maschsee. Kunst ohne Schwellenangst

Der bekannte Schokoladenfabrikant Sprengel schenkte der Stadt Hannover Anfang der 80er Jahre seine bedeutende Kunstsammlung unter der Voraussetzung, daß die Stadt und das Land Niedersachsen dafür ein neues Museum bauten.

Die landschaftlich und städtebaulich schwierige Herausforderung bestand darin, ein großes Bauvolumen in die Landschaft des Maschsees zu integrieren. Der Bauplatz liegt am Kopfende des Sees mit seiner architektonisch geformten Uferpromenade in Verbindung mit dem nahegelegenen Schloß – eine städtebaulich sensible Situation. Architektonische Protzerei war hier nicht gefragt, eher eine zurückhaltende Integration gegenüber der Maschseelandschaft.

Das von dem Kölner Architektenpaar Peter und Ursula Trint sowie von Dieter Quast, Heidelberg konzipierte Gebäude und dessen landschaftsgestalterische Einbindung »versteckt« große Teile des Museums in der Erde. Zusätzlich verkleinern skulpturell geformte Erdkörper aus Porphyrpflaster optisch das Gebäude. So erscheint das Museum fast eingeschossig, eingebunden durch eine artifizielle Pflasterskulptur in angemessener Form am attraktiven Nordufer des Maschsees. Das Museum paßt sich so harmonisch und maßstäblich in die Landschaft ein.

Eingangssituation als Teil der Pflasterskulptur

1 *Sammlung* 2 *Verwaltung* 3 *Werkhof* 4 *Skulpturenhof* 5 *Mehrzweckhalle und Bibliothek* 6 *Öffentlicher Bereich* 7 *Eingang* 8 *Behinderten-Rampe* 9 *Bushaltestelle* 10 *Stufen* 11 *Rad- und Fußweg*

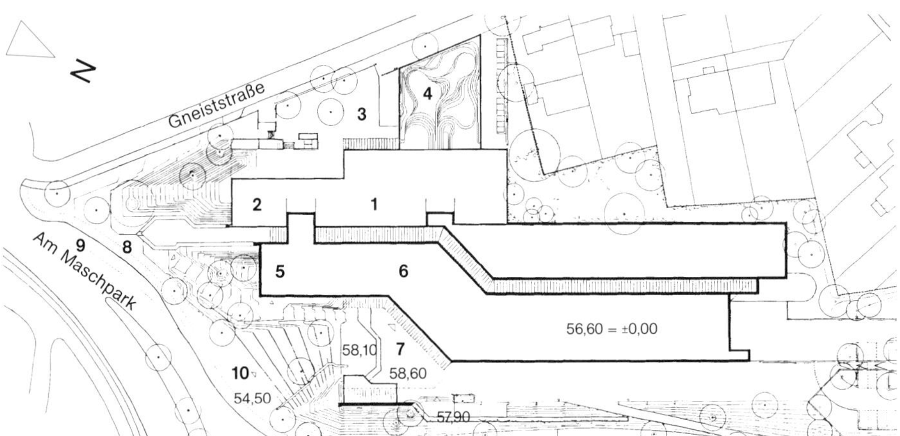

Auf einen sehr betonten Eingang wird bewußt verzichtet. Absicht ist, die Besucher wie selbstverständlich in das Museum zu ziehen.

Eine Besonderheit ist der Skulpturen-Innenhof. Der Zugang zum Hof erfolgt über zwei übereinanderliegende Geschosse mit 4 m Höhenunterschied. Ausschließlich organisch geschwungene Stufenterrassen überwinden diesen Höhenunterschied. Der Hof mit seinen schmalen und breiten Terrassenstufen bildet einen idealen Präsentationsraum für moderne Kunstobjekte.

Stadthalle Hagen 1980 – 1982

Felsenpark in einem Steinbruch

Stadthalle und angegliedertes Hotel sind auf das Gelände eines stillgelegten Steinbruchs am südöstlichen Rand der Stadt plaziert: ein offener, ovaler Felsraum von ca. 200 m Durchmesser und bis zu 50 m hohen Felswänden. Dieses Gelände liegt 600 m vom alten Hagener Stadtkern entfernt und wird zum Verknüpfungspunkt zwischen der City und den oberhalb des Steinbruchs liegenden Wohngebieten.

Der städtebauliche und landschaftliche Entwurf plaziert die Stadthalle genau an das Ende der Hangkante in das Spannungsfeld zwischen Stadt und Landschaft. Von diesem erhöhten Standpunkt ergibt sich ein großartiger Blick über die Stadt, und in der entgegengesetzten Richtung präsentiert sich die Felswand in voller Höhe.

Der Rückgriff auf das Charakteristische der landschaftlichen Situation ist bestimmender Gedanke der Gestaltung. Die Felswand selbst und die Verwendung von Felsmaterial sind entscheidende Gestaltungselemente. Um die Leitidee eines »Felsenparks« zu unterstreichen, treten alle übrigen Gestaltungsmittel in den Hintergrund.

Die das Felsoval westlich begrenzende, zum Tal hin auslaufende Felskuppe wurde abgetragen und als Standort für die Stadthalle gewählt. Die dabei anfallenden riesigen Felsenbrocken (ca. 1.700 m^2 Fels) dienen der Gestaltung der Außenanlagen.

Der Höhenunterschied von etwa 9 m zwischen Straßenniveau und Forum wird durch eine große Freitreppe, die zum Gebäude führt und gleichzeitig Stadthalle und Hotel verbindet, überbrückt. Große, herausgesprengte Felsen gliedern die Treppenanlage und bilden die Kulisse für einen künstlerisch gestalteten Brunnen. Das Zusammenwirken dieser Gestaltungselemente ergibt eine

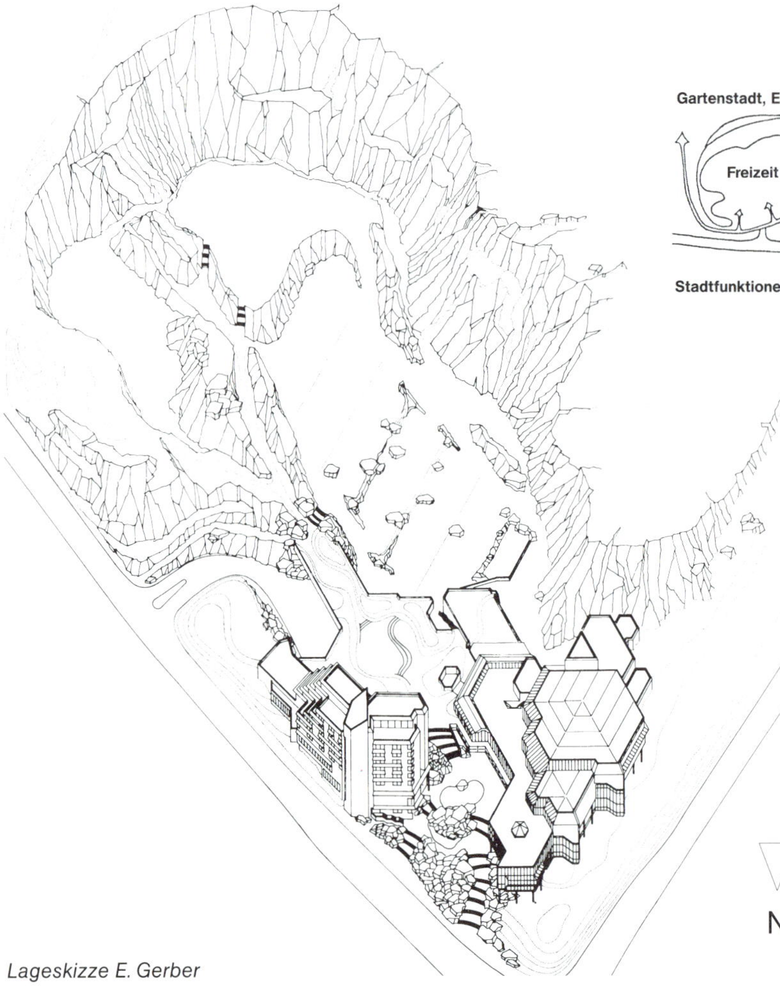

Lageskizze E. Gerber

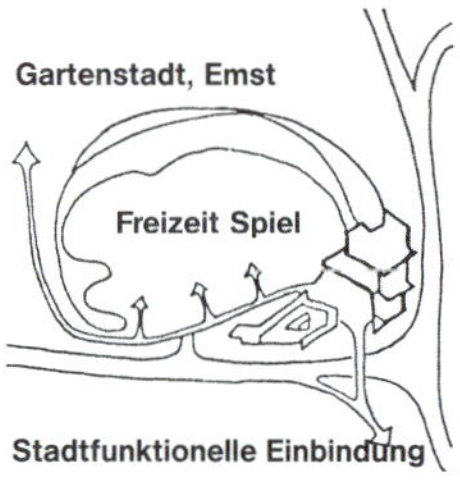

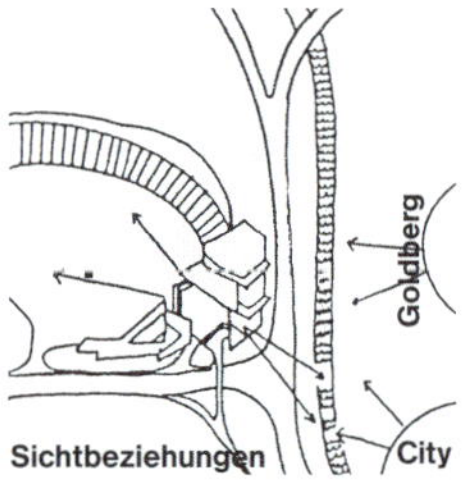

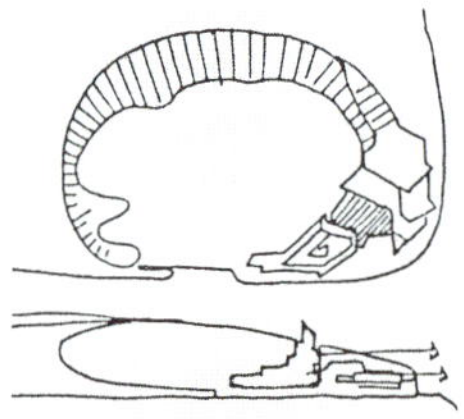

große Eingangsgeste. Der zur Felswand hin gelegene Parkbereich wird durch Felsgruppen und die naturnahe »Fels- und Geröllvegetation« bestimmt. Sämtliche Vegetationsflächen werden mit etwa 30 cm Kalkgrus (Abraum aus dem vorhandenen Steinbruch) überzogen, so daß sich im Laufe der Zeit ein blumenreicher Trockenrasen entwickelt.

Auf vorgefertigte Spiel- und Nutzbereiche wird bewußt verzichtet. Bürger und insbesondere Kinder werden damit zu den unterschiedlichsten Nutzungsformen und Spontanaktionen angeregt. Im rückwärtigen Teil im Schoße der steil aufragenden Felsenwand, in einer Art Felsforum, finden Rock- und Open Air-Konzerte statt.

Die Autoparkplätze liegen – in mehrere Einzelflächen unterteilt – in einer gegliederten Felslandschaft und fügen sich in den Park ein.

Forum mit Blick auf Stadtmitte

Felsenpark – großzügige Eingangstreppe zur Stadthalle

Behutsam sind die Wege in die Felslandschaft integriert

Spielbank Hohensyburg 1986 – 1989

Ein Ausflugsziel mit zwei Gesichtern

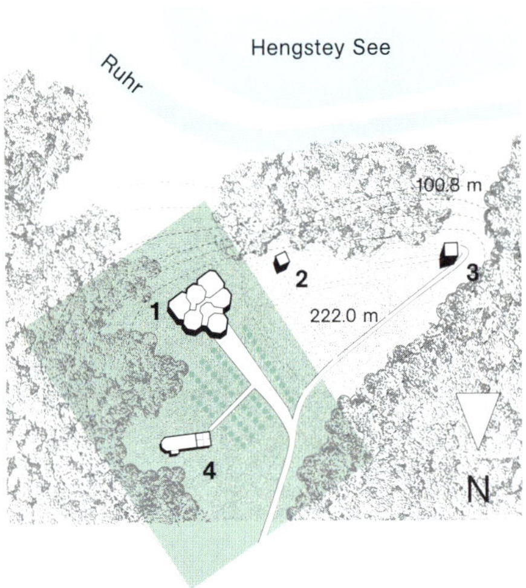

1 *Spielkasino Hohensyburg*
2 *Vinketurm* 3 *Bismarckturm*
4 *Romanische Kirche St. Peter*
gestaltete Grünflächen
Baumallee

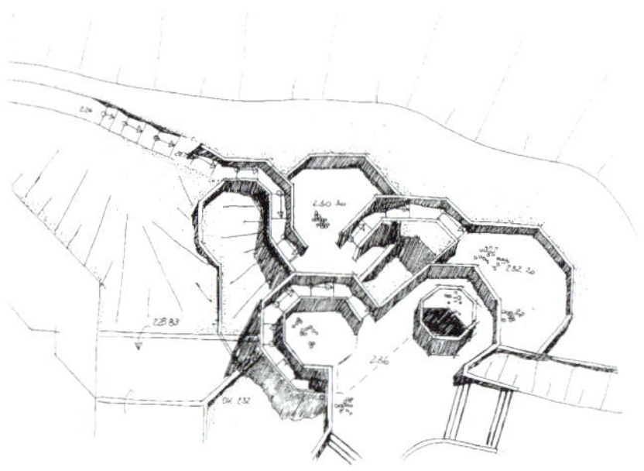

Terrasse und Bastionen am Ruhrhang. Von besonderer Bedeutung war die Wiederherstellung des unterbrochenen Ruhrhöhenwanderweges durch eine Abfolge von Stufenrampen, Treppen, Anlagen und platzartigen Bastionen.

Die Westdeutsche Spielbank GmbH & Co. KG errichtet im Dortmunder Stadtteil Hohensyburg in einem beliebten, überregionalen Ausflugspark ein Spielcasino.

Der Baukomplex liegt im Spannungsfeld zwischen dem außerordentlich reizvollen landschaftlich gestalteten Ausflugspark hoch über der Ruhr und dem Ruhrtal. Markant ist die Hangkante mit dem Steilabfall zur Ruhr, und genau hier ist das Spielcasino situiert.

Ziel der Planung war die Integration des Gebäudekomplexes in den sensiblen Landschaftsbereich. Die Gebäudesilhouette sollte vom Ruhrtal aus nicht oder kaum sichtbar sein.

Die historischen und archäologischen Besonderheiten (prähistorische Siedlung, romanische Kirche, Bismarck- und Vinketurm) wurden in das Gesamtkonzept miteinbezogen.

Der attraktive Ruhrtalblick entlang des Wanderweges und von der Terrasse des Casinos aus, mit Sicht in das tiefliegende Ruhrtal und die Industrielandschaft dahinter, bleibt erhalten.

Die Außenanlagen zeigen sich von zwei Seiten: Der dem Ruhrtal zugeordnete Bereich nimmt den landschaftlich urwüchsigen Charakter des Ruhrsteilhanges auf, während die der Siedlung Syburg zugewandte Eingangszone architektonisch streng gestaltet ist. Die Integration beider Teile erwies sich als entscheidender Faktor der Planung. Drei artifiziell gestaltete Steinhöfe sind durch Stützmauern aus gewaltigen Ruhrsandsteinblöcken (bis zu 6 m lang), »Abfallprodukten« aus einem benachbarten Steinbruch, gestaffelt. Sie bilden eine repräsentative Eingangszone. Zur besseren Integration in die Landschaft wurde die gesamte Stellplatzfläche in mehrere, durch Böschungen und Alleen gegliederte Teilbereiche erschlossen.

Eingangshof mit Wasserkaskade

Die urwüchsige Landschaft des Ruhrsteilhanges im Gegensatz zum streng gestalteten Eingangsbereich

Gewaltige Sandsteinblöcke kontrastieren die Fassade

Stadtplätze und Fußgängerzonen

Straßenräume und Stadtplätze leben in erster Linie von ihrer räumlichen Fassung – Hausfassaden oder Baumkulissen – und erst sekundär von der Gestaltung des Pflasterbelages. Die Geschichte der nach dem Kriege geschaffenen Fußgängerzonen beweist nur zu deutlich, daß zuviel an »modischer« Gestaltung, Musterung, eben an Übermöblierung getan wurde. In den 60er und 70er Jahren wurde sicher allgemein zuviel Wert auf Dekor und Ornamentik gelegt.

Die Bodengestaltung soll bewußt unaufdringlich und dezent gehalten werden. Eine Straße lebt von der Betriebsamkeit ihrer Passanten, den Flaneuren und den Besuchern auf Außenterrassen von Cafés und Kneipen. Die Unterschiedlichkeit der Fassaden in Form, Material und Farbgebung sowie die Vielfalt der Schaufensterauslagen und Werbeschilder verlangt keine modische Bodenornamentik, sondern einen beruhigenden und zurückhaltenden Belag.

Der Baum

Das adäquate Grünelement in der gebauten Stadt ist der Baum. Neben seinen viel zitierten klimatischen, ökologischen und ästhetischen Qualitäten ist der Stadtbaum vor allem schattenspendend, platzsparend und kostengünstig in Anschaffung und Unterhalt. Was Bäume in Straßen unter ungünstigsten Verhältnissen noch leisten, ist bewunderungswürdig. Selbst in vollständig versiegelten Flächen, oft in enge Löcher gestopft, überleben sie. Zeitweise hat man den »Wegwerfbaum« in Form von Kübelpflanzen propagiert. Unterdessen hat man gelernt, daß Bäume – gerade in einer für sie lebensfeindlichen Umgebung – ein großes Umfeld und den entsprechenden Lebensraum in der Erde benötigen.

Stadtranker

Selbst wenn für Bäume kein Platz mehr vorhanden ist (meist aufgrund der Verkehrsverhältnisse oder wegen Leitungen im Boden), ermöglicht die Schlingpflanze, der Ranker, immer noch ungeahnte Möglichkeiten der Begrünung. Durch Ranker erhält ein Haus, eine Fassadenfront, ja eine ganze Straße erst Charme und Atmosphäre. Meist sind es die Nahtstellen zwischen zwei Häusern, die sich hierfür anbieten.

Ebenso lassen sich durch balkonähnliche Pflanzungen von Stockwerk zu Stockwerk Häuser beranken. Mit dem Architekten Erich Schneider-Wessling haben wir ein solches Projekt in den 70er Jahren in Köln prototypisch realisiert. Dabei lassen sich auch große Höhen überwinden, wobei bemerkenswert ist, daß ein stark wachsender Ranker der biologischen Dimension eines Baumes entspricht. Allerdings benötigt er die gleichen Bodenverhältnisse und Maßnahmen wie sie.

Remigiusplatz Viersen 1990 – 1992

Geschichte wird räumlich erlebbar

Die Remigiuskirche mit ihrem Umfeld war die Urzelle des alten Viersen. Von hier aus erfolgte die bauliche Entwicklung der Stadt. Mit der Kirche, dem ehemaligen Rathaus, der Gerichtslinde, Pastorat und Domgut formte sich diese Kernzelle für lange Zeit als geistiger und wirtschaftlicher Mittelpunkt der Stadt.
Drei Platz- und damit Raumkanten des Remigiusplatzes sind in ihrer historischen Situation erhalten, während die westliche Baukante des Platzes nach dem Krieg bedauerlicherweise von ihrer ursprünglichen Lage noch weiter nach Westen verschwenkt wurde. Der umgestaltete, heute 8.000 m^2 große Remigiusplatz zeichnet diese historische Situation nach und macht damit ein Stück Viersener Geschichte erlebbar.
Die alte westliche Platzwand wird durch eine 1 m hohe Stützmauer in Verbindung mit einer Säulenreihe aus Tuffstein, dem gleichen wie an der Kirche verwendeten Material, räumlich angedeutet. Der Platz wird so in zwei Niveaus gegliedert. Während das untere historische Platzniveau eine Natursteinpflasterung in Korbbögen besitzt, hat das obere, westliche Platzniveau einen Belag aus Gehwegplatten, in denen die Lage der ehemaligen abgerissenen Gassen durch eine Bänderung aus Natursteinpflaster dokumentiert wird.
Erhalten und gestalterisch betont durch eine runde Pflasterform wird die alte Gerichtslinde, zusätzlich wurden zwei »Gerichtssteine« vom »Galgenfeld« plaziert. Das Motiv der frei angeordneten Platanen in der Fußgängerzone wird über die trennende Straße hinweg auf den Eingangsbereich des Remigiusplatzes ausgedehnt, wodurch eine harmonische und selbstverständliche Überleitung von der Fußgängerzone zu ihrem Endpunkt, dem Remigiusplatz, erreicht wird.

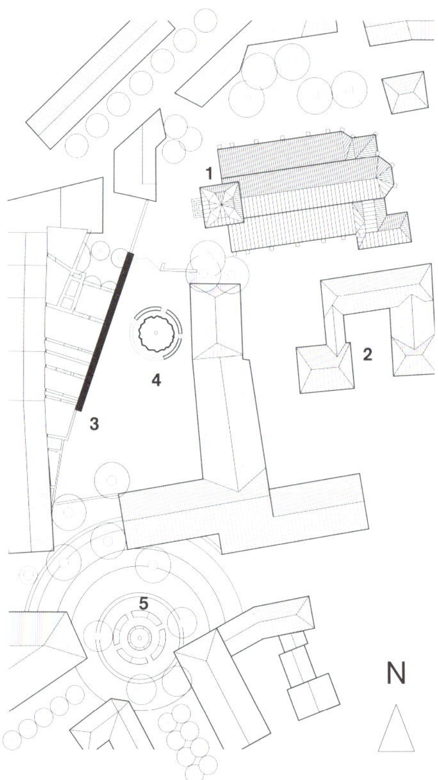

1 Kirche 2 Pfarrhaus 3 historische Bebauungskante mit Hausgrundrissen 4 Gerichtslinde 5 Remigiusbrunnen

Platzgestaltung: Säulenreihe aus Tuffstein. Die Köpfe der Säulen sind mit Blattgold überzogen

Fußgängerzone Dormagen 1983/84

2. Bauabschnitt 1995 – 1997

Zurückhaltende Gestaltung mit einer Baumallee. Orientierung am historischen Vorbild

Rathausplatz

Wo einstmals römische Handelskolonnen zwischen Köln und Krefeld entlangzogen und später ein idyllisches Straßendorf entstand, degradierten in den letzten 20 Jahren Autos und Lastwagen die enge Straße zur reinen Verkehrsader.

Mit der Anlage einer Umgehungsstraße wird die Voraussetzung für die Umgestaltung der Kölner Straße, der zentralen Einkaufsstraße von Dormagen, geschaffen. So entsteht eine großzügige baumbestandene Fußgängerzone, die den Bezug zur römischen Geschichte der Stadt wiederherstellt. Während archäologisch gesicherte Spuren antiker Mauerstandorte auf dem Rathausplatz nachvollziehbar dokumentiert sind, unterstreichen die beiden berankten Stadttore (Kölner und Neusser Tor) die historische Reminiszenz in zeitgenössischer Weise. Gleichzeitig erfolgt eine Rückbesinnung auf das elementare Merkmal der Straße als Ort der Begegnung, des Verweilens, der geruhsamen Fortbewegung. Traditionelle Gestaltungs- und Gliederungselemente einer Stadtstraße wie Baumreihe, seitlicher Gehstreifen und gepflasterte Entwässerungsrinne werden wieder verwendet.

Charakteristisches Gestaltungselement ist die doppelreihige Allee aus japanischen Kirschbäumen, die im Frühjahr die Straße in ein rosafarbenes Blütenmeer taucht. Im Gegensatz zu diesem kleinkronigen Baum werden großkronige, heimische Linden pointiert gesetzt. Sie betonen die Platzflächen und Eingangsbereiche der Fußgängerzone. Damit durchzieht ein prägnantes und abwechslungsreiches grünes Band das Zentrum der Stadt.

Die Bodengestaltung der Fußgängerbereiche ist dezent. Der vorherrschende graue Kunststein mit glatter, gehfreundlicher Oberfläche wird durch Pflasterflächen aus Blaubasalt, die unter dem ehemaligen Asphalt gefunden wurde, gegliedert.

Kernstück der Fußgängerzone ist der Rathausplatz, der als Dormagens zentraler urbaner Platz konzipiert ist. Großkronige Linden beleben den Platz. Die offene Gestaltung ermöglicht die Nutzung für Märkte und Feste.

In einem zweiten Bauabschnitt wird 1996 das Areal hinter dem Rathaus städtebaulich neu geordnet. Auf ehemaligen Parkplätzen und Brachflächen werden ein Verwaltungsgebäude der Stadt und eine Einkaufsgalerie errichtet. Es entsteht eine Folge von drei Plätzen, die zu gestalten sind, dabei sollen Elemente des ehemaligen Römercastells und historische Situationen dem Bürger erlebbar vor Augen geführt werden.

Die Plätze vernetzende Elemente sind bis zu 2 m hohe Hainbuchenhecken und durch Pflasterfluchten betonte Blickachsen. Sie lassen Räume entstehen, gliedern und integrieren zugleich.

Leitthema ist die Sichtbarmachung von römischer Geschichte: Ehemalige Mauerzüge werden durch Pflasterstreifen im Bodenbelag symbolisiert, Heckentore betonen ehemalige Eingänge im Castell, Relikte aus der Römerzeit stellen Blickfänge dar, ein Römerspielplatz führt die Kinder in eine vergangene Zeit.

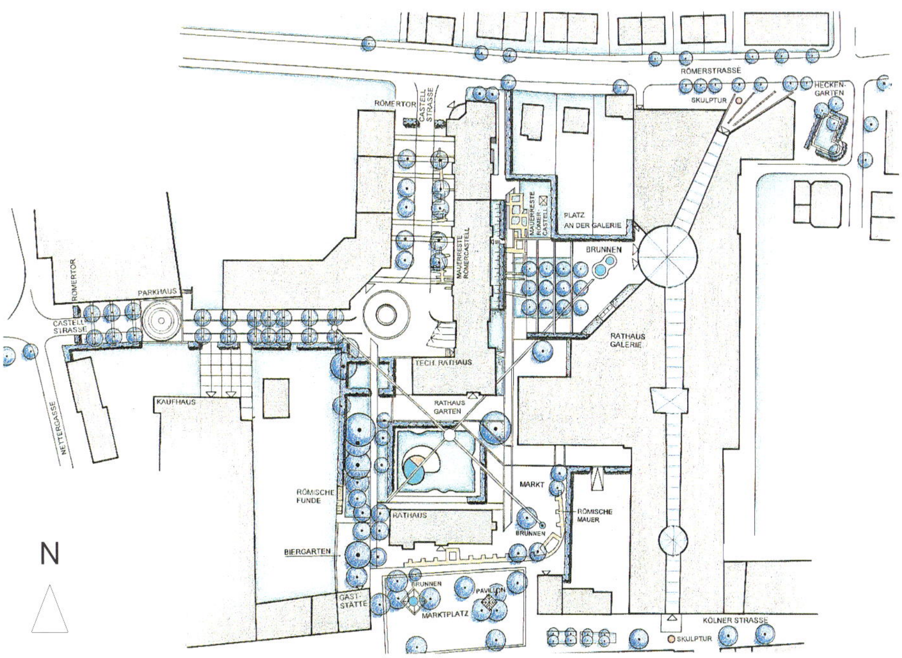

Dormagen-Zentrum, Rathausumfeld

Fußgängerzone Kaldenkirchen-Nettetal 1974/75

Flanierzone aus Klinker – im Volksmund »Busenallee«

Die Fußgängerzone liegt im städtebaulichen Sanierungsgebiet Kaldenkirchen, einem Stadtteil Nettetals, nahe der holländischen Grenze. Die kleinmaßstäbliche Bebauung zeigt bereits Verwandtschaft zum nahen Holland. Die Planung spiegelt diese Verbindung in der konsequenten Verwendung des roten, holländischen Klinkers wider.

Kreis und Kugel sind das zentrale Gestaltungsmotiv, Halbkugelformen sind in verschiedenen Größen gemauert und beliebt zum Klettern und Sitzen bei den Kindern. Zum Teil erscheinen sie auch als Brunnen.

Die Kugelform kehrt wieder bei den entsprechend geschnittenen Ahorn- und Robinienbäumen sowie in einem skulpturalen »Lichterbaum«.

Kreisförmig gepflasterte Klinker und Kieselsteine führen das Thema auf dem Boden und bei den Sitzbänken konsequent weiter.

Die Einbeziehung einer querenden, verkehrsreichen Landstraße hat sich an diesem Modellbeispiel bewährt. Der Fußgänger hat über eine 80 m breite Pflasterung im Straßenbereich deutlich Vorrang. Die Abgrenzung erfolgt durch niedrige Pflasterwellen.

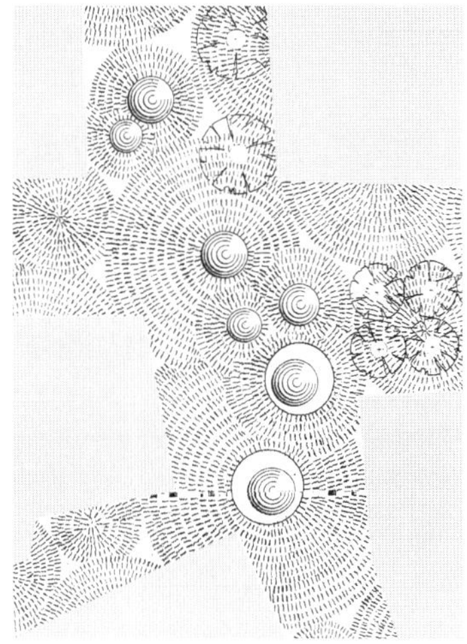

Kreismotiv für Bodenbelag und Halbkugeln

Für Kinder ein idealer Tummelplatz

Fußgängerzone Euskirchen 1973 – 1975

Fußgängerzone mit Tiefplatz und Wasserwand

Die Innenstadt von Euskirchen, eine Kleinstadt am Rande der Eifel bei Köln, sollte in ihrer Attraktivität als Einkaufs- und Geschäftszentrum und als städtischer Wohnstandort erheblich gesteigert werden.

Die Fußgängerzone beginnt am Bahnhof, durchzieht mit Seitenstraßen die Altstadt und endet am Markt. Sie ist mit optisch ansprechenden Fachwerkhäusern und Putzbauten gesäumt.

Schwierig war die Unterführung einer Bundesstraße. Damit nicht, wie so oft, ein langer und unfreundlicher Tunnel entsteht, wird stadteinwärts ein Platz vor der Straße etwa um 3 m abgesenkt. Zu diesem vertieften Platz (ca. 20 mal 20 m) führen zahlreiche Stufen, Rampen und eine Rolltreppe. So öffnet sich städtebaulich die schmale Fußgängerzone zu einem beliebten Platz und Treffpunkt.

Das städtebauliche Bild beherrscht die auf dem Platz stehende Herz-Jesu-Kirche. Der Höhenunterschied wird zur Anlage einer imposanten »Wasserwand« genutzt. Das Wasser stürzt als weiße Gischt nach unten in ein Wasserbecken. Nachts erscheint der Platz besonders anziehend, beleuchtet von einer oberhalb angebrachten Lampensäule. Weiter ergab sich die Möglichkeit ein kleines Café zu integrieren. Auf diese Weise entstand ein attraktiver Stadtplatz, der mit dem Café, einem Wasserfall und verkürztem Fußgängertunnel einen Anreiz für die Bürger bildet, die sonst solche Unterführungen meiden und eher die gefährliche Überquerung einer stark befahrenen Bundesstraße auf sich nehmen.

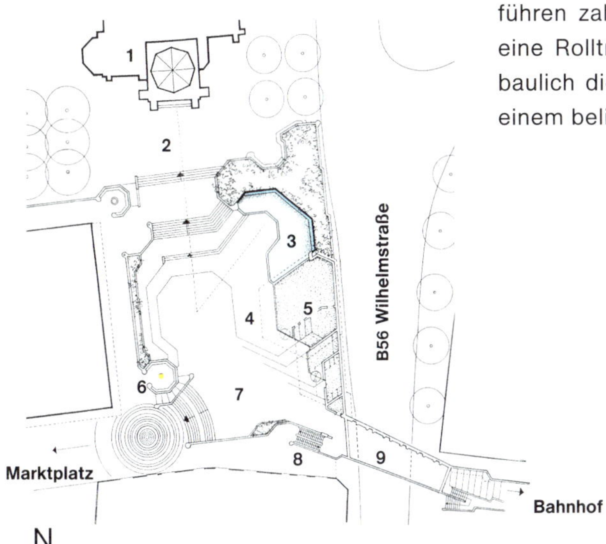

1 *Herz-Jesu-Kirche* 2 *Kirchplatz* 3 *Wasserwand* 4 *Café* 5 *Dachgrün* 6 *Lichtsäule* 7 *Tiefplatz* 8 *Rolltreppe* 9 *Unterführung*

Die 30 m lange Wasserwand

Systemschnitt

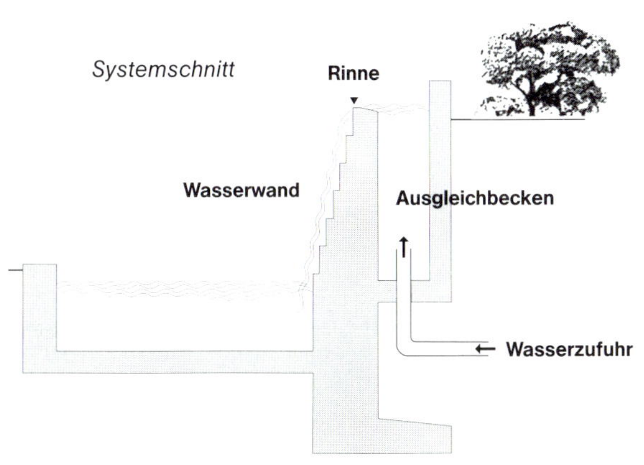

Projekt Neuss-Innenstadt, 1996

Wettbewerb, 1. Preis

Die Stadt Neuss blickt auf eine interessante 2000jährige Geschichte zurück. Dort, wo heute die Hauptfußgängerachse verläuft, führte die historische Römerstraße von Köln zum Niederrhein. Im Mittelalter erlebte die Festungsanlage Neuss ihre Blütezeit, Handel und Kirche bestimmten das Leben. Heute präsentiert sich Neuss als moderne Geschäftsstadt, deren Streben nach wirtschaftlichem und kulturellem Erfolg eine selbstbewußte Stadt kennzeichnet, die die Zukunft im Auge hat.

Sichtbarmachen von Geschichte

Neuss als Stadt des lebendigen Brauchtums muß verstärkt seine historischen Spuren und landschaftlichen Gegebenheiten herausstellen. Antike, Mittelalter und Gegenwart sind miteinander zu verknüpfen. Nur so behält Neuss seine Identität und Unverwechselbarkeit und kann basierend auf seiner Geschichte souverän und selbstbewußt nach vorn schauen.

Vision für das nächste Jahrtausend

Als dynamische, aufstrebende Großstadt muß sie auch in der Stadtgestaltung zukunftsorientierte Akzente setzen.

Innenstadt als Einheit

Die Planung muß die gesamte Innenstadt miteinbeziehen, die komplex und zusammenhängend betrachtet werden sollte. Der Hauptstraßenzug (Römische Heerstraße Bonn – Xanten) hat wichtige Wechselbeziehungen mit seiner Umgebung. Ein Grünzug am Erftmühlengraben (mittelalterlicher Befestigungsring um die Altstadt) ist das landschaftliche Gegenstück zur urbanen Hauptfußgängerachse und zum Hafen auf der Ostseite.

Langfristige Konzeption

Um Neuss »fit« für das nächste Jahrtausend zu machen, bedarf es einer langfristigen Perspektive. Sie muß in vielen kurz- und mittelfristigen Arbeitsschritten realisiert werden. Es wird ein flexibler Planungsprozeß angestrebt, der städtebauliche und gestalterische Entwicklung initiiert, aber auch offen für

Veränderungen und Ergänzungen ist. Entwicklungsflächen gibt es mit der »Stadt am Hafen«.

Gestaltungsidee – Stadt und Stadtoasen

Die Planungsidee geht auf die vorgegebene Grundstruktur des Stadtgrundrisses ein. Neuss hat eine wohl einmalige städtebauliche Struktur aus Magistrale, Seitenstraßen und an deren Enden teilweise ausgebauten Grünbereichen.

Die prägnante Gestaltungsidee orientiert sich am Prinzip der Fischgräte. Das Rückgrat ist die Hauptfußgängerachse zwischen Ober- und Niedertor. Von einem mittigen Pflasterstreifen in der Hauptstraße zweigen seitliche »Rippen« mit Baumreihen zu den angrenzenden Grünbereichen ab. Die Endpunkte sind »grüne Plätze« oder besser kleine Oasen. Auf diese Weise entsteht eine intensive Verklammerung der Fußgängerzone mit den Seitenstraßen und den peripheren Grünbereichen. Diese zum Teil schon vorhandenen Qualitäten werden verstärkt, herausgearbeitet und zu Stadtoasen entwickelt.

Fußgängerzone

Das Kernstück der Innenstadt ist die Fußgängerzone. Der Hauptstraßenzug wurde in den letzten 20 Jahren kaum verändert. Mit der Herausnahme der zweispurigen Straßenbahntrasse eröffnet sich die Chance, Neuss in seiner Attraktivität zu steigern. Eine mittig angeordnete Straßenbahnschiene bleibt im Sinne einer neuzeitlichen Spurendokumentation erhalten. Die Straßenbahnschiene aus Stahl ist eine starke gestalterische Kraft.

Der gesamte Fußgängerbereich erhält einen einheitlichen Bodenbelag. Die Hauptzone wird durchgehend mit blaugrünem Stein im Format 20 mal 20 cm gepflastert und durch drei Plätze gegliedert, die jeweils besondere Gestaltung und Akzentuierung erhalten.

Beispiel: Platz am Kloster

Die Gliederung der Kirchenfassade der Klosterkirche St. Sebastianus wird durch Pflasterstreifen aufgenommen und im Bodenbelag weitergeführt. Quadratische Skulpturen und Sitzelemente spiegeln in geometrischer Anordnung klösterliche Strenge wieder. Dagegen verdeutlicht die ungezwungene, lockere Plazierung unterschiedlicher Stelen das Gedankengut der »freien« Bürgerschaft.

Grünzug Erftmühlengraben

Die Hauptfußgängerachse ist die steinerne urbane Achse, der Wallgraben und die parallel verlaufende Landschaftsachse im Westen ihr Gegenstück. Das im Osten liegende Hafenbecken deutet auf die ehemalige Schutzfunktion des Wassers hin. Zur Römerzeit verlief hier ein alter Rheinarm, im Mittelalter der Erftfluß. Beide Achsen ergänzen einander als eine städtebauliche Klammer der Innenstadt. Der Erftmühlgraben wird als innerstädtischer Grünzug wiederhergestellt. Eine durchgehende obere und untere Promenade entlang der Stadtmauer prägen diese grüne Flanierzone. Zum Hafen hin sollte die Stadt die trennende Barriere der Batteriestraße durch Bebauung behutsam überwinden.

Am Hamtorplatz ist die Ausbildung eines archäologischen Gartens und die Offenlegung des Erftmühlengrabens geplant.

Beleuchtung

Filigrane Mastleuchten sorgen in rhythmischer Verteilung für eine verkehrssichere Ausleuchtung der Gassen und Straßen. Durch Spots und Strahler werden besondere Gebäude (Münster, Rathaus, Zeughaus, Sebastianskirche) akzentuiert. Markante Platzstrukturen (Am Kloster) sind durch niedrige Strahler in ihrer Ausdehnung betont. Insgesamt entsteht damit eine interessante Lichtinszenierung. Als Besonderheit wird die vorhandene Schienenspur mit lichttragenden Glasfaserkabeln bestückt (»Neusser Lichtlinie«).

Brunnenkonzept

Die vorhandenen Brunnen werden durch neue ergänzt. Damit entsteht eine systematische Abfolge von Brunnenstandorten, ein in sich geschlossenes »Brunnenkonzept« innerhalb der Innenstadt.

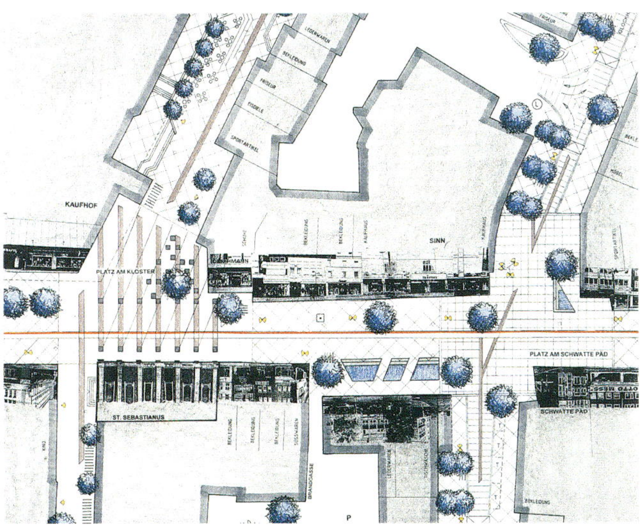

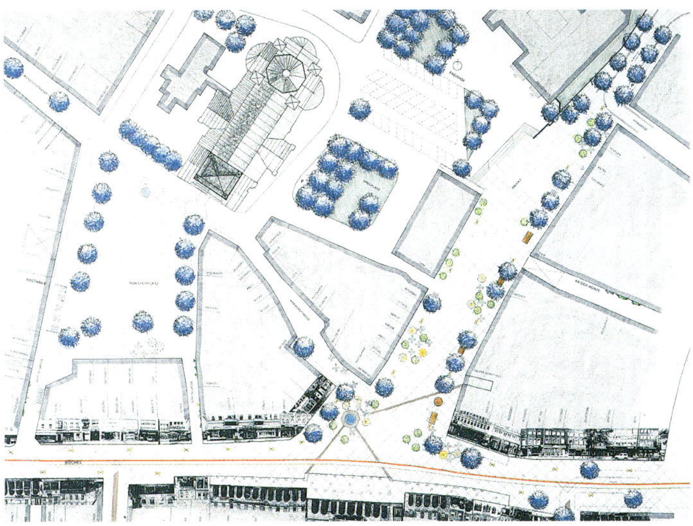

Gewerbeparks

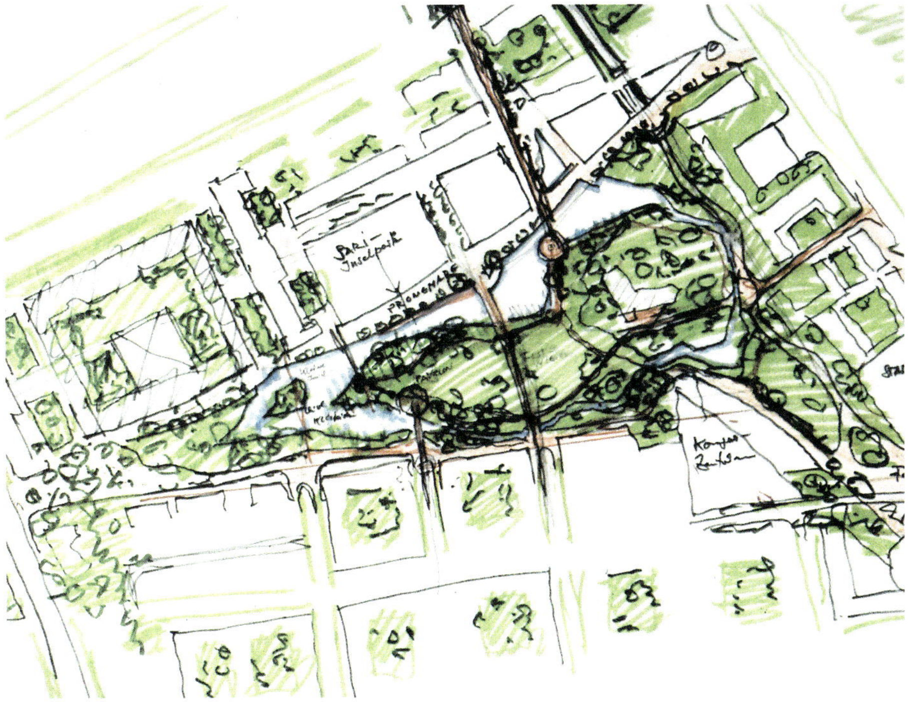

Früher waren Gewerbestandorte reine Funktionsflächen für die Wirtschaft. Heutzutage gibt es keinen quantitativen Mangel an Gewerbestandorten, wohl aber ein Qualitätsdefizit.

Vor dem Hintergrund erhöhter Umweltstandards und der Absicht der Kommunen aus steuerlichen und beschäftigungspolitischen Gründen potentiellen Firmen attraktive Gewerbestandorte anzubieten, entstand das Konzept der »Arbeit im Grünen«.

Die konzipierten Gewerbeparks müssen in die vorhandene Stadt- und Landschaftsstruktur integriert werden. Gravierende Eingriffe in die Naturhaushalte sind zu vermeiden oder auszugleichen. Das Gebot der Zeit ist eine flächensparende Bebauung und Verkehrserschließung. Zu den Qualitätszielen der Gewerbeparks gehört neben den hohen Freiflächen- und Grünanteilen auch ihre ökologische Ausrichtung.

Nicht zuletzt sollten den Mitarbeitern der Firmen attraktive grüne Aufenthaltsbereiche angeboten werden. Die Verbesserung der Arbeitswelt ist eine wesentliche Qualität eines zeitgemäßen Gewerbeparks.

Gewerbegebiet Marl 1992/93

Gewerbegebiet im Wald mit Ameisenbiotop

Ein ausgewachsener Kiefernmischwald sollte laut Bebauungsplan für ein Gewerbegebiet komplett abgeholzt werden. Auf Intervention des Landschaftsarchitekten und nach schwierigen Auseinandersetzungen mit der Verwaltung bleibt der Wald erhalten. Die Bauten konnten behutsam in den Wald integriert werden.

Bis zu einem Abstand von 2 m zum Gebäude bleiben die Bäume stehen. Die Wege- und Straßenführung richtet sich nach den Baumstandorten, um die Bäume weitgehend zu erhalten: Die Wege führen durch den Baumbestand. Naturnahe Gehölz- und Staudenpflanzungen verstärken den Waldcharakter. Arrangierte Sandsteinblöcke und aufgeschichtete Holzstämme setzen gestalterische Akzente und stellen wertvolle Rückzugsräume für Kleinlebewesen dar.

Weiterer Bestandteil dieses ökologischen Gewerbekonzeptes ist die Versickerung von sämtlichem auf den Dächern, Wegen und Straßen anfallendem Oberflächenwasser. Durch oberirdische Entwässerungsmulden wird das gefaßte Regenwasser einer Pflanzenkläranlage, bestehend aus Absenkbecken und Klärteich mit Seggen, zugeleitet, bevor ehe über ein Versickerungsbecken das Grundwasser anreichert.

Das Waldgebiet erweist sich als eines der wichtigsten Ameisenlebensräume der Region. Es siedelt dort die im Bestand gefährdete »Kleine schwarze Waldameise«. Unter Federführung eines »Naturschutzbeauftragten für Ameisen« werden 13 Ameisenhügel umgesiedelt. Die Aktion beginnt morgens um 3 Uhr, da zu dieser Zeit die Tiere noch nicht aktiv sind.

Es stehen 20 Arbeiter und zwei Lkws zur Verfügung, die die 1 bis 2 m hohen Nester bis zu 2 m tief ausheben und in vorbereitete »Unterkünfte« in angrenzende Waldgebiete bringen. Das Problem ist, unter den Tausenden von Ameisen die Königin in der Mitte des Ameisenbaus ausfindig zu machen, da sonst die Ameisen nicht lebensfähig sind. Die Translozierung ist ein Erfolg. Allerdings war der alte Standort bei den Ameisen so beliebt, daß mehrere Umsiedlungsaktionen notwendig wurden: Es bildeten sich immer wieder neue Ameisenstaaten.

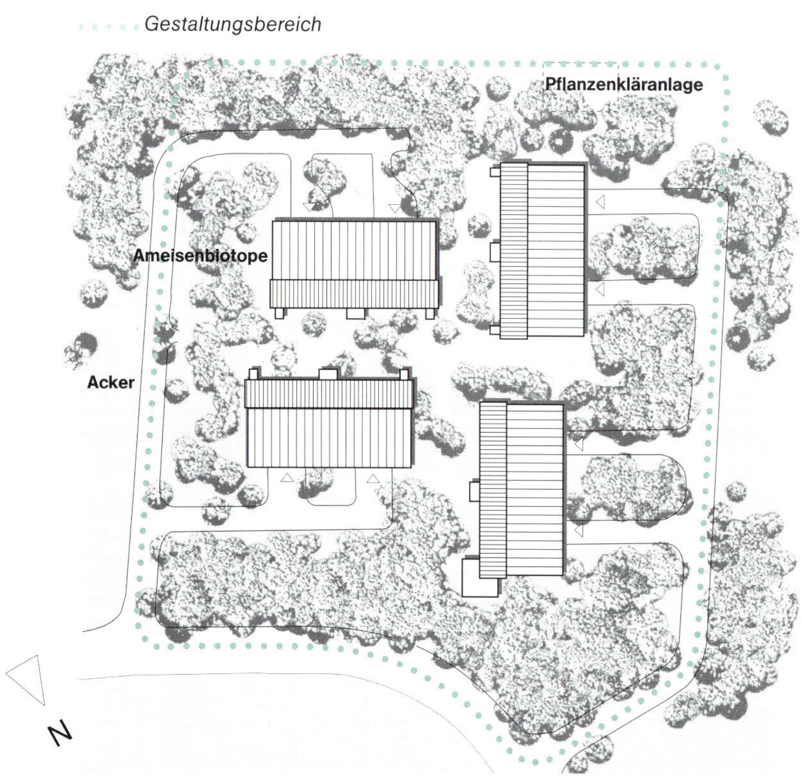

Die Wege verlaufen entlang der vorhandenen Bäume

Klärteich und Seggen. Das gefaßte Regenwasser wird gereinigt und versickert

Natursteinblöcke gestalten die Aufenthaltsbereiche vor den Gebäudeeingängen

Profilfertigungszentrum Josef Gartner & Co. Gundelfingen, 1991 – 1993

Fassaden im Spiegel

Nahe der Donau, unmittelbar an die Donauaue angrenzend, liegt das Werk der Firma Gartner-Fassadenbau. Im Süden des Werkkomplexes, im Zusammenspiel mit kräuterreichen Wiesen, schlängelt sich das Flüßchen Brenz der Donau entgegen.

Die Werkanlage bildet ein beachtliches Ensemble einer Industriearchitektur. An den einzelnen Bauabschnitten waren seit der Gründung des Werkes immer Architekten von Rang beteiligt.

Heute läßt sich an den einzelnen Gebäuden fast schulbuchartig Architekturgeschichte ablesen. Den vorläufigen Abschluß bildet das Profilfertigungszentrum, entworfen vom Architekturbüro Prof. Harald Deilmann, Münster. Bedingt durch die Fertigungsmethode ist ein hochgeschossiger, großdimensionierter Bau entstanden.

Die herausragende landschaftliche Lage und das Architekturensemble stellen ebenso wie die Einbindung in die Donaulandschaft einen hohen Anspruch an die Landschaftsarchitektur. Ins Auge fallen mehr oder weniger halbrunde, vorhandene Wasserflächen. Die Planung greift diese landschaftsbestimmenden Formen auf. Der dem Bau vorgelagerte See hält der Fassade quasi den »Spie-

gel« vor. Bestimmende Elemente aus der Architektur (Fenster der Rundtürme) setzen sich in Form von Mauern bis ins Wasser und dann am jenseitigen Ufer fort, Architektur und Landschaft sind so zu einer Einheit gestaltet. Dem architektonisch gestalteten Ufer auf der Hausseite ist ein sanftes Ufer, aus einem Schilfgürtel bestehend, gegenübergesetzt. Bäume und Gehölze aus der Donauaue binden das Werksgelände in die Landschaft ein.

Es ist beabsichtigt durch Pappelreihen, die aus dem Werk in die Landschaft greifen, die Werkanlagen mit der Landschaft noch intensiver zu verknüpfen.

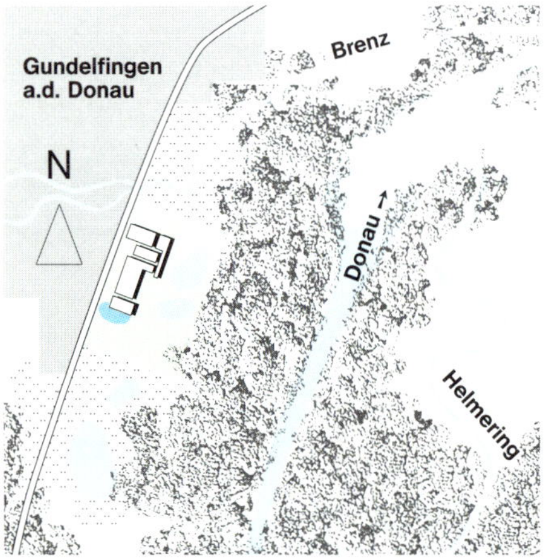

gestaltete Grünflächen
gestaltete Wasserfläche
vorhandene Wasserflächen

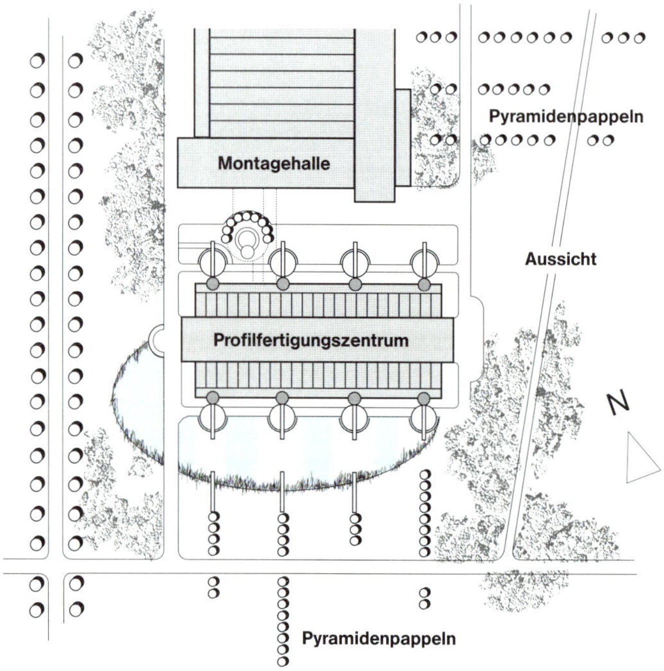

Städtebau ist eine interdisziplinäre Aufgabe. Das Grün in der Stadt übernimmt wichtige Aufgaben der Stadtgliederung und der Biotopvernetzung. Dies zeigen gerade solche für ihr Grün berühmten Städte wie Wien und Köln mit ihren erhaltenen Grünringen und -achsen. Parkanlagen, Wälder, Alleen und Promenaden prägen solche Städte. Vor allem gilt es die landschaftlichen Gegebenheiten einer Stadt wie Seen, Flüsse, Bäche oder Hangkanten, als Leitlinien von Stadtlandschaften zu erhalten und stärker herauszustellen.

Im Rahmen der gegenwärtigen Stadtsanierungen und städtebaulichen Weiterentwicklungen sind auch die Neuanlagen von Grünverbindungen und Grünzügen unverzichtbar. Sie übernehmen neben ihrer stadthygienischen Bedeutung wichtige Erschließungs- und Orientierungsfunktionen. Sie dienen dem Berufs-, Einkaufs- und Schulweg und der Erholung. Ein System solcher Grünverbindungen ist in den meisten Städten nur lückenhaft vorhanden. Deshalb gilt es, ein zusammenhängendes Netzwerk zu entwickeln.

Die besondere Qualität von Grün in der Stadt besteht vor allem in seiner großen integrativen Wirkung. Heterogene Gebäude-Ensembles können durch Grünstrukturen zu einer städtebaulichen Einheit zusammengefaßt werden.

Netzpark »Grüner Süden« Düsseldorf, 1985 – 1987

Universitätstunnel, Uni-Schutthügel, Fleher Knoten. Biotopvernetzung und Entwicklung neuer Biotope als »Bausteine« entlang von Verkehrsadern

Die südlichen Düsseldorfer Stadtteile Wersten und Bilk haben in den letzten 20 Jahren eine für viele großstädtische Randgebiete typische Entwicklung erfahren. Wo früher dörfliche Siedlungen, Landwirtschaft und Brachflächen prägend waren, vollzog sich langsam durch ungeordnete Neubautätigkeit, verstreute Gewerbegebiete, Kiesabbau und Schrottplätze eine negative städtebauliche Wandlung. Durch die schrittweise Verwirklichung des Großvorhabens Universität und die Anlage des Südparks mußte der Verkehr völlig neu geordnet werden. Düsseldorf entschied sich für die Bündelung des Durchgangsverkehrs auf die A 46, um so die Wohngebiete zu entlasten.

Der Autobahnbau ist immer mit negativen Auswirkungen verbunden. Hier machte Düsseldorf aus der Not eine Tugend und nutzte die Chance zur städtebaulichen Neuordnung und Verbesserung des Siedlungsbildes. Zu den Maßnahmen gehören die Tieferlegung der Autobahntrassen zur Lärmminderung, die Vertunnelung an besonders verknüpfungsreichen Stellen, die Schaffung von Grünverbindungen entlang der Trassen sowie von zusätzlichen Lebensräumen für Tiere und Pflanzen als ökologische Ausgleichsmaßnahmen. Auf diese Weise entstand zusammen mit den vorhandenen Freiräumen eine Art Netzpark, der diese Stadtregion Düsseldorfs zu einer weiträumigen Stadtlandschaft verknüpft.

Diese neuen Grünverbindungen sind ein wesentlicher Abschnitt des übergeordneten Systems »Grüne Achse vom Rhein zum Rhein«. Mehr als 5 km Geh- und Radwege sind zusammen mit dem Bau der A 46 entstanden, und ehemals nur privat genutzte Freiflächen werden in frei zugängliche Erholungsflächen (Universitätssee, Südpark) für die Öffentlichkeit umgewandelt. Besonders die Untertunnelung der A 46 in zwei Abschnitten verhindert die sonst unausweichliche Barrierewirkung einer Autobahn. So verbindet der 1 km lange »Uni-Deckel« auf dem großflächig unterschiedliche Lebensräume für Flora und Fauna geplant wurden, den neu errichteten Uni-Campus mit den Uni-Kliniken. Der 860 m lange »Werstener Deckel«, angelegt in Form eines Parks, vereinigt einen lange getrennten Stadtteil.

Mit dem Autobahnausbau wurde zwar weiter versiegelt, doch wird der Eingriff durch die ökologische Gesamtstruktur weitgehend ausgeglichen. Durch die Verkehrstrassen entstehen inselartige Sonderbiotope mit interessanten Entwicklungsmöglichkeiten schon deshalb, weil menschliche Nutzungen weitgehend ausgeschlossen wurden. Neu an-

gestaltete Grünflächen
gestaltete Wasserflächen
vorhandene Wasserflächen

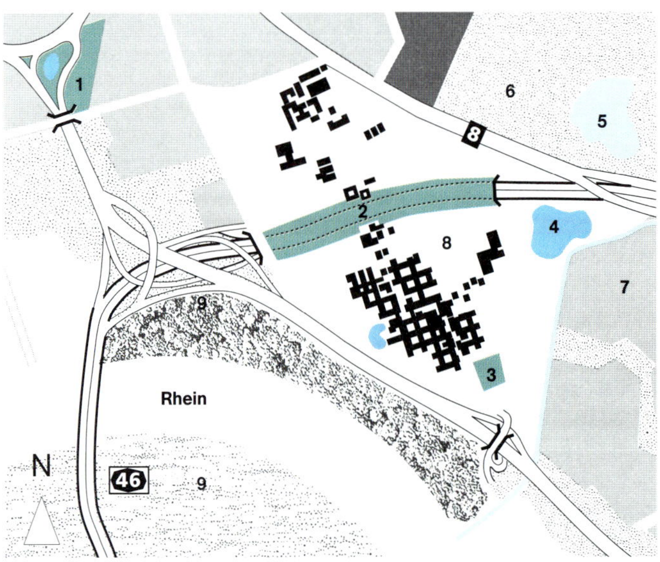

1 *Fleher Knoten*
2 *Uni-Deckel*
3 *Uni-Schutthügel*
4 *Universitätssee*
5 *Werstener See*
6 *Volksgarten*
7 *Südpark*
8 *Universität*
9 *Salbeiwiesen*

gelegte und vorhandene Lebensräume ergänzen sich sinnvoll. Die entstehenden Biozönosen wirken einer Verinselung der grünen Freiräume entgegen. Auch wenn kein vollständig geschlossenes ökologisches Verbundsystem entstanden ist, so wird dennoch eine Verknüpfung über den Rhein hinweg zwischen dem Naturschutzgebiet »Üdesheimer Rheinbogen« mit seinen teilweise noch erhaltenen Salbeiwiesen, Kopfweiden, Schwarzpappeln und Dünenresten und dem Netzpark »Grüner Süden« erreicht.

In diesem Mosaik der Biotope sind drei Neuanlagen besonders bemerkenswert:

Naturnahe Wiesenlandschaft über der Autobahn (Universitätstunnel)

Mit der Vertunnelung im Bereich der Universität wird nicht nur eine Zweiteilung des Campusgeländes vermieden, sondern die Chance genutzt, Landschaft zu modellieren und Lebensräume zu gestalten. Durch Planung eines bewegten Reliefs des Universitätsgeländes, durch Anlage von Trocken- und Magerwiesen auf sandig-kiesigem Boden sowie Feuchtwiesen und wechselfeuchten Mulden entsteht die Grundlage für artenreiche Flora- und Faunabiozönosen, die sich noch in voller Entwicklung befinden. Naturnahe Hecken aus heimischen Laubgehölzen sind mit der Vegetation des Umfelds vernetzt. Fuß- und Radwege sind getrennt geführt, jede Trasse harmonisch in die Landschaft eingefügt, der Radweg in großen zügigen Schwingungen angelegt – beim Fußweg erhöhen dichte Folgen enger Wegschranken den Erlebniswert. Hier hat sich bereits eine artenreiche Flora entwickelt, die vom Botanischen Institut für studentische Bestimmungsübungen genutzt wird. Auch die Tierwelt hat den attraktiven Lebensraum für sich entdeckt. So fand eine Kreuzkrötenpopulation des Unicampus, die jahrelang von Baugrube zu Baugrube der heranwachsenden Bauten vorauswanderte, eine endgültige Bleibe. Aber auch viele Vogel- und Insektenarten haben sich eingefunden. Solche Wiesengesellschaften benötigen 4 bis 5 Jahre zu ihrer Stabilisierung.

Ungestörte Biotopbesiedlung neben den Institutshochbauten (Uni-Schutthügel)

Im Süden der Universität wird seit rund 20 Jahren Bauschutt und Erdaushub zwischengelagert, der nach Beendigung der Baumaßnahmen abgefahren werden sollte. In der Zwischenzeit hat eine interessante Spontanvegetation den Schutthügel besiedelt. Der Gedanke, inmitten einer gepflegten Parklandschaft eine derartige Schuttdeponie als Sonderbiotop zu belassen, stieß zunächst auf Unverständnis, fand dann Begeisterung und Engagement. Die Arbeit des Landschaftsarchitekten beschränkt sich darauf, die Sicherung der Fläche bei den Behörden aus Gründen des Naturschutzes durchzusetzen. Mit einem Minimum an Eingriffen wird die vorhandene Geländestruktur weiter differenziert. So wird das Großrelief vielfältig und abwechslungsreich. Das direkte Nebeneinander von unterschiedlichen Bodenklassen, Geröllmassen, Feuchtigkeitsgraden, Neigungswinkeln, Sonnenexposition und Verwitterungsprozessen führt zu einem bewegten Kleinrelief mit stark variierenden Habitaten.

Das Schuttgelände zeigt das sensible Reagieren der Pflanzenwelt auf unterschiedliche Standortbedingungen:

Nur leicht variierende Standorte werden von ganz unterschiedlichen Pflanzen besiedelt. Das Botanische Institut, das den Schutthügel betreut, beobachtet die dynamischen Prozesse der Reliefveränderung (Erosion) an Steilhängen und Sukzessionen ruderalen Hochstaudenfluren.

Die rund 2,5 ha große Fläche wird von der Tierwelt ausgiebig in Anspruch genommen. Vor allem Insekten wie Grabwespen, Hummeln und Solitärbienen bevölkern neben einer Vielzahl von Schmetterlingen das Gelände. Auf flachem, kiesigem Boden brüten Flußregenpfeifer. Die breite Palette von Wasserflächen und Kleinstfeuchtmulden wird vor allem von Wasserinsekten (Wasserwanzen, Wasserkäfern und Libellen) und Amphibien angenommen. Um den Schutz der ungestörten Entwicklung zu gewährleisten, wird es mit einem 2 m hohen, mit Weißdorn, Schlehen und Wildrosen umpflanzten Drahtzaun umgeben.

Bodenskulptur und Biotop für Flugorganismen (Fleher Knoten)

Im Zuge des Anschlusses der A 46 an den Düsseldorfer Südring in Form eines Straßendreiecks bleibt zwischen den stark befahrenen Straßen eine rund 4 ha große Fläche übrig. Die Aufgabe für den Landschaftsplaner lautete zunächst rund 80.000 m^2 Bodenmaterial aus einem weiter südlich gelegenen Baustellenabschnitt auf dem Planungsgelände unterzubringen. Die Untere Wasserbehörde forderte, das Grundwasser vor Versickerungen aus dem teilweise leicht belasteten Bodenmaterial mit einer Lehmschürze zu schützen.

Wechselfeuchtmulde am Uni-Schutthügel

In landschaftlicher Ausformung umschließen Randhügel eine große Mulde (»Schüsseleffekt«). Aus den unterschiedlich hohen Erhebungen ragt vor allem ein ca. 15 m hoher Hügel in das Sichtfeld der Stadt hinein. Es entsteht eine spannungsreich gestaltete Bodenskulptur.

Das Planungsgelände ist von Schnellstraßen umgeben. Sie liegen zum Teil in Tieflage. Tierarten, die sich am Boden fortbewegen, haben keine Chance, das Gelände lebend zu erreichen. Um den Fliegern (Vögel, Fledermäuse, Insekten) eine Chance zum Erreichen des Geländes zu geben, sind die Straßenränder von Hügeln gesäumt, die in Verbindung mit dichten Hecken ein hohes Überfliegen erzwingen und so die Gefahr eines Verkehrstodes verringern.

Das Vegetationskonzept orientiert sich an dem vielfältig gestalteten Relief. Während an den Hängen trockene Wiesenstandorte durchsetzt mit Schlehengebüsch vorherrschen, erstrecken sich in der schüsselartigen Mulde vielfältig gestaltete, vom Hangwasser gespeiste Feuchtzonen, die in einen maximal 1,50 m tiefen Teich einmünden, der durch Tonuntergrund abgedichtet ist. An den südwest-exponierten Uferpartien fügen sich ergänzend langgezogene Kiesbänke, kiesige Flachwasserzonen und offene Sandflächen ein.

***Fleher Knoten**: Bodenskulptur zwischen Autobahnen.*
Schüsselartige Ausbildung des Innenbereichs mit Wasserflächen, Röhricht, Flachwasserzonen und Feuchtwiesen

Die beim Bau der Autobahn gefällten Bäume wurden als Gestaltungselement und als Lebensraum für eine vielfältige Kleinfauna verwendet

Rheinuferstraße/Landtag
Rheinpark, Düsseldorf
1988 – 1996

Gestaltung eines nutzerorientierten Volksparks am Rhein und am Landtag. Städtebauliche Rahmen- und Objektplanung der innerstädtischen Rheinuferpromenade und Außengestaltung um den Landtag

»Stadt am Strom« heißt das Jahrhundertprojekt Düsseldorfs, das dem Düsseldorfer Rheinufer ein neues Gesicht verleiht. Durch neue städtebauliche Ideen soll die Stadt vielfältig mit dem Strom verbunden und die Düsseldorfer Rheinlandschaft in Szene gesetzt werden. Während in Köln der Rhein von Steinufern gefaßt ist, weitet er sich in Düsseldorf aus. Er wird auf der Seite der Innenstadt durch steinerne Ufer (Prallhang) begrenzt, auf der gegenüberliegenden durch die flachen Rheinwiesen vor Oberkassel mit der attraktiven Kulisse der Bürgerhäuser aus der Gründerzeit.

Die so oft besungene Rheinromantik ist längst zur Farce geworden. Man mag den Strom besingen, aber die Realität sieht anders aus: Der Fluß wurde zur größten Entwässerungsrinne und Kloake Europas. Durch kilometerlange Steinmauern verschließen sich die Städte dem Strom. In Düsseldorf trennt die vielbefahrene Rheinuferstraße bisher die Stadt vom Strom. Die Uferbereiche der parallel zur Schnellstraße verlaufenden »Unteren Werft« dienen als Parkplatz.

Zugleich reihen sich am Düsseldorfer Rheinufer bemerkenswerte Bauten aneinander, so etwa das Architekturensemble des Ehrenhofes mit Tonhalle, Kunstmuseum und Kunstpalast. Eine Kunstmeile entwickelt sich im Umkreis der Düsseldorfer Akademie, an der Peter Cornelius, Wilhelm von Schadow, Paul Klee, Ewald Mataré und natürlich Joseph Beuys lehrten. Die Düsseldorfer Altstadt, »die längste Theke der Welt«, öffnet sich nun zum Rhein. Lambertus-Kirche, Schloßturm und der historische Rheinpegel prägen ihre Rheinfront. Südlich der Altstadt schließen sich Mannesmann-Ufer mit gleichnamigem Hoch-

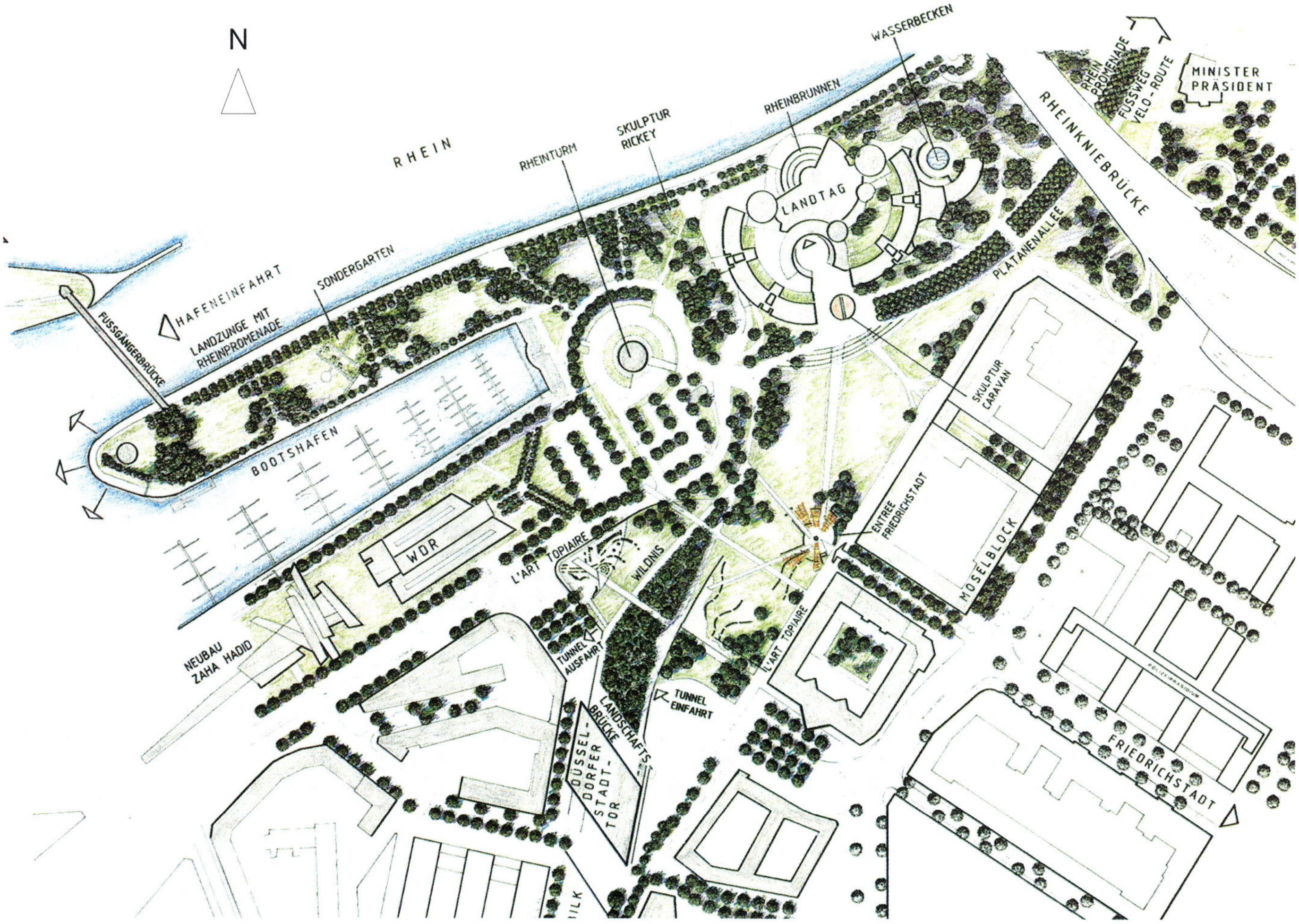

Die dreiteilige Allee endet am Landtag

haus, die historische »Karlstadt« mit der Villa Horion, dem Sitz des Ministerpräsidenten, an. Schließlich trennt die breite Rheinkniebrücke, eine Hauptverkehrsader, den folgenden Rheinpark mit dem Landtag von der Innenstadt. Auf diesem 1,5 ha großen Terrain steht ein Ensemble aus bedeutenden Solitären: Landtag, Rheinturm, WDR-Gebäude und in naher Zukunft das neue Regierungsviertel und die »Medienmeile« am Hafen.

Nachdem die Entscheidung gefallen war, die verkehrsreiche Rheinuferstraße über eine Länge von 1,8 km unter die Erde zu legen, begannen zwei konkurrierende Teams aus Stadtplanern, Architekten und Landschaftsarchitekten, verschiedene Konzepte zu entwickeln, wie die Stadt an den Rhein herangeführt werden könnte. Schließlich gab es einen Folgewettbewerb, der die wesentlichen Elemente der Planungsteams übernahm. Südlich der Brücke sollten Landtag, Rheinturm und WDR-Gebäude in einen neuen Rheinpark integriert werden; mit diesem Projekt wurde unser Büro beauftragt.

Maximilian Friedrich Weyhe, der »Lenné Düsseldorfs«, plante 1801 auf den geschleiften Festungsanlagen einen Grünzug »vom Rhein zum Rhein«. Als grünen Kranz umrahmt das historische Grünsystem heute zu großen Teilen die Altstadt. Mit dem Rheinpark am Landtag wird der »Grüne Ring« endlich geschlossen. Wir stellen uns diesen Park offen und informell vor: Hier sollen die Parkbesucher ihren Launen nachgehen und vielfältige Aktivitäten entwickeln. Die Vollendung der Weyheschen Konzeption, nach dem Krieg eine desolate Stadtbrache, wird der Landeshauptstadt mit dem neuen Regierungsviertel, dem Landtag und dem Rheinpark eine neue Identität verleihen.

Zwischen Bootshafen und Rheinstrom: Landzunge mit Platanenpromenade

Durchgehende Rasenflächen charakterisieren den Park. Als Alleen setzen sich die Baumreihen des Rasters fast übergangslos in den angrenzenden Stadtstraßen fort. Kleine, eingestreute Besonderheiten machen den Park erlebnisreich und interessant, so zum Beispiel drei unterschiedliche Heckengärten. Eine große, freie Wiese vor dem Landtag kann als Spiel- und Liegewiese ebenso genutzt werden wie für Feste und Demonstrationen. Der »Platz des Landtages« mit der davor gelagerten breiten Landschaftstreppe und der Bürgerwiese bilden eine funktionale und gestalterische Einheit.

Eine breite Straße als Kluft zwischen Park und Stadttorhaus überwindet eine 40 m breite und etwa 100 m lange »Landschaftsbrücke«, die mit großen Bäumen und Gehölzen waldartig bepflanzt wird. Die Brücke wird durch den »Wald«, den sie trägt, zum Symbol des Parks und zur Metapher für das Spannungsverhältnis von Natur und Zivilisation. Sie ist gedacht als eine landschaftsbestimmende Naturskulptur.

Von der Residenzstadt zur Landeshauptstadt: Diese Entwicklung ist noch an der Rheinuferlandschaft und am »Grünen Kranz« Lennés erlebbar. Ein großer, spannungsreicher Bogen verläuft jetzt um die Altstadt, gewissermaßen vom Rhein zum Rhein, und weiter zu den naturhaften Auenbereichen im Süden. Der Rheinpark als grüner Stützpunkt am Rhein hat sich inzwischen zu einem bedeutenden Environment gemausert. Ein neuer Stadtbereich entsteht um Landtag, Rheinturm, WDR, Stadttorhaus, Bootshafen und Rheinpark.

Einer von drei Heckengärten

Ansicht der Platanenallee

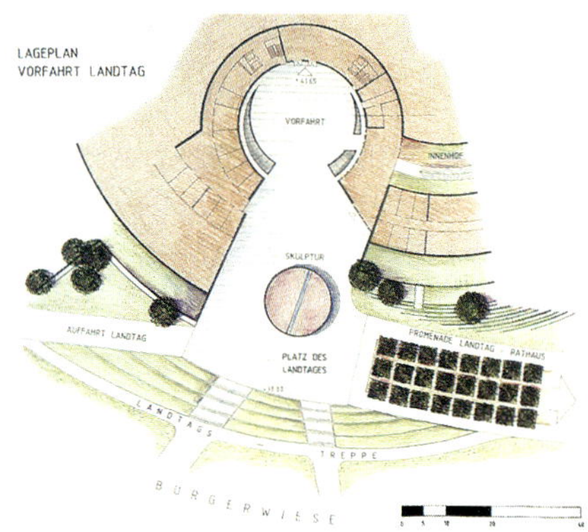

Lageplan Vorfahrt Landtag

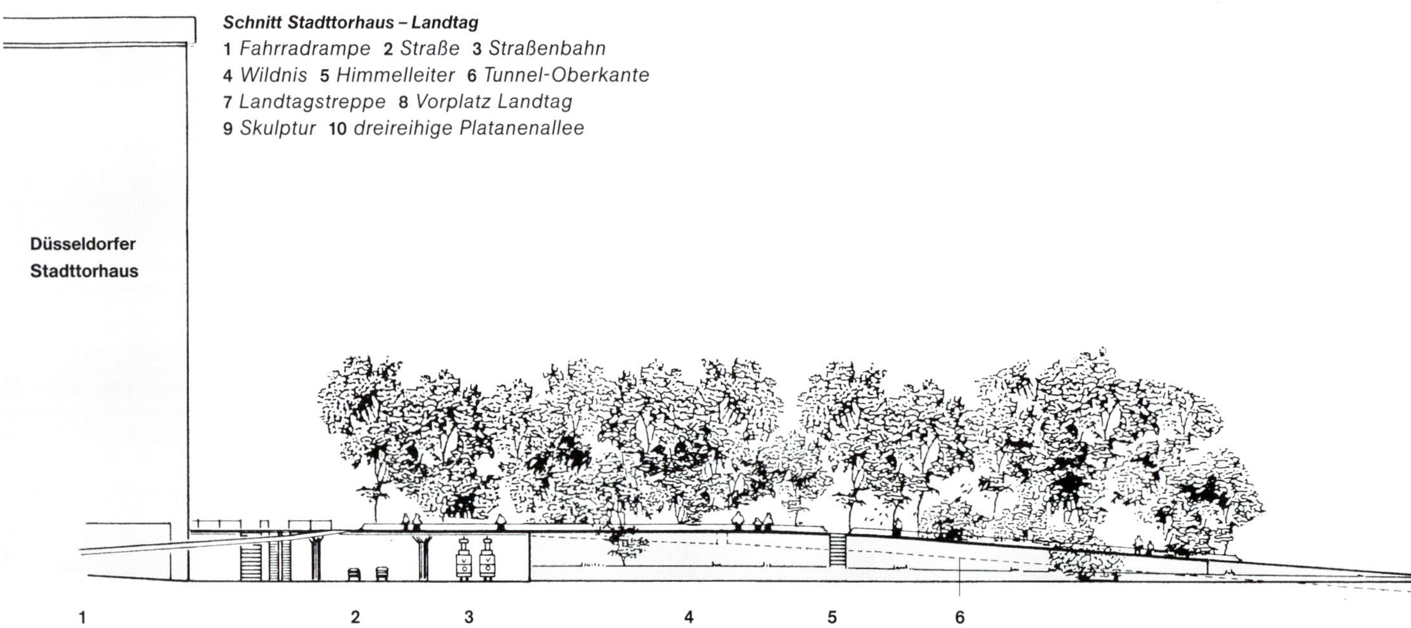

Schnitt Stadttorhaus – Landtag
1 *Fahrradrampe* 2 *Straße* 3 *Straßenbahn*
4 *Wildnis* 5 *Himmelleiter* 6 *Tunnel-Oberkante*
7 *Landtagstreppe* 8 *Vorplatz Landtag*
9 *Skulptur* 10 *dreireihige Platanenallee*

Platz des Landtages mit einer Skulptur von Dani Karavan.
Die geschwungene Landschaftstreppe vermittelt zur tiefergelegenen Bürgerwiese

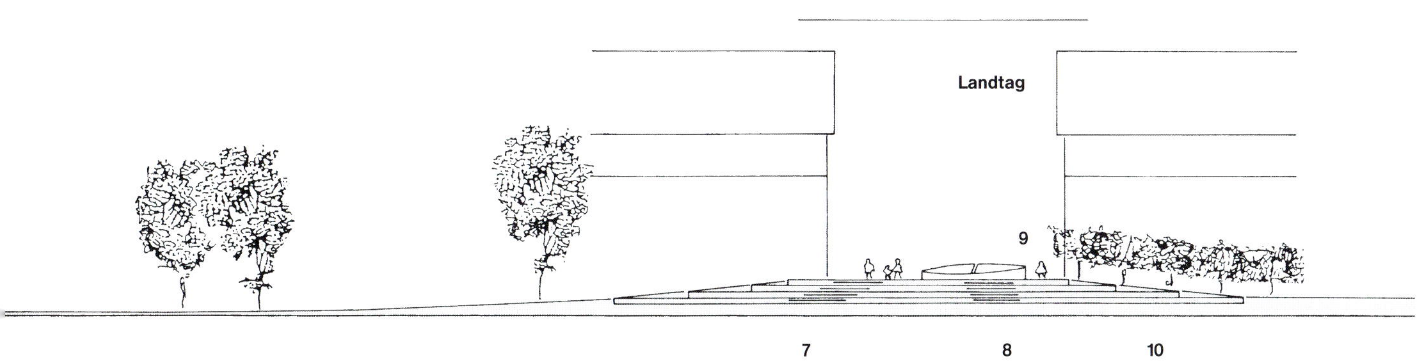

Yanbu, 1986

Wettbewerb, nicht realisiert

Uferpromenade mit Hafen und Freizeitinsel am Roten Meer. Die grüne Wüstenstadt. Die Wälder gehen den Völkern voran, die Wüsten folgen ihnen

Saudi-Arabien erlebte in den letzten Jahren eine sprunghafte Entwicklung. Um 1900 noch ein Beduinenstaat, befindet es sich heute aufgrund der Ölvorkommen auf dem Weg zum modernen Industriestaat.
Saudi-Arabien ist im Umbruch begriffen. Während auf der einen Seite das gesamte gesellschaftliche und private Leben am Islam orientiert ist und an traditionellen Gebräuchen und Sitten festgehalten wird, zeigt sich auf der anderen Seite die Bereitschaft zur Übernahme westlicher Wertvorstellungen und Güter. Diese gesellschaftliche Übergangssituation muß bei der Planung der Küstenzone von Yanbu berücksichtigt werden. Ziel der Planung ist es, die traditionellen, kulturellen und landschaftlichen Strukturen aufzunehmen und zeitgemäß zu modifizieren sowie gleichzeitig die technischen Errungenschaften der westlichen Industriestaaten in die Planung miteinfließen zu lassen. Warum soll man nicht wieder – wie im Mittelalter – den fruchtbaren Austausch von kulturellen und materiellen Gütern zwischen Orient und Okzident stattfinden lassen?
Für die Planung war die Orientierung an der Landschaft Yanbus sowie die Begegnung mit der dort ansässigen westlichen und einheimischen Bevölkerung, ihren Lebensweisen und Bedürfnissen wichtig. Entlang der Küste liegen Ölraffinerien, ölverarbeitende Betriebe und Industrien, die von Technikern aus dem Westen aufgebaut werden. Ein großer

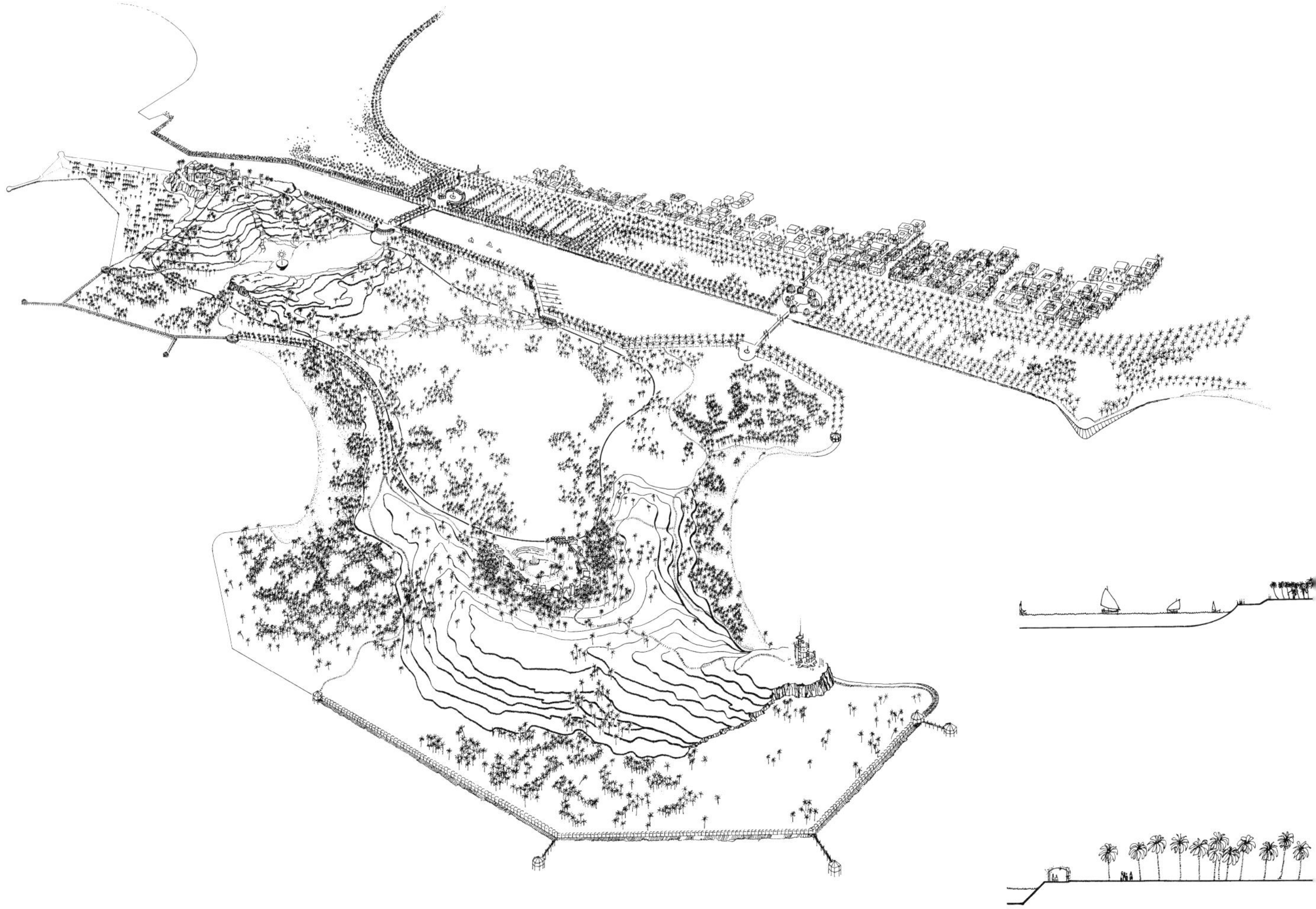

Park am Roten Meer sollte den Menschen das Leben in diesem klimabelasteten und sonst wenig attraktiven Raum erträglich machen.
Die Gestaltung basiert auf zwei Prämissen: der Natur und der Kultur Saudi-Arabiens. Aus beiden Bereichen werden Elemente bei der Planung der Hafeninsel aufgegriffen.
Dabei wird nicht nur auf Vergangenes und Gegenwärtiges Bezug genommen, sondern – vor allem mit den beiden Kunstobjekten (Sonnenskulptur und Küsteninformator) – ein visionärer Blick in die Zukunft gewagt. Die Gestaltung der Insel stellt eine harmonische Synthese aus Vergangenem, Gegenwärtigem und Zukünftigem dar.

Traditionelle Oase

Es ist beabsichtigt an der Küste von Yanbu, dem alten Hafen Medinas, zu Erholungszwecken einen geschlossenen Grüngürtel anzulegen – den »Yanbu-Küstenpark«. Er besteht neben dem »Recreation Sharm« im wesentlichen aus zwei Stadtparks (Community Park East and West); laut Auslober sollen beide Stadtparks urbane Qualitäten besitzen und eine Vielfalt an Nutzungen zulassen, da sie in unmittelbarer Nähe zu Wohngebieten liegen. Vor allem der Westpark ist zu einem Anziehungspunkt mit Planetarium, Aquarium und Marina auszubauen. Zu beachten ist, daß die beiden vorhandenen Naturschutzgebiete durch die Stadtparks nicht beeinträchtigt werden.

Hafeninselpark

Der Auslober wünscht, daß der Park einen ländlichen Charakter besitzt und hohe Anziehungskraft auf die Bewohner Yanbus ausüben soll. Der Park ist einfach und naturnah zu gestalten, um eine vorwiegend ruhige und kontemplative Inselnutzung zu ermöglichen. Der Insel-Park soll bewußt einen landschaftlicheren Charakter besitzen als die beiden Community Parks, um sich von ihnen zu unterscheiden. Gegensätzliche Gestaltungen tragen zur Steigerung des Gesamtkonzeptes in besonderem Maße bei.

Ziel der Gestaltung ist es, eine landschaftliche Insel von fast paradiesischer Schönheit zu schaffen.

Die vorhandenen typischen Elemente der saudi-arabischen Landschaft (Baumhaine, Berge, Oasen, Meer, Strand etc.), und Elemente des saudi-arabischen Städtebaus (Moscheen, Gebäude, Plätze, Bazare, Innenhöfe etc.) und der islamisch-arabischen Parkgestaltung (Bäume, Alleen, Wasser, Wasserspiele und Aussichtspunkte) werden aufgegriffen und auf der Insel modifiziert gestalterisch verwendet. Um dem Hafeninsel-Park einen unverwechselbaren Charakter zu verleihen, soll der Landschafts-Charakter der Insel bei der Gestaltung hervorgehoben werden. Die Architektur auf der Insel soll in harmonischer Verbindung mit der Insellandschaft stehen.

Die Nutzungsmöglichkeiten des Parks sollen sowohl traditionelle arabische Gewohnheiten als auch die durch den Einfluß westlicher Industriestaaten entstandenen Freizeitbedürfnisse erlauben:

- *Geselligkeit*
- *Picknick*
- *Natur erleben (auf das Meer blicken)*
- *im Schatten sitzen und ruhen*
- *spazieren gehen*
- *Wasser bzw. Wasserspiele beobachten*
- *spielen und Sport treiben*
- *baden*

Der Hafeninsel-Park ist als fahrzeugfreier Picknickplatz mit hohem landschaftlichem Reiz konzipiert und als neues Wahrzeichen der Hafenstadt Yanbu gedacht.

Ziel ist eine Inselgestaltung, die der arabischen Mentalität und Landschaft gerecht wird und von hoher Attraktivität ist. »Arabia felix« soll das Motto des Hafeninselparks sein, der Heiterkeit und Lebensfreude ausstrahlen soll.

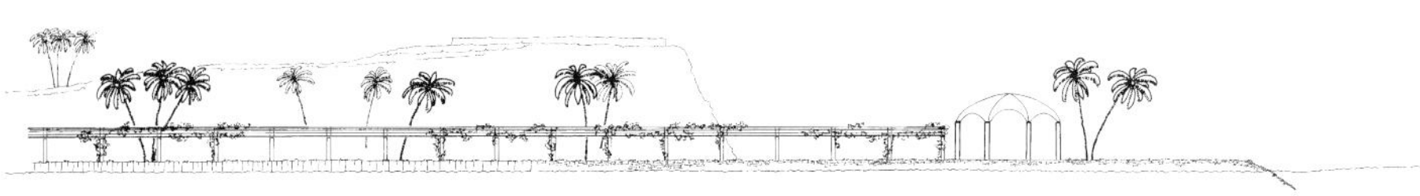

»Weißt Du nicht, daß die Wälder das Leben eines Landes sind?«
(Babylonische Keilschrift)

Altstadt Köln 1984 – 1986

2000jährige Geschichte auf Schritt und Tritt. Beispielhafte Gestaltungen: Rathausplatz und Innenhof »An Farina«

Parallel zur Rheingartenplanung Anfang der 80er Jahre wurde die Altstadt Köln saniert. Zwischen der Einkaufsmeile »Hohe Straße« und dem Rhein wurden Gassen und Plätze neu gestaltet. Die alten Römergassen verflechten die gesamte Altstadt, daneben stößt man auf vielfältige Spuren aus dem Mittelalter. Die Geschichte vieler Jahrhunderte ist in Köln ständig und immer gegenwärtig. Historie lebt auf. Bei jeder Neugestaltung muß daher behutsam Rücksicht auf Zeugnisse der Vergangenheit genommen werden.

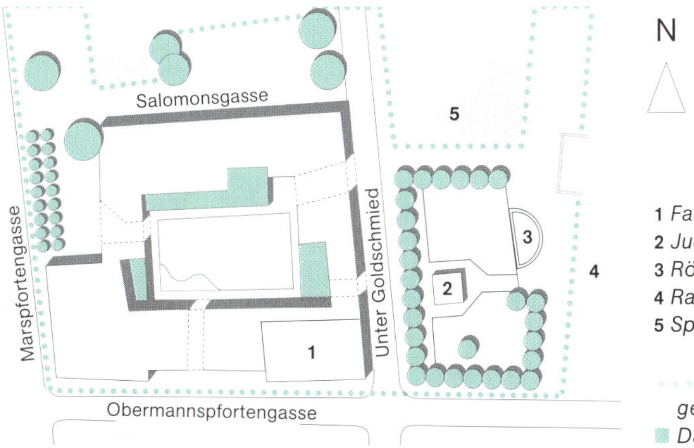

1 *Farina-Haus*
2 *Judenbad*
3 *Römische Anlage*
4 *Rathaus*
5 *Spanischer Bau*

Gestaltungsbereich gestalteter Innenhof
Dachgärten

Rathausplatz Köln

Wenn es einen Platz in Köln gibt, unter »dem Geschichte von den Römern an in vielen Zeitschichten konserviert« ist, dann ist es dieses Kernstück der Kölner Geschichte.

Die Gestaltungsvorschläge für den Bereich zwischen Hohe Straße und Rathaus konzipieren einen attraktiven und erlebnisreichen städtischen Raum zwischen der kommerziellen Betriebsamkeit der Hohe Straße und dem »Milieu« der Altstadt. Bis dahin diente dieser bedeutsame Ort als Parkplatz. Der Rathausplatz ist kein traditionsreicher Versammlungs- oder Marktplatz wie etwa der Neumarkt oder Alter Markt. Seine gegenwärtige Größe resultiert aus den Zerstörungen des Krieges, hier lag vormals das Judenviertel. Nur eine schmale architektonische Platzfassung und die Renaissance-Laube des Rathauses, die »Spanische Laube«, sind als historische Bauten erhalten.

Der Platz ist allseitig von Gebäuden gefaßt, der »Spanischen Laube«, dem Rathaus und dem Gürzenich. An Baudenkmälern waren die Römische Anlage und das Judenbad miteinzubeziehen.

Alle Überlegungen haben zu berücksichtigen, daß die neue Gestaltung späteren Grabungen nicht im Wege steht. Baudenkmäler aus römischer Zeit und dem Mittelalter sollen später noch freigelegt werden – ein Jahrhundertprojekt für die Archäologen.

Die Aufgabe lautet also, ein möglichst gelungenes, gestalterisches Provisorium zu finden.

Das noch authentische Bodenrelief wird nicht verändert, um auch mögliche Bodenfunde nicht zu zerstören. Der Platz erhält gleichsam eine »steinerne Haut« aus Granitpflaster.

Gespräche mit dem Landeskonservator befruchteten die Planung. Der Gedanke durch Plattenbänder Baugeschichte zu dokumentieren und sichtbar zu machen,

Diese und folgende Seite: Rathausplatz mit Spanischem Bau und Römischer Anlage

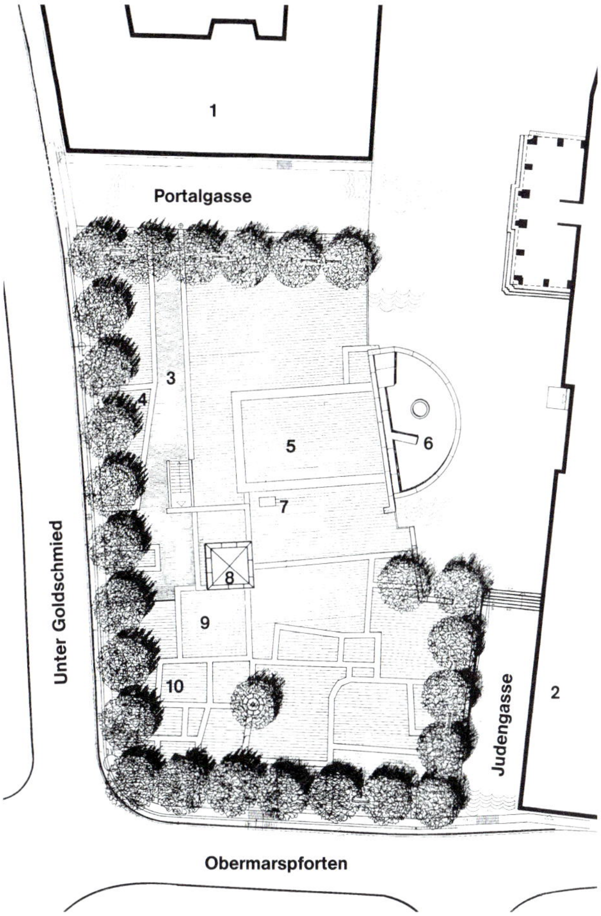

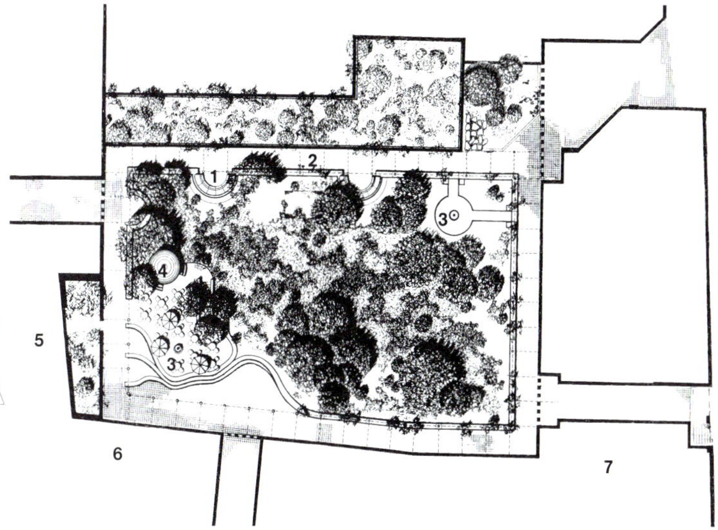

An Farina
1 *Sitzplatz* **2** *Arkaden* **3** *Brunnen*
4 *Pavillon* **5** *Restaurant*
6 *Außengastronomie* **7** *Farina-Haus*

Rathausplatz
1 *Spanischer Bau* **2** *Rathaus*
3 *Altes Judengäßchen*
4 *Hochzeits- und Spielhaus* **5** *Synagoge*
6 *Römische Anlage*
7 *Bronzeplatte, Erläuterung zur Historie des Platzes*
8 *Judenbad* **9** *Badestube* **10** *Backhaus*

wird positiv aufgenommen: So liefert die gut dokumentierte mittelalterliche Bebauung des Judenviertels letztlich die Vorlage für diese Planung. Auf diese Weise läßt sich jetzt die damalige Bebauung nachvollziehen, wie z.B. die Judengasse, das Jerusalemsgäßchen, das Badehaus, Hochzeitshaus und das Judenbad. Nur der Platzrand erhält eine Fassung aus Bäumen.

»An Farina« –
Oase mit Blütenmeer im Wohnblock

In der versteinerten und hochversiegelten Kölner Innenstadt zwischen Hohe Straße und Rathaus wurde der Innenhof des Geschäfts- und Wohnblocks »An Farina« als »Blühende Stadtoase« konzipiert. Der Farina-Block hat durch die Kriegseinwirkungen stark gelitten. Erhalten blieb das traditionsreiche Haus 4711 »An Farina«. Der ehemalige Gebäudeblock wurde durch Neubebauung wieder geschlossen. Der so entstandene, durch mehrere Passagen zugängliche Innenhof sollte gestaltet werden. Nun lenkt ein berankter Arkadengang als interessanter Vordergrund den Blick des Besuchers auf den Innenhof statt auf die weniger ansehnlichen Fassaden der Nachkriegsbauten. Es entstand ein intensiv begrünter Innenhof über einer Tiefgarage, der üppig und farbenreich blüht.
Zahlreiche Azaleen sorgen im Frühjahr für ein heiteres Farbenspiel. Von besonderer Anziehung ist neben der geschwungenen Caféterrasse eine »kinetische« Skulptur von George Rickey und ein Brunnen von Anneliese Langenbach. Symbolisch stellt dieser den Schmelztiegel Köln dar: zwölf Kölner Frauen aus unterschiedlichen Zeitepochen, von der Ubierin, Römerin, Jüdin bis zur jetzigen Kölnerin, immer in bezug auf die wechselreiche Geschichte dieser Stadt.

Oberbürgermeister Norbert Burger und die Künstlerin Anneliese Langenbach enthüllen den Brunnen der »Zwölf Kölner Frauen« im Innenhof »An Farina«

Expo 2000
Hannover, 1992 – 1996

Wettbewerb

Neue Harmonie von Natur, Mensch und Technik

Für die Expo 2000 fanden zwei Wettbewerbe mit landschaftsplanerischen Schwerpunkten statt: im Jahr 1992 ein städtebaulicher Ideenwettbewerb für das Gesamtgelände und im Jahre 1996 ein landschaftsplanerischer Wettbewerb für den »Expo-Park Süd und Ost«.

Städtebaulich-landschaftsplanerisches Gesamtkonzept, 1992
1. Wettbewerb

Die Planungsidee – Radial-Stadt
Zusammen mit den Stadtplanern und Architekten Thomas Sieverts, Erich Schneider-Wessling und Frei Otto wurde ein Konzept entwickelt, das ausgehend von einem »Sonnenturm« im Mittelpunkt eine radikale und strahlenförmige Stadt- und Landschaftsstruktur zur Diskussion stellt.
Der im Wettbewerb geforderte Themenpark liegt zentral im Mittelpunkt des Strahlenkonzeptes und beinhaltet ein »Museum der Zukunft«. Vom Mittelpunkt ausgehende »Strahlen« aus Alleen und Wegen führen zu Ausstellungsinhalten, die sich schwerpunktartig mit dem Thema Ökologie beschäftigen.

Landschaftsplanerischer Wettbewerb »Expo-Park Süd und Ost«, 1996
2. Wettbewerb

Zukunftsvision:
»Hannoversches Gartenreich«
Gottfried Wilhelm Leibniz und Kurfürstin Sophie von Hannover ging es um Gärten als Spiegel der Weltenharmonie. Wenn auch die »beste aller möglichen Welten« nicht so ist, wie sie sich Leibniz vorstellte, so soll dennoch versucht werden, ein tragfähiges Modell einer vernetzten Einheit in Harmonie zu wagen.

Ein Blick nach Dessau-Wörlitz ist hilfreich. Nicht nur das künstlerische Erbe beeindruckt, vielmehr geht es darum, die sozialökonomischen Ideen des Dessauer Reformkreises in eine tragende moderne Idee umzusetzen.

»Die Stadt als Garten«
Der Garten ist ein Bild für den Umgang des Menschen mit Natur und Landschaft. Für Hannover, der »Großstadt im Grünen«, sind Gärten, allen voran die Herrenhäuser Gärten, Ausdruck von Identität und Kultur. Diese Tradition gilt es weiterzuentwickeln zu einer »Stadt als Garten«. Stadt, Kunst und Landwirtschaft werden integriert. Die Verflechtung von Stadt und Landschaft zu einem Netzwerk urbaner Wirklichkeit ist das Ziel.
Auf dem Kronsberg, der einzigen bedeutenden Bodenerhöhung im Raum Hannover, direkt der Messe benachbart, sollen Nutzgärten und stadtnahe Produktionsgemeinschaften zur Selbstversorgung gezeigt und nach der Expo weiter ausgebaut werden. Besucher werden einbezogen und zum Mitmachen animiert. Stadt und Landwirtschaft werden zu einer neuen Beziehungseinheit verbunden.
Ein wichtiges Element in diesem Modell mit seinem integrierenden Ansatz ist die Einbeziehung der Kunst in das Reich der Natur »als inszenierter Raum«. Ein neues Arkadien wird geschaffen.

Zukunftsvision:
Die Gemeinschaft der Geschöpfe
Das die Erde beherrschende anthropozentrische Weltbild ist überholt und erweist sich als nicht zukunftsfähig. Es wird hier aufgegeben zugunsten der Gleichwertigkeit und der Gemeinschaft aller Lebewesen. Vorgestellt wird dieses an einem Modell, welches das bisherige Selbstverständnis des Menschen zu seiner Umwelt und zu seinen Mitgeschöpfen in Frage stellt und neu formuliert.

1. Wettbewerb

ZEITWEG ZUKÜNFTIGE VERKEHRSMITTEL
BAUMSTRAHLEN
ZEITWEG AUTO
ABSTRAKTER GARTEN
BAUMHAIN
GÄRTEN DER POESIE
WASSERGARTEN
RASEN
LABYRINT
LANDSCHAFTSGARTEN
WIESE
ZEITWEG FUSSWEG
NATIONENPAVILLON MIT IHREN TYPISCHEN GÄRTEN
AUSSERER KREISRING:
LANDWIRTSCHAFT
GÄRTEN DER NATIONEN

Der Mensch als »Alleinherrscher« tritt zurück, er wird Teil dieser Gemeinschaft. Durch einen spektakulären Skulpturenzug von Pflanzen, Tieren und Menschen wird die Gemeinschaft der Lebewesen eindrucksvoll demonstriert. Es sind Skulpturen naiver Kunst, die von Künstlern der dritten Welt geschaffen werden sollen, beispielhaft wird hier der indische Künstler Nek Chand genannt.

Planungsbereiche

Die formale Grundstruktur basiert auf dem vorgegebenen orthogonalen Raster des Expo-Geländes.

Grünfinger Süd – Oasen im Birkenhain

Im Gegensatz zu der zu erwartenden heterogenen, ja spektakulären Pavillonbebauung wird ein locker bestandener Birkenhain angelegt, der sich durch Bescheidenheit und Zurückhaltung auszeichnet. Ein System von Heckengärten, das nach dem Prinzip des »Gartens im Garten« konzipiert ist, gliedert den Grünfinger – als Referenz an die »Herrenhäuser Gärten«. Diese wie Oasen wirkenden Anlagen sind kleine Juwele der Gartengestaltung, primär durch ihre üppige Bepflanzung geprägt. In den Gärten des Grünfingers soll sich der Besucher vom hektischen Treiben im Pavillongelände erholen und einen Ort der Ruhe und Entspannung finden.

Als verbindender roter Faden fungiert der »Zug der Geschöpfe« zwischen dem Grünfinger und dem sich anschließenden Expo-Park Süd.

Expo-Park Süd – Park der Impulse

Das Logo der Expo hat das Thema »Impulse«. Diese Idee wird durch den »Park der Impulse« aufgenommen und weiterverfolgt. Eingebettet in eine große multifunktionale Gartenlandschaft sind quadratische Hecken- und Baumgärten, die wiederum auf die Herrenhäuser Gärten Bezug nehmen. Elemente der barocken Gartenkunst werden in Form eines Boskettgartens assoziativ aufgenommen und in einen neuen Kontext gestellt. Diese barocken Fragmente verweisen auf die Brüchigkeit unserer heutigen Kultur im Gegensatz zum geschlossenen Gesellschafts- und Wertesystem der damaligen Zeit. Die historischen Gartenzitate sind durch moderne Impulsgärten kontrastiert. Historische und moderne Impulse ergänzen einander. Herzstück der Gestaltung ist das Seetheater mit Wasserbühne.

Eingefaßt wird der Expo-Park Süd durch die großzügige und prägnante Geste eines Baumbogens aus Mammutbäumen.

Expo-Park Ost – Park der 2000 Eichen

Kernpunkt des Expo-Parks Ost ist der Weg der 2000 Eichen. In lockerer Anordnung sind 20 quadratische Baumblöcke mit jeweils 100 Eichen plaziert. Der »Weg der 2000 Eichen« führt zu Objekten und Monitoren, über die weltweit wichtige Ereignisse je eines Jahrhunderts erfahren werden können, so daß eine zeitliche Vernetzung von 2000 Jahren Menschheitsgeschichte entsteht.

Am Endpunkt dieses kulturhistorischen »Zeitenweges« steht auf der Kuppe des Kronsbergs die Skulptur einer Doppelhelix als Symbol der Evolution.

Landschaftsraum Kronsberg

Das orthogonale Raster des Pavillongeländes wird auf den gesamten Kronsberg übertragen. Es verbindet die unterschiedlichen Expobereiche wie das Pa-

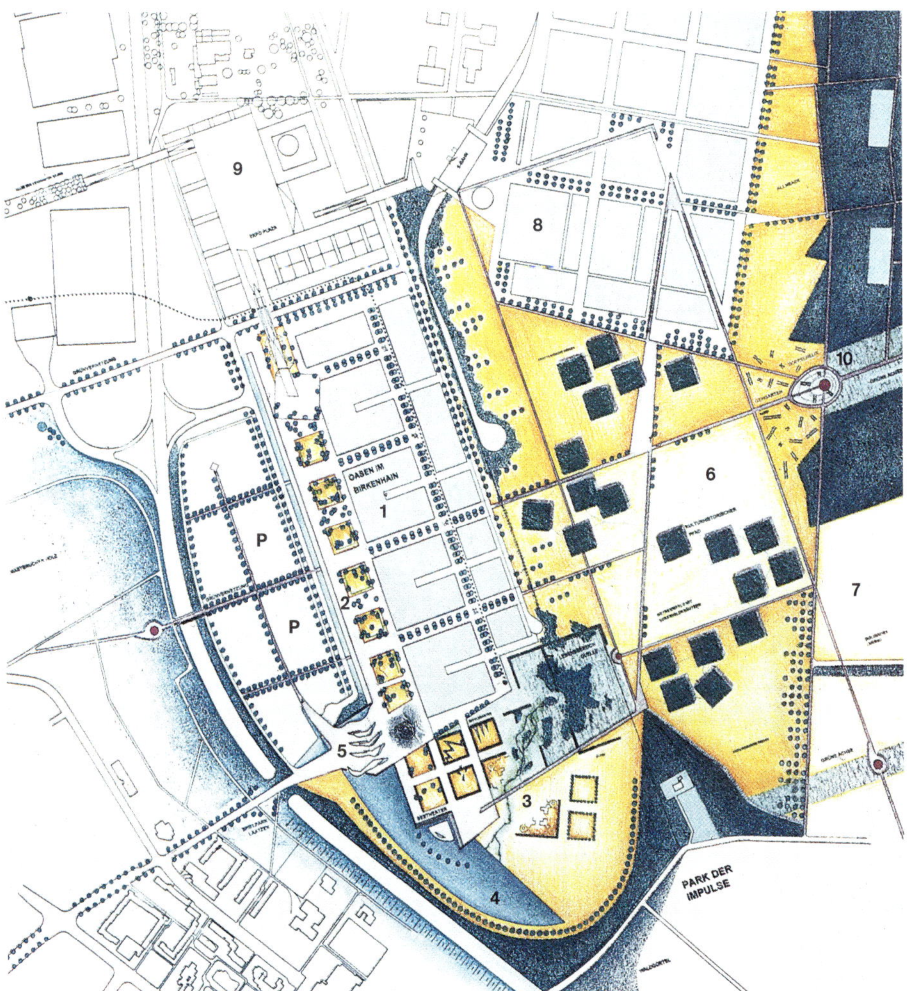

2. Wettbewerb

1 *Expo-Pavillon-Bebauung* **2** *Grünfinger/ Oasen mit »Zug der Geschöpfe«* **3** *Boskette »Impulsgärten«* **4** *See mit Theater- und Wasserbühne* **5** *Eingang* **6** *Park der 2000 Eichen* **7** *Landschaftsraum Kronsberg – integrierte Landschaftsplanung* **8** *Expo-Wohnbebauung* **9** *Expo-Plaza – Haupteingang Kronsberg* **10** *Doppelhelix*

Vorentwurfsskizzen

villonfeld, die Kronsberg-Siedlung, den Expo-Park Süd und Ost miteinander.
Ein sich überlagerndes System von neu angelegten orthogonalen Grünachsen, vorhandenen Landschaftsstrukturen und achsial angeordneten »Landmarks« vernetzen den agrarisch geprägten Landschaftsraum des Kronsberges.
Entscheidend und richtungsweisend wird mit dem vorgestellten Konzept des »Hannoverschen Gartenreichs« eine nachhaltige zukunftsorientierte Entwicklung für den Südosten Hannovers eingeleitet, das mit seiner Ausstrahlung auf andere Ballungsräume übertragbar ist (ein zukunftsfähiges Modell stadtnaher Bereiche für europäische Großstädte und Ballungsgebiete mit dem Ziel der Bildung stadtrandnaher Selbstversorger und Erzeugergemeinschaften). Es zeichnet sich durch die Integration sozialer, ökologischer, gestalterischer und künstlerischer Komponenten aus. Die Planungsziele sind von langfristigem, visionärem Charakter, deren erster Realisierungsabschnitt im Rahmen der Expo präsentiert wird.

Nek Chand: Zug der Geschöpfe

Ursprünglich waren Gartenschauen in Deutschland rein gärtnerische Leistungsausstellungen. Dies ist im wesentlichen bis heute so geblieben.

Im ersten Drittel dieses Jahrhunderts gewinnen dann aber auch Grünplanung und Freiraumgestaltung, als Instrumente zur Schaffung von Erholungsräumen für die Bevölkerung schnell wachsender Städte, bereichert durch Sport, Spiel, Kunst, Bildung und Freizeit als wichtige Aspekte an Bedeutung. Beispiele sind hierfür die bekannten Volksparks – die Gruga in Essen, Planten und Blomen in Hamburg und der Killesberg in Stuttgart. Mit dem Wiederaufbau nach dem Zweiten Weltkrieg stehen städtebauliche Aufgaben im Vordergrund: zunächst Sicherung und Ausbau von städtischen Freiflächen für Erholungsanlagen, später die Verbesserung von Stadtkernen und Wohnquartieren.

Gartenschauen wurden teilweise zu Recht als bloße »Blümchenschauen« kritisiert. In Zukunft sollten die Investitionen einer Gartenschau statt dessen der innovativen Stadtentwicklung dienen. Bei der Sanierung städtischer Umwelt werden sie zu einem wirksamen Mittel der Schaffung von stadträumlichen Qualitäten und sozialen Kontakten. Sie verbessern damit auch durch detaillierte Lösungsvorschläge die human- und landschaftsökologische Situation einer Stadt.

Spiellandschaft der Bundesgartenschau Gruga Essen 1964/65

Abenteuer (ohne Gefahr) bestehen. Iglu im Sand

Wer auf dem Land aufwächst und dort Wald, Wiesen, Felder und versteckte Scheunenwinkel als »Spielplatz« kennt, wird sich erinnern, daß schöpferisches Spiel nur dort in idealer Weise möglich ist. Im Gegensatz zum städtischen Spielplatz fehlt hier das »Geplante«; das schöpferische Spiel wird nicht beengt.
Die Möglichkeiten eines weitgehend unbegrenzten Spielraumes kann die Großstadt nicht bieten. Trotzdem sollte immer wieder versucht werden, sich diesem Ideal zu nähern.
Kinder finden es langweilig, wenn Spielplätze ungefährlich und so harmlos wie möglich geplant sind. Diese »sterilen« Plätze werden von ihnen gemieden zugunsten »aufregender« Orte. Die Straße kann aber keine Alternative sein.

Planung

Das Grugagelände, am Ausläufer des Bergischen Landes gelegen, ist reich bewegt. Der Kontrast von Berg und Mulde wird gestalterisch thematisiert; die geschwungene Linie und der Kreis sind hierfür das formale Ausdrucksmittel und finden sich in allen Bereichen: im Großen in den sich gegenüberliegenden Hügelkuppen und dazwischenlagernden Mulden; im Kleinen in den gepflasterten Mulden und Wällen. Der Kreis wiederholt sich in den drei Zelten, den geflochtenen Iglus, der Schalenform der Korbsessel und den Schwimmtonnen auf dem Wasser.
Es entsteht eine große Wasser- und Sandlandschaft, deren Zentrum ein »Klettergebirge« aus hunderten von vertikal und horizontal aufgestellten Baumstämmen ist. Kinder jeden Alters können entsprechend ihrer Fähigkeiten diese Spielskulptur erobern. Horizontal plazierte Stämme fordern dagegen zum Balancieren heraus und erlauben einen abenteuerlichen Weg über das Wasser- und Planschbecken.

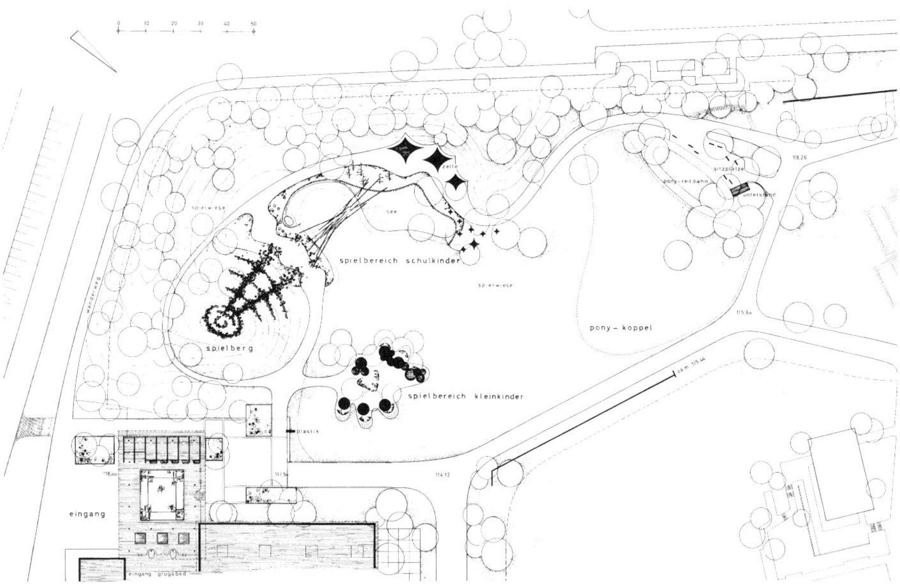

Bundesgartenschau Berlin, 1985

Wettbewerb 1980
1. Preis, nicht realisiert

Park zwischen den Lauben: soziale Gartenarchitektur und die Idee des »Netzparks«

Mit der Bundesgartenschau 1985 hatte Berlin die Chance, die Wohnumwelt einer freiraumdefizitären Stadtregion zu verbessern. Dieses Problem stellte sich damals noch verschärft, wenn man bedenkt, daß der Süden Berlins durch die Grenze von seinen traditionellen Erholungsgebieten abgeschnitten war.
Leitidee ist die »soziale Gartenarchitektur«. Ansätze hierzu sind schon in der ersten Hälfte des 19. Jahrhunderts in Berlin sichtbar (Tiergarten, Stadtplätze in Berlin und Potsdam, Öffnung der fürstlichen Gärten für die Bevölkerung). Aber erst im 20. Jahrhundert entstehen aus einer sozialen Bewegung heraus die großen Volksparks, die Schrebergartenkolonien und durchgrünten Siedlungen (Waldsiedlung von Bruno Taut in Zehlendorf).
Für die Stadt der Zukunft bedeutet soziale Gartenarchitektur mehr als die Gestaltung eines Parkgeländes, wie dies normalerweise bei Gartenschauen der Fall ist. Sie bedeutet Grünplanung in einer Stadtregion unter Ausschöpfung des gesamten vorhandenen Entwicklungspotentials. Die wachsenden Forderungen unserer Gesellschaft nach hohem Wohnwert und vielfältigem Freizeitangebot müssen Ausgangspunkt für die Sanierung von Stadtraum und damit exemplarisch auch Ausstellungsmodell für die Bundesgartenschau sein.
Soziale Gartenarchitektur hat in diesem Sinne dienende Funktion. Sie schafft

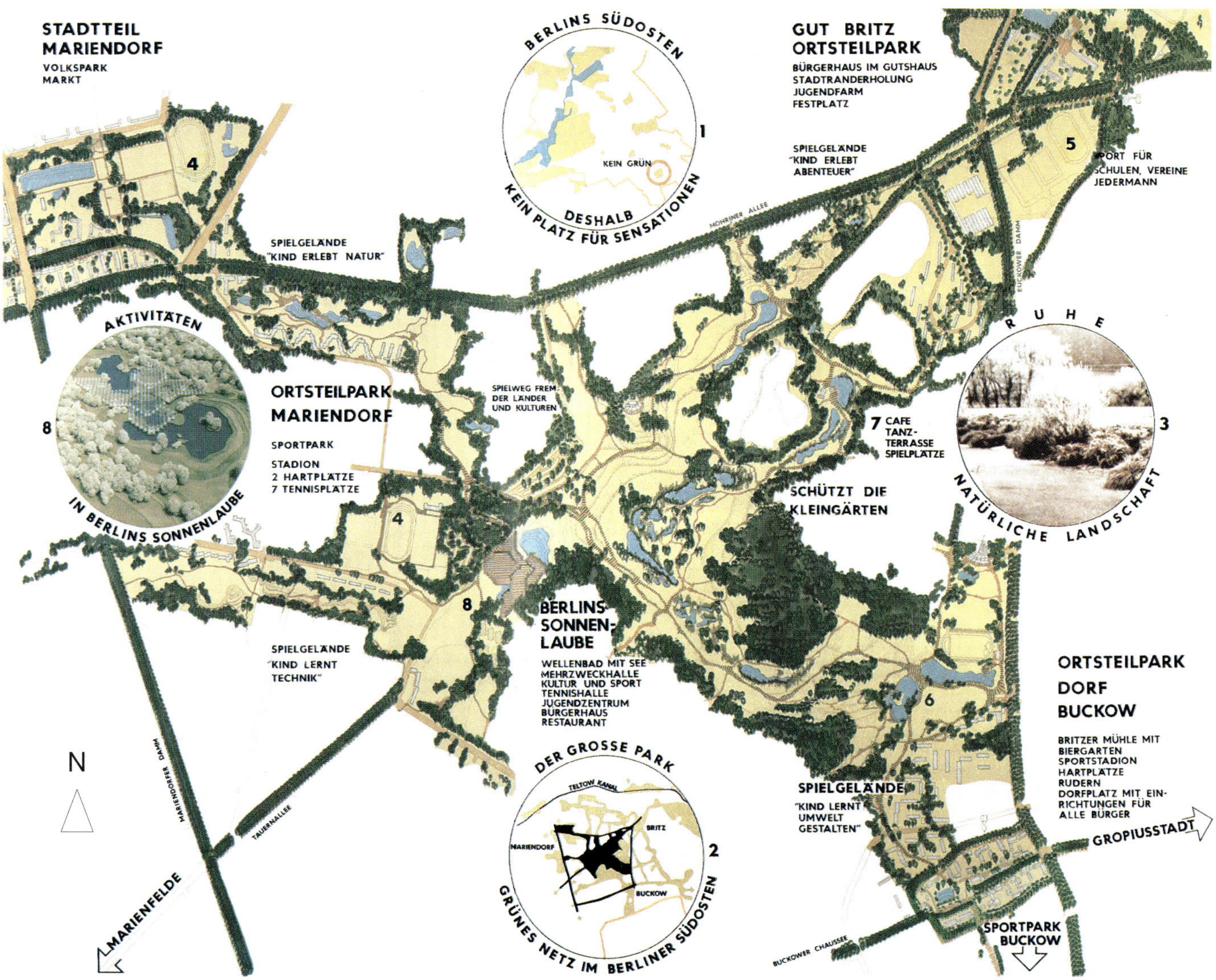

Freiräume für eine Stadtbevölkerung und ermöglicht ihr gleichermaßen Kommunikation und Aktivität, Ruhe und Naturerlebnis.
Soziale Gartenarchitektur heißt Gestaltung von Bereichen für Sport, Spiel und Geselligkeit, ohne den Bürger zu reglementieren. Im Bereich der Kleingärten bedeutet soziale Gartenarchitektur die Förderung der schöpferischen Vielfalt.
Mit dem Namen »Park zwischen den Lauben« wollen wir das Typische der Situation ausdrücken – seine Nachbarschaft zu den tausend Kleingärten, die das Milieu dieser Stadtregion mitbestimmen. Nachbarschaft verlangt aber zugleich Rücksichtnahme in der Gestaltung und Einpassung von Einzelmaßnahmen in die gewachsene Struktur.
Soziale Gartenarchitektur sieht die Stadt als »ökologisches Refugium«. Die frühere, vielfältige bäuerliche Kulturlandschaft wird durch industrielle Intensivlandwirtschaft, die vielen Pflanzen und Tierarten – nach der Roten Liste annähernd 50 Prozent – die Daseinsgrundlage entzieht, besonders in Stadtregionen verdrängt. Deshalb muß die Stadt heute verstärkt in Form von Parks, Wohn- und Siedlungsgrün sowie von Kleingärten als Entwicklungsraum für die Natur gesehen werden. Noch intakte landschaftliche Strukturen und ökologische Systeme der Region werden miteinander verbunden und zum gestalterischen Vorbild für »Second-Hand-Natur-Bereiche«. Im Idealfall stellt sich eine große Artenvielfalt und Individuendichte zu einem stabilen Ökosystem ein, die Bereitstellung solcher Regenerationsräume wird hier konsequent angeboten.

Netzpark
Auch die Idee des Netzparks wird hier zum ersten Mal formuliert. Mit dem eigentlichen Park werden Grün- und Freiflächen, Plätze, neue Siedlungen und alte Stadt- und Dorfkerne miteinander vernetzt und zu einem Großpark, zu einem Parkkontinuum entwickelt.
Die Einbeziehung verschiedener anthropogener Elemente der Region (z. B. der alten Dorfkerne) erzeugt Vielfalt und Vielschichtigkeit. Bestandteile eines Großparks sind neben dem Zentralpark als Spannungsfeld zwischen Aktivität und Ruhe, Spiel- und Sportflächen, Alleen, historische Dorfkerne, Siedlungsgrünflächen, Innenhöfe in den Wohnblocks der Gründerzeit und Kleingartenanlagen.

Sonnenlaube
Neu ist auch die Idee des Allwetterparks im Kontrast zur benachbarten naturnahen Landschaft, dessen Nutzung zu jeder Jahreszeit und bei jedem Wetter möglich ist. In Berlins »Sonnenlaube« (der Begriff nimmt Bezug auf die dominante Laubensituation in diesem Stadtteil) vereinigt sich eine groß angelegte Badelandschaft in Verbindung mit Spiel, Sport, Gastronomie, zu einer Art Bürgerhaus – zu einer überdachten Freizeitlandschaft. Die Sonnenlaube ist gleichzeitig als Demonstrationsobjekt für die Anwendung umweltfreundlicher Energie (Solarenergie) gedacht. Der Name wird in Anlehnung an ein typisches Berliner Ambiente – die Laubenwirtschaften – gewählt, die selbst in der Innenstadt als auffällige Architekturelemente und Kristallisationspunkte sozialer Integration erlebbar sind.

Biotopenmosaik
Der Sonnenlaube gegenübergestellt ist eine »naturnahe Landschaft«, in der die hohe Stabilität des Ökosystems durch die Landschaftsbestandteile (Biotopen-Kleinmosaik aus Park, Pfuhlen, Kleingärten, Wald, Wiesen, Friedhof und anderen Grünstrukturen) erreicht wird. Wesentlicher Teil und Kern des Planungskonzeptes ist das Eingehen auf das Landschaftstypische dieser Region und auf die spezifische örtliche Situation. Das Planungsgebiet liegt im Tegeler Vlies, einem eiszeitlichen Urstromtal. Auffällig und faszinierend sind die durch das Geschiebeeis entstandenen, mit Wasser gefüllten Mulden, die »Pfuhle«. Sie sind rund oder oval, haben einen Durchmesser von 20 bis 40 m und finden sich noch zahlreich im Südosten Berlins. Dieses Typikum inmitten der Großstadt wird in der Planung aufgegriffen und zum tragenden landschaftsbestimmenden Konzept der Gartenschau und Region entwickelt.

Volkspark
Mit dem Entwurf des Volksparks ist eine große Berliner Tradition fortgesetzt. Erweitert um heutige, den technischen Mitteln entsprechend veränderte Anforderungen einer städtischen Gesellschaft an Urbanität und Kommunikation einerseits, Natur und Ruhe andererseits, entspricht er dem veränderten Naturverständnis und der zeitgemäßen Forderung nach »sozialer Integration«.

***Beurteilung des Preisgerichts** (Auszug)*
Die städtebauliche Grundidee besteht in der Gestaltung eines »Parkkontinuums«, das den Park und seine Verflechtungsbereiche umfaßt. Diese tragende Grundidee ist überlagert mit der Idee eines »Allwetterparks«, der eine wesentliche Erholungsfläche durch Überdachung wetterunabhängig macht.
Die Idee des Landschaftskontinuums mit der Betonung und Herausarbeitung der ortsspezifischen Charakteristika ist ein wertvoller Beitrag. Die Anbindung an die nähere und weitere Umgebung ist gut gelöst und intensiv. Bestandteile dieser Anbindung sind gut durchdachte Anschlußgebiete, die den Übergang von den Siedlungsbereichen in den inneren Park vermitteln. Auf diese Weise entsteht ein vielfältig differenziertes Nutzungsgebiet, das es erlaubt, den zentralen Bereich großräumig auszubilden und extensiv zu nutzen. Die Kombinationsmöglichkeiten, die sich aus der Weiträumigkeit einerseits und Kleinräumigkeit im Gebiet der Teiche andererseits ergibt, hat einen hohen Erlebniswert. Dieses Prinzip ist auch über die Verbindungen nach außen geführt.

Bundesgartenschau Düsseldorf, 1987

Wettbewerb 1983
1. Preis, nicht realisiert

Ökologisches Parkkonzept.
Arche 2000: keine Zeit zu verlieren!

Aus der Auslobung

»Es ist die erklärte Absicht der Stadt, mit der Bundesgartenschau 1987 in der Tradition Düsseldorfs als Kunst- und Gartenstadt einen weiteren Meilenstein zu setzen. Ziel ist es, die Bundesgartenschau mit einer der Hauptaufgaben gegenwärtiger Stadtentwicklung zu verbinden, der ›Verbesserung des Wohnumfeldes‹ in der dicht besiedelten Innenstadt und den angrenzenden Stadtteilen. Hierfür sind beispielhafte Planungen zu entwickeln, die bis 1987 realisiert werden sollen. Diese ›flankierenden‹ Maßnahmen sollen in Verbindung mit dem Ausstellungsgelände der Bundesgartenschau 1987 konzeptioneller Bestandteil einer Grünverbindung ›Vom Rhein über die Innenstadt zum Rhein‹ sein.«

Der Leitgedanke des Parkentwurfes ist die Demonstration einer »neuen Einheit von Natur und Zivilisation«. Diesem Thema liegt ein verändertes Verständnis der Bevölkerung zugrunde, das sich in dem Wunsch nach mehr Natürlichkeit und weniger Perfektion ausdrückt.
Es war unsere Absicht, auf dem Gelände nicht nur die Bedrohung der natürlichen Umwelt aufzuzeigen, sondern Lösungen für dieses Problem, die ein harmonisches Miteinander von Natur und Zivilisation ermöglichen, zu entwickeln. Mit dieser Konzeption kann den Bedürfnissen der städtischen Bevölkerung nach Ruhe und Natur sowie nach Kommunikation und Urbanität entsprochen werden.

»Wie denn ohne Hoffnung? Ohne Atem kein Leben, ohne Licht kein Tag, ohne Erwartung kein Handeln. Wer das Wunder sucht, wird es nicht auf den alten, ausgetretenen Pfaden finden. Wer Rettung herbeisehnt, kann sie nicht bei denen finden, die aus träger Gewohnheit auf sinkenden Schiffen verharren. (...) Ich kenne viele, die heute Archen bauen. In zahllosen Zukunftswerkstätten wird an ihnen gezimmert mit dem Mut, den Verzweiflung gibt, mit der Phantasie, die andere Wirklichkeiten entdeckt. Da sind nicht nur die Analytiker am Werk, sondern die Entwerfer, nicht mehr die Planer, sondern die Schöpfer. (...) Meine Hoffnung sind die Vielen, die bisher stumm geblieben sind, die Zornigen, die sich empören, sind die Spinner, die ganz andere Träume wagen.«
(R. Jungk, in: Die Zeit, 1986)

Dieser Entwurf eines pluralistischen, evolutionären Volksparkmodells für alle Altersgruppen und Sozialschichten, paßt sich den wandelnden Benutzerbedürfnissen an und läßt den Besuchern ein Maximum an Entscheidungsfreiheit.
Drei wesentliche Bereiche stehen für das übergreifende Parkkonzept:

Arche 2000 – Gartenschau als Werkstatt
Die Arche als Symbol des Überlebens in Krisen und Katastrophen. Sie steht als Metapher der Zukunft, da die bisherige Form des Land- und Gartenbaus mit chemischer Düngung, Giften und Pestiziden nicht zukunftsfähig ist.
In der Arche 2000 wird ein neuer Umgang mit Natur – unter Berücksichtigung moderner Umwelttechnologie – gewiesen. Nicht nur im Gartenbau, sondern gerade auch in der Bewirtschaftung privater Gärten werden diese für die Umwelt und Natur positiven Denkansätze praktisch vorgeführt. Die Arche ist ein räumlicher und ideeller Mittelpunkt des Entwurfs. Sie ist als Austauschbörse von Informationen, als Werkstatt und Experimentierfeld geplant. Als »Katalysator« der Idee »mit und nicht gegen die Natur« war Joseph Beuys gewonnen. Er wollte mit Besuchern an praktischen Beispielen die Umsetzung dieses ökologischen Ziels diskutieren und praktizieren.
Gruppiert um ein nach den Grundsätzen der Bio-Architektur geschaffenes Sonnenenergiehaus mit Wintergarten, Gewächshäusern, Ausstellungsflächen und Labors werden die Grundzüge der biologisch-dynamischen Wirtschaftsweise mit ihren verschiedenen Richtungen aufgezeigt (z.B. Alwin Seifert, Rudolf Steiner, Leberict Migge, Bouchet-Lemaire).
Fortschrittlichen Verfechtern eines natürlichen Gartenbaus, wie Le Roy oder Urs Schwarz, wird die Möglichkeit gegeben, einen Garten nach eigenen Vorstellungen anzulegen.
Mit dieser »Ökologie zum Anfassen« hat die »Ökofarm« die Aufgabe, unter Einbeziehung der benachbarten Kleingärten, der angrenzenden Schulen und der nahen Universität, Impulse für Landwirtschaft, Klein- und Hausgärten, Wissenschaft und Pädagogik zu geben und den Naturgedanken in breite Bevölkerungskreise zu tragen.

Die Düssel wird wiederentdeckt
Die Düssel-Renaturierung wird zum stadtgestalterischen Thema mit der Absicht, diesen so sehr strapazierten Fluß – weil begradigt, profiliert, weitgehend ohne Grün, auf großen Strecken kanalisiert – von seiner unnatürlichen Form zu befreien und in seiner vollen Ausdehnung sichtbar zu machen. Ausdruck findet dieser Gedanke in der Gestaltung des »Düsselparks«, mit Düssel und Düsselbruch.
Verbunden mit der Düssel ist das großflächige Naturreservat des Düsselbruchs, ein Refugium für Pflanzen und Tiere und Gegenpol zur Kulturlandschaft der Arche. In einer dichtbesiedelten Stadtregion muß die urwüchsige, von Menschenhand unbeeinflußte Natur wieder zu ihrem Recht kommen. Die begradigte Düssel in ihrem Regelprofilbett soll zur weitgehend naturnahen, ursprünglichen Bruchlandschaft umgewandelt werden. Rhein und Düssel hatten hier ihr natürliches Überschwemmungsgebiet. So wird keine beliebige Naturlandschaft geschaffen, sondern an die naturgeschichtliche Situation des Ortes angeknüpft.

Winterland –
multifunktional und energiesparend
Frühere Bundesgartenschauen zeichneten sich durch ein besonders attraktives landschaftliches oder städtebauliches Umfeld aus (in Bonn: der Rhein floß mitten durch die Gartenschau, das Siebengebirge im Hintergrund; in Kassel: der Auepark mit Orangerie in der Fulda; in Köln: den Rhein zu Füßen und die Szenerie des Domes mit der Altstadt).
Dem Düsseldorfer Gelände dagegen, eingepfercht von Eisenbahndamm, »Autobahn-Spaghettiknoten«, Friedhof und vielbefahrener Bundesstraße, fehlte jegliche landschaftliche und städtebauliche Attraktion. Das geplante »Winter-Sommerland« ist – statt der im Auslobungstext angedachten Eisrundlaufbahn von 90 mal 200 m – ein Objekt von großer Faszination und Originalität. Statt einer einfachen Eislaufhalle entsteht die Idee eines Winterlandes – damals in Konzeption und Ambiente eine Vorwegnahme der inzwischen beliebten Freizeitbäder. Das Konzept basiert auf der Idee einer flexiblen und austauschbaren Nutzung, die sich an einem ausgeglichenen Energiehaushalt orientiert. Während im Winter alle Flächen für die Eisfreizeit (Eislauf, Curling, Rodeln) vorgesehen sind, erfolgt im Sommer eine Umnutzung auf Rollschuhlauf und Badespaß. Dies erlaubt optimale Energieausnutzung und Verringerung des Energieaufwandes. Die Anlagengröße in Verbindung mit der attraktiven Freizeitlandschaft, wie auch die Nachbarschaft mit dem See, dem Düsselbruch, dem Park und der Universität sichern eine überregionale Bedeutung und Wirtschaftlichkeit.

Am 8. Dezember 1979 findet die abschliessende Sitzung des Preisgerichts zur Bundesgartenschau Düsseldorf 1987 statt. Die einstimmige Vergabe des ersten Preises erfolgt an die Planungsgruppe: Penker, Prof. Volkamer / Wetzel, Prof. Schneider-Wessling. Das Preisgericht empfiehlt, dieses Team mit der weiteren Ausführung der Planung zu beauftragen. Zur Verwirklichung der prämierten Arbeit kommt es dennoch nicht.

Landesgartenschau Grevenbroich 1991 – 1995

Dialog zwischen Natur und Zivilisation. Die nordrhein-westfälische Landesgartenschau Grevenbroich präsentierte sich 1995 ein halbes Jahr lang von Mitte April bis Mitte September. Über eine Million Besucher flanierten auf einer Fläche von 35 ha entlang der Erft – einem Seitenfluß des Rheins

Das Bild der Grevenbroicher Region, zwischen Köln und Aachen gelegen, ist von den Tagebauflächen des Braunkohleabbaus und intensiver Forst- und Landwirtschaft bestimmt. Durch zwei gewaltige Braunkohlekraftwerke wird die niederrheinische Mittelstadt Grevenbroich (62 000 Einwohner) zu einem der größten Energiestandorte der Welt. Daneben prägen aber auch verträumte Schlösser, alte Parks und naturnahe Lebensräume die Landschaft.

Dieses Spannungsverhältnis von Natur und Technik wurde auch als Konzept auf das Gartenschaugelände übertragen. Ziel der Planung ist es nicht, eine romantische Idylle für Grevenbroich zu schaffen, sondern den Kontrast zwischen Natur und Zivilisation gestalterisch in der Gartenschau zu demonstrieren.

Die langfristige Verbesserung der Stadtgestaltung, der ökologischen Situation und der Erholungsmöglichkeiten für die Bewohner stehen im Vordergrund. Umgesetzt wird das Konzept in eine zeitgemäße, attraktive Landschaftsarchitektur, die vorhandene Qualitäten des Geländes erhält und behutsam weiterentwickelt.

Kennzeichnend für die Grevenbroicher Gartenschau ist ihre zentrale Lage in der Stadt. Grevenbroich präsentiert eine Gartenschau der kurzen Wege. Gartenschau und Stadt verschmelzen miteinander.

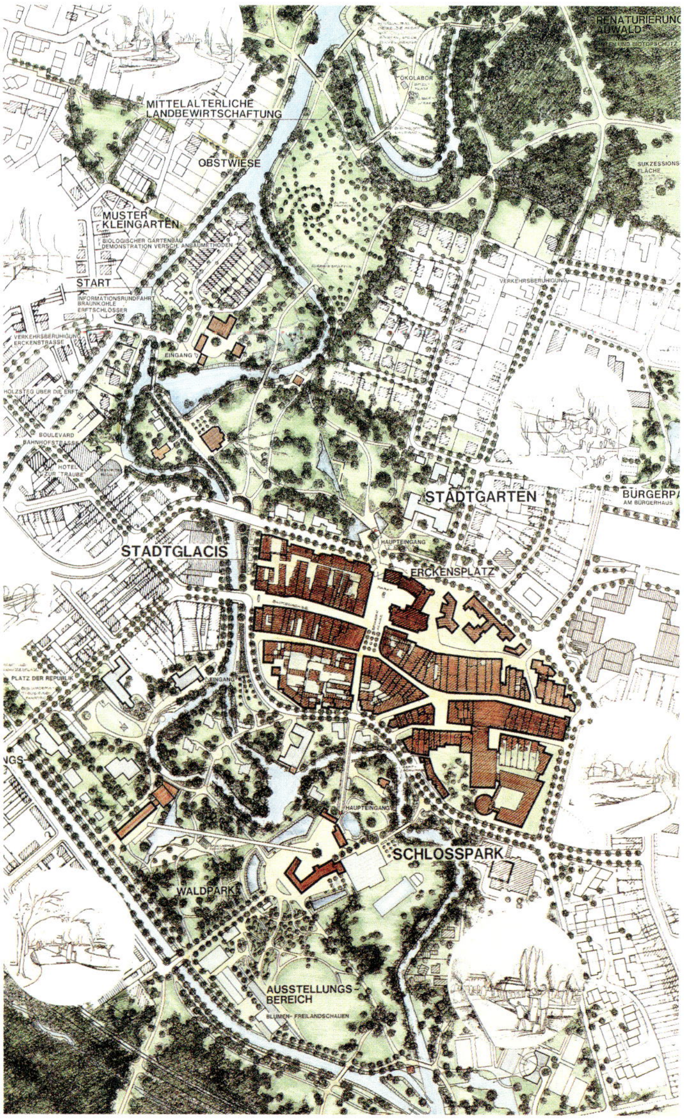

Der Erftfluß als landschaftliche Leitlinie verbindet alle Teile der Landesgartenschau

Die Erft als Rückgrat der Gartenschau

Alle Teilparks der Gartenschau liegen direkt an der Erft. Damit ist sie die städtebauliche und landschaftliche Leitlinie der Gartenschau. Erstaunlicherweise wurde der Fluß bisher kaum wahrgenommen, ja ignoriert. Die Erft liegt in Teilabschnitten mehrere Meter vertieft und war vorwiegend mit standortfremden Ziergehölzen zugewachsen. Die Sichtbarmachung der Erft, die Möglichkeit des Flußerlebnisses als prägendes Stadt- und Landschaftselement, ist ein vorrangiges Ziel des Projektes. Beispielhaft ist die urbane »Erftpromenade« am westlichen Innenstadtrand, wo sich nun mit unmittelbarem Blick zur Erft flanieren läßt. Auf diese Weise rückt der Fluß wieder in das Bewußtsein der Bürger und übernimmt für Grevenbroich eine identitätsstiftende Funktion; Stadt und gebauter Fluß werden zur Einheit. Durch die Anlage von Fuß- und Radwegen entlang der Erft sowie von sechs neuen Erftbrücken entsteht ein zusammenhängendes Netz von Grün- und Wegverbindungen. Bisher unerschlossene Gebiete werden für den Bürger zugänglich und erlebbar.

Als bestimmendes landschafts-ökologisches Element wurde die Erft vom Erftverband vor allem durch die Wiederherstellung eines Altarmes bereichert. Flora und Fauna erhalten weitere Rückzugsräume, es entsteht eine Mäanderinsel von 3,5 ha, die nach der Gartenschau einer Nutzung entzogen und ihrer natürlichen Entwicklung überlassen bleibt.

Das Herz der Grevenbroicher Gärten

Drei Kernparks prägen das Gartenschaugelände: der poetische, »verzauberte« Schloßpark, der »elegante« Stadtgarten und die »sanierte« Erftaue mit ihren gärtnerischen Themen.

Diese drei Parks bilden trotz ihrer Unterschiedlichkeit eine funktionale Einheit. Das zentrale Thema des Dialogs zwischen Natur und Zivilisation wird in jedem der drei Parks anhand von verwandten Gestaltungselementen modifizierend interpretiert, sowohl als Symbiose wie auch als unvereinbarer Kontrast.

Die Erftpromenade als »gebautes« Ufer.
Die Stadt rückt wieder an den Fluß. Stadt und Fluß als Einheit

Schloßpark – einmal anders

Es entsteht kein wie gewohnt repräsentativer Schloßpark – statt dessen ein kontemplativer Waldpark.

Der Schloßpark, ein Geviert von etwa 100 mal 100 m, vor der Gartenschau ein Forst aus Pappeln, die im Abstand von 10 mal 10 m aufgerastert standen. Das Geländerelief entspricht der vom Fluß geschaffenen Form mit einem verlandeten Altarm und deutlich reliefierten Bodenwellen.

Das Planungskonzept stellt zwei Welten hart und kompromißlos gegeneinander. Die Naturidylle des Waldparkes im Kontrast zu einem sterilen, ebenen Rasenplateau, das buchstäblich den Wald auseinanderkeilt. Wenn man so will – das Reich der Natur gegen die Welt des Menschen.

Der Rasenkeil ist ein sich strahlenförmig öffnendes Plateau, eben und intensiv gepflegt, begleitet mit einem 170 m langen, geraden Wegestrahl als Verbindungsachse zwischen Schloß und der »Alten Feuerwache«, dem heutigen Jugend- und Freizeitzentrum. Seitliche Mauerscheiben zeigen den Eingriff an den angeschnittenen Bodenwellen des Geländes.

Der üppig mit Wildstauden und heimischen Sträuchern und Bäumen der Flußaue unterpflanzte Pappelforst wird langfristig in einen naturnahen »Waldpark« umgewandelt, wobei die Pappeln sukzessiv entfernt werden, so das sich der naturnahe Wald entwickeln kann. Hier bestimmt die Eigengesetzlichkeit der Natur das Geschehen, die Vegetationsdynamik läßt den Park jedes Jahr anders aussehen. Schmale Pfade erschließen den Waldpark, hinter jeder Biegung gibt es etwas anderes zu entdecken.

Begleitet wird die Gestaltung von einem integrierten Kunstkonzept des schottischen Künstlers Ian Hamilton Finlay. Er hat neun Kunstobjekte behutsam in den waldartigen Schloßpark eingefügt.

Erftaue mit blauem Pavillon

In diesem Bereich findet eine Umwandlung des vormals monotonen Pappelforstes in einen ökologisch aufgewerteten Auenwald statt. Im Zuge des naturnahen Ausbaues wurde ein ehemals linear verlaufender, schmaler Wassergraben zu einem Waldteich mit differenzierter Uferausbildung umgewandelt, daneben eine große Waldwiese, die entsprechend der Jahreszeiten vielfarbige Blühaspekte aufweist. Als gestalterisches Zentrum und Blickfang fungiert ein gewundener Pavillon, dessen Grundriß den Bau eines Nautilus als Vorlage hat.

Der azurblaue Pavillon aus Holz und Glas, entworfen von dem Viersener Architekten Heinz Döhmen, ist der bauliche Höhepunkt der Anlage. Pavillon,

Blauer Pavillon mit Narzissenwiese in der Erftaue

Der Waldpark am Schloß

Wasserfläche und Waldwiese ergänzen sich zu einer Einheit.
Integriert in dieses Konzept sind eine Reihe von mit Hecken eingefaßten Themengärten, die ein interessantes Wechselspiel mit dem Waldbereich eingehen. Der Spannungsbogen reicht von »Wildnis« über einen Natur-, Stein-, Wasser-, Bambus-, Rosen- und Kübelgarten bis zu einem ungewöhnlichen »Abstrakten Garten«. Das zentrale Thema des Verhältnisses von Natur und Zivilisation wird auch hier dargestellt. Den Gärten ist jeweils eine Terrasse und eine Pergola zugeordnet, die das Wohnhaus imaginieren. Getrennt werden die Gärten durch Hecken und Rankgerüste. Hecken und Auenwildnis thematisieren wiederum Natur und Zivilisation.

Die sieben Themengärten verbindender Weg

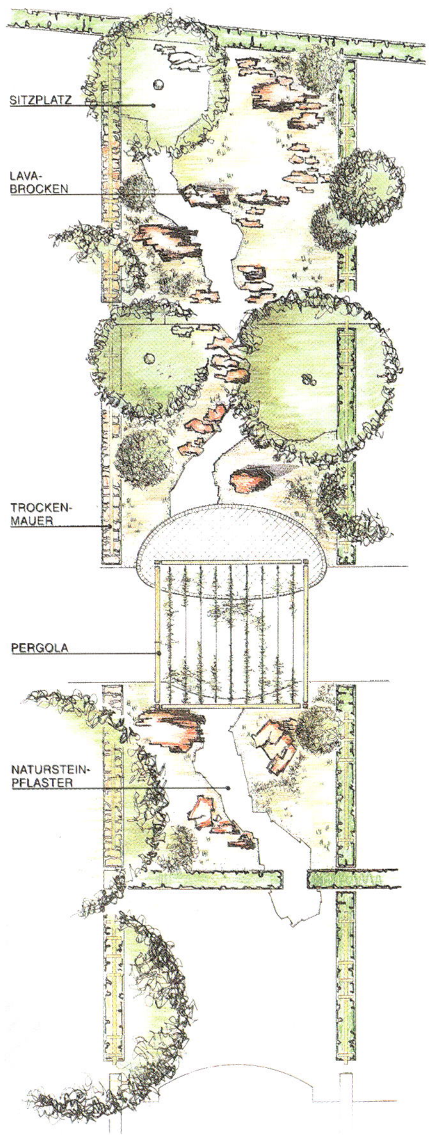

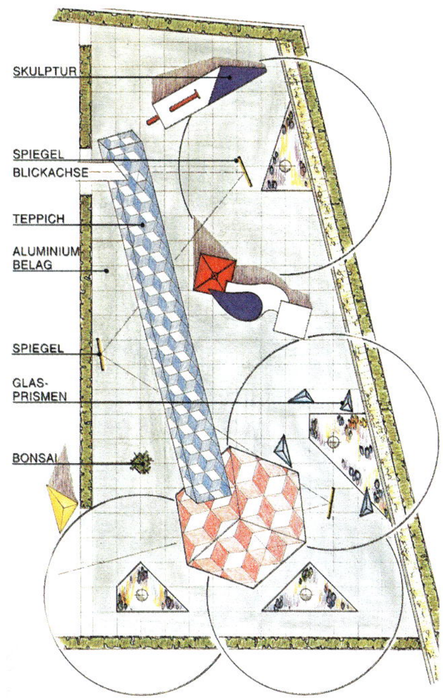

Beispiel: Abstrakter Garten: Spiel mit Spiegeln

Beispiel: Garten der Steine

Kunstkonzept

Ian Hamilton Finlay spannt den Bogen von Rousseau und der französischen Revolution zu einem »aufgeklärten« Lebensstil, der sich in den englischen Parks ausdrückt.

Georg Ettl dagegen setzt sich bei seinem Kunstobjekt mit der Gegenwart auseinander. Auf der Mäanderinsel entsteht eine 8 m hohe und 20 m breite Stahlskulptur, die sich mit dem ökologisch, sozial und politisch brisanten Thema des Braunkohleabbaus auseinandersetzt. Diese Stahlskulptur, das »Braunkohlerad« in aggressivem Rot, hat sich zu einem prägnanten Merkzeichen der Gartenschau entwickelt.

Karl-Heinz Herzfeld, genannt Anatol, ein Schüler von Joseph Beuys, zeigt in der Erftaue auf einem 9 m hohen Eichenstamm – zwischen hochaufragenden Bäumen – die Skulptur eines Menschen und den »Stuhl des Arbeiters«.

Der Bildhauer Matthias Hinz aus Hülchrath läßt einen Figurenzug aus »Pappelmännern« in die Erft tauchen und in der Bundesgartenschau Cottbus kommen sie aus der Spree wieder ans Tageslicht. Sie stellen damit eine symbolische Verbindung der beiden Gartenschauen her.

Der Grevenbroicher Gartenschau gelang eine Gratwanderung zwischen einem Minimum an Blumenfläche (ohne die eine solche Veranstaltung nicht auskommt) und ungewöhnlicher Freiraumgestaltung mit der Thematisierung von Natur und Technik, die für die Mehrheit der Besucher immer noch gewöhnungsbedürftig ist.

Büste des J.-J. Rousseau, aus »Neun Vorschläge für einen Wald« von Ian Hamilton Finlay

»Der Müllfluß« über einer Müllkippe. Müll als Kunstobjekt. Planung Georg Penker

»Der Zug der Pappelmänner« von Matthias Hinz

S. 113: »Braunkohlerad« von Georg Ettel

Kinderspiele

Viel wird darüber geschrieben und diskutiert – die Praxis aber sieht anders aus. Doch sie ist der wahre Lehrmeister, die gute Absicht der Erwachsenen – nützt sie auch den Kindern? Nachdenken ist angesagt.

Der beste Spielplatz ist der, der »keiner« ist, oder anders: Jeder »Spielplatz« im hergebrachten Sinne ist ein Kinder-Ghetto. Ein Zusammenleben, wie ich es in der Dorfgemeinschaft und in der Familie noch erlebte, ist mit dem der Stadtkinder nicht vergleichbar. Bei uns im Dorf lebten alle Altersgruppen zusammen und es gab noch eine Gemeinschaft. Die Kinder waren nicht vom Tagesgeschehen der Erwachsenen isoliert, wie sie es heute in unserer modernen städtischen Gesellschaft sind.

Viele Spielplätze sind deshalb unbefriedigend und für eine ungehinderte Entwicklung der Kinder ungeeignet. Meist geht es nur darum, Kinder zu »beschäftigen«. Diese Spielplätze sind Apparate

zum mechanischen Abreagieren der Kräfte. Es wird reglementiert, statt die Kinder ihren Möglichkeiten entsprechend zu fördern und sie sich behutsam entwickeln zu lassen. Drei Beispiele zum Nachdenken:

Thema: Risiko – Gefahr

Beobachtungen am Bach: Es gibt Hochwasser, der Bach ist zum reißenden und gefährlichen Wildwasser angeschwollen. Drei Jungen balancieren mit traumhafter

Sicherheit auf einem über den Bach gestürzten Baumstamm. Die Suche nach dem Abenteuer und der damit verbundenen Gefahr ist offensichtlich und instinktiv. Es ist wohl der unbewußte Trieb, sich zu bewähren, ein Stück Lebenstraining zu absolvieren. Abenteuer und Gefahr sind für die Entwicklung eines Lebensabschnitts unverzichtbar. Der risikofreie Raum, in den man die Kinder heute stellt, hat später oftmals Gewalt oder lebensuntüchtige Kinder zur Folge. Beispiele in der jüngsten Vergangenheit zeigen sich in erschreckendem Maße bei Kindern, denen alle Probleme aus dem Wege geräumt wurden und nun in die bekannte Ellenbogengesellschaft entlassen werden.
Risiko und Gefahrbereitschaft lassen die Jungen über den gefährlichen Bach balancieren. Natürlich wird man derart gefährliche Situationen nicht planen oder provozieren. Das Beispiel soll zeigen, daß die bekannte Einfallslosigkeit unserer Spielplätze den Kindern wenig hilfreich ist.

Thema: Perfektion

Die Schweizer sind, wie man sagt, die geborenen Perfektionisten. Alles, was sie sich vornehmen, wird perfekt geplant und ausgeführt. Es gab die Pro-Juventute, einen Verein zur Förderung von Kinderspielplätzen. Die Sponsoren ließen einen nach ihren Vorstellungen idealen Spielplatz bauen. Alles war edel, von der feinsten Art, vor allem perfekt und teuer – der Stolz des Vereins. Eines Tages wurde – zum Entsetzen der Urheber – der Spielplatz von Kindern und Jugendlichen zertrümmert, nichts blieb heil. Das Geschrei war groß und die Schuldigen waren natürlich die Kinder. Nur ein kluger und nachdenklicher Mann schrieb, es sei die einzige schöpferische Tat gewesen, die den Kindern noch verblieb.
Perfektion ist für kreatives Spiel tödlich, sie blockiert jeden schöpferischen Akt. Leere, ungestaltete Flächen sind Potentiale, die durch ihre Offenheit jede Art von Aktivität herausfordern. So ist eine nicht gestaltete Fläche, die noch alle Möglichkeiten in sich birgt, die beste Aufforderung zum Spielen. Sie fördert die ungebrochene und nicht verbogene Phantasie der Kinder, auch den einfachsten Situationen interessante Spielmöglichkeiten abzugewinnen. Man muß nur einmal genau hinsehen, wie mühelos aus bescheidensten Situationen erstaunliche Spieleinfälle herausgeholt werden.
Wer auf dem Lande groß geworden ist, weiß welches Kinderglück unbegrenzter Freiraum bedeutet. Das ganze Dorf und sein Umfeld war der Spielplatz. Es gab aber auch die Ruinenberge des Krieges, ein Eldorado für Kinder. Rutschen, Wippen, Klettergeräte waren überflüssig. Dies ist in unseren Städten heute nicht mehr möglich, doch gibt es noch immer Stadträume, die zu entdecken sind. Daß teure Geräte, die der Markt anbietet, für die Kinder notwendig sind, ist eine typische Erwachsenen- und Planervorstellung. Im Zeitalter der neuen Bescheidenheit tun es – wenn schon Geräte sein müssen – einfache Geräte aus einfachen Materialien.
Es gilt: Unperfekt ist besser.

Thema: Verantwortung

Eine Schule in Wetter. In Wetter an der Ruhr wurde eine Schule gebaut. Die knappen Grundstücksverhältnisse zwangen dazu, den Schulhof an eine kaum 5 m entfernte und ca. 4 m höher gelegene Straße zu bauen. Die Architekten hatten, um den Höhenunterschied zu bewältigen, eine senkrechte, wenig ansprechende und teure Mauer geplant.
Zur Verfügung stehende, geringe Gelder und die gestalterisch unbefriedigende Situation zwangen zum Nachdenken. Wir hatten dann eine billigere Pflasterböschung vorgeschlagen, die auch gebaut wurde. Überraschenderweise entdeckten die Kinder die Pflasterskulptur vor allem zum Rutschen, und sie war besonders beliebt.
Eines Tages kam der GUV (Gemeinde-Unfallverband), zuständig für die Sicherheit von Gebäuden und Anlagen. Alle an

der Planung Beteiligten waren bestellt und wie es der Zufall wollte, war gerade Pause. Die Kinder rutschten wie immer mit Vergnügen – einen Pappendeckel unter dem Hintern – die Böschung herunter.
Zur Verblüffung aller Anwesenden waren auch die Herren des »GUV« begeistert. Mit leuchtenden Augen wurde notiert, fotografiert – von oben, unten und von der Seite. Allmählich kam uns die Sache nicht geheuer vor. Auf die Frage nach dem Grund der Begeisterung, erklärte man genüßlich, daß die Anlage ein ideales Negativbeispiel für ihre Fachzeitschrift abgebe. Man forderte den Abriß der Böschung oder auf die Böschung zu montierende Querstangen. Erstaunlich war dann die Reaktion von Eltern und Lehrerschaft. Nach dem ersten Schock wurde beschlossen, auf eigene Verantwortung die Böschung zu belassen. Man wollte den Kindern das Vergnügen nicht nehmen. Auch die Politiker standen jetzt dahinter – man verteidigte die beliebte Spielsituation für die Kinder und gegen den »GUV«.

Zivilcourage und Verantwortung!
Erwachsene diskutieren eifrig und engagiert über ihre Verantwortung für die Kinder. Das Gerede von Verantwortung zielt jedoch nur darauf ab, sich selbst zu schützen. Im Grunde will man sich nur selbst absichern. Die Folgen dieser Art von Denken und Verantwortung sind die bekannten, langweiligen und sterilen Spielplätze. Haben sie den Neuigkeitseffekt hinter sich, verlieren die Kinder schnell das Interesse. Die Kinder zahlen dabei den bitteren Preis für die Gleichgültigkeit der Erwachsenen. Hier gilt es anzusetzen und wieder Freiräume zu schaffen, vordergründig zum Spielen, im weiteren Sinne Freiräume für die Entwicklung der Kinder bereitzustellen.
Woher nehmen die Erwachsenen das Recht zu entscheiden, was Kinder wollen oder wollen dürfen.
Wissen sie es wirklich?

Ein verhängnisvoller Mechanismus
Drei Institutionen sitzen in der Regel unsichtbar am Planertisch. Ihre Einflüsse sind direkt kaum bemerkbar, sie wirken sich aber um so verheerender aus. Eltern, Juristen und Versicherungen steuern hinter den Kulissen das Geschehen.

Die Eltern:
Kommt auf einem Spielplatz ein Kind zu Schaden und sei dieser noch so gering, wird auf Schadensersatz geklagt – es geht um Geld.
Die Reaktion der Eltern unserer Generation war anders. Man suchte und sah die Verantwortung bei sich selbst, diese auf andere abzuwälzen war nicht vorstellbar. Die Kinder lernten so selber, wie sich Unfälle und Gefahren vermeiden ließen.

Die Juristen:
Sie leben von der Perfektionierung der Gesetze. Vorschriften und Erlasse sind ihre Waffen, nichts entgeht dem Auge des Gesetzes. Immer werden neue Paragraphen gefunden. Man lebt nicht schlecht davon – je mehr Fälle – um so mehr Geld.

Die Versicherer:
Sie haben uns zu einer regelrechten Versicherungsgesellschaft entwickelt. Für jeden Fall gibt es (eine Falle) oder die passende Versicherung, die Fälle mehren sich in wundersamer Weise. Die Prämien steigen – (fast) allen ist geholfen.

Folgerung:
Lockerung oder besser Aufbrechen der zu engen Sicherheitsbestimmungen, Übernahme von Verantwortung. Verantwortung im weitesten Sinne für eine Entwicklung zu selbständigen und selbstbewußten Menschen und dies heißt auch »Risikobereitschaft«.

Unperfekt:
Das kreative Spiel zulassen und fördern. Spielplätze und Geräte selber mit den Kindern bauen. Geräte mit hoher Perfektion und noch höheren Preisen sind überflüssig. Freiräume für Abenteuer, Entdecken – Räume, die noch Geheimnisse in sich bergen. Erinnern wir uns an die Trümmerlandschaften nach dem Kriege. Ruinen, Schuttberge, Ungestaltetes.

Und noch einmal:
Der beste Spielplatz ist der, der keiner ist.

Der gesellschaftliche Umgang mit der Natur spiegelt sich am deutlichsten in der Parkgestaltung wider. Parks waren schon immer Ausdruck der jeweiligen politischen Verhältnisse – heute ist das nicht anders.

Barocke Achsensysteme demonstrierten im 17. Jahrhundert die Herrschaft des Menschen über die Natur und über die eigene Spezies. Rousseaus Postulat »Zurück zur Natur« und der damit verbundene Aufruf zur Demokratisierung der Gesellschaft führte im 18. Jahrhundert zur Entstehung des »englischen« Landschaftsparks mit seinen geschwungenen Formen und »locker« verteilten Baumgruppen, in dem malerisch und romantisch Natur idealisiert und stilisiert wurde. Bei der Volksparkbewegung um die Jahrhundertwende und speziell in den 20er Jahren standen der soziale Gedanke, Nützlichkeit, Gesundheitsfürsorge und Bildung im Vordergrund. Die Industrialisierung hatte unmenschliche Mietskasernen entstehen lassen. In den 70er Jahren setzte die Ökologiebewegung neue Akzente. Eine Reaktion auf unseren fortschreitenden Raubbau an der Natur. Doch wie sieht die aktuelle, zeitgemäße Parkgestaltung aus?

Kurzlebige Moden der Architektur und des Designs wirken bis in die Gartenkunst hinein. Die gegenwärtige Parkideologie der Branche orientiert sich an einer bunten Glitzerwelt und der Bilderflut der Medien. Mehr »Schein als Sein«.

Beispiel: Der Parc de la Villette

Der 1982 von der Stadt Paris weltweit ausgeschriebene Wettbewerb forderte vollmundig die »Welt als Garten«. Der Park wollte nicht nur Paris und Frankreich mit einem neuen »Triumph« beschenken, er sollte ebenso ein Symbol der gesellschaftlichen und kulturellen Beziehungen werden.

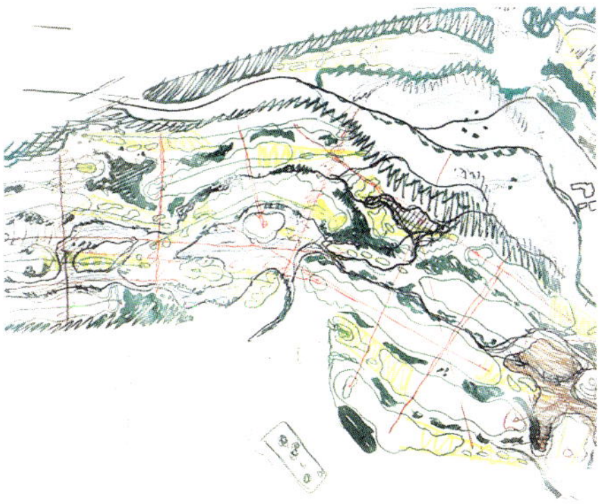

Sozial sollte er sein, ganz gezielt für die im Stadtteil Villette überwiegende Arbeiterbevölkerung mit einem hohen Anteil an Nordafrikanern. Ein extremes Defizit an nutzbaren Grünflächen wurde beklagt. Die Gärten des Maghreb, die märchenhaften Gartenoasen der Mauren wurden beschworen.

Ein Park ist es jedenfalls nicht geworden. Entstanden ist ein Ausstellungsgelände mit einem gigantischen technischen Museum, einer Ausstellungshalle und der Cité de la Musique dazwischen. Viel Rasen, bestückt mit »Folies« – verrückt ist dies gewiß. Wenn sie nur wirklich verrückt wären, einem Dalí, de Chirico oder dem Paris so verbundenen Max Ernst ebenbürtig. Erwähnenswert ist allein ein vertiefter Bambusgarten.

Ein sich intellektuell gebender, von Designern kreierter Kinderspielplatz gibt vor allem Aufschluß über die Eitelkeit der Planer. Auf einem ohne jede Gestaltungsabsicht angeschütteten Schuttberg könnten die Kinder sicher schneller und überzeugender zeigen, was für sie wichtig ist: im »Abenteuer« der eigenen Phantasie folgen. In Villette findet dies jedenfalls nicht statt.

Dieser Wettbewerb begründete – neben einigen anderen prämierten Arbeiten – leider eine Entwicklung, die heute zu einer Aneinanderreihung »intellektueller Gags« ausufert.

Die gegenwärtige Gesellschaft wird geprägt von Demokratie und Pluralismus, folgerichtig gilt für mich das Leitbild eines multifunktionalen Bürgerparks, nicht die Selbstdarstellung des Staates, noch die des Planers. Ein Park muß sozial nutzbar, ästhetisch attraktiv und ökologisch wirksam sein: Benutzbarkeit statt Formalismus und Normierung, Dynamik statt Fixierung, Gliederung statt Gleichförmigkeit, Offenheit statt Festlegung, Abwechslung statt Monotonie, Kommunikation statt Konsum, Schönheit statt Repräsentation, Individualität statt Belanglosigkeit, Bescheidenheit statt Größenwahn, Naturnähe statt aufgesetzter Künstlichkeit.

Ein Park braucht eine Gestaltungsidee, eine Planungsphilosophie. Nur so wird die Planung nicht beliebig. Die konsequente Umsetzung einer Planungsidee zeichnet eine prägnante Parkgestaltung aus. Ein Park soll historische Spuren, Vergangenes aber auch Gegenwärtiges reflektieren und Zukünftiges, Visionäres entwickeln. Immer setzt sich eine weniger festgelegte Planung mit offenen Strukturen durch. Selbstaneignung durch die späteren Nutzer und Selbstorganisation durch die Natur, wie sie heute diskutiert werden, sind immer Teil unserer Planungsstrategie gewesen (z. B. Heinrich-Heine-Universität, Düsseldorf, s. Seite 54).

Die Schaffung einer ausschließlich idyllischen, heilen Welt kann nicht Aufgabe heutiger Parkgestaltung sein. Brüche, Ironie und Kritik können sichtbar gemacht, das vorhandene Spannungsverhältnis von Natur und Zivilisation soll thematisiert werden.

Biegerhof Duisburg
1965 – 1967

Naturnaher Bürgerpark
in der Landschaft des Niederrheins.
Große Spiellandschaft

Der Spiel- und Freizeitpark rund um einen ehemaligen Bauernhof liegt in Huckingen, einem südlichen Stadtteil von Duisburg. Das Areal wird von dem in den Rhein fließenden »Angerbach« hufeisenförmig umflossen. Im Mittelpunkt des Geländes liegt der prächtige niederrheinische Biegerhof. Die Planungsidee steht unter dem Motto: Bürgerpark in der ursprünglichen Niederrheinlandschaft.

Entlang des Angerbaches wird die Landschaft mit ihrem auentypischen Baumbewuchs wie Silberweiden, Erlen und Eschen saniert. Die vom Bach umgebenen, leicht erhöhten Flächen sind als Park mit deutlicher, naturnaher Komponente ausgeführt. Große, waldartige Aufforstungen im Wechsel mit Einzelbäumen, Baumgruppen, Rasen- und Wiesenflächen und der Aue des Angerbaches werden vorgenommen.

Herzstück der Planung ist eine große Spiellandschaft. Auf dem Kamm des landschaftlich geformten Hügelrückens erstreckt sich eine abstrahierte Kletter- und Spielanlage aus Holz mit Wehrgängen, Türmen, Brücken und Treppen:

Der Angerbach mäandriert um das hufeisenförmige Hofareal. Der Hof liegt auf dem Hochpunkt des Geländes

gestaltete Grünflächen
Spiellandschaft

Großzügige Bäume prägen den Park. Die Flächen sind vielfältig nutzbar

ideal für das allen Kindern elementare Spiel des Versteckens, Kletterns und Eroberns.

Eingestreut in den offenen und naturnahen Entwurf sind intensiv gestaltete Aufenthalts- und Kleinkinderbereiche. Pergolen, Rankelemente und Pavillons setzen bauliche Akzente, während üppige Staudenbeete Blütenpracht präsentieren.

Pergolagärten als Architekturelemente sind in den Park eingestreut

Höhenpark Witten, 1962/63

Wettbewerb 1. Preis

Sanierung und Umgestaltung eines alten Parks über dem Ruhrtal

Der alte Park liegt am Prallufer der Ruhr, hoch über dem Tal. Von den Ruhrsandsteinwänden ergeben sich großartige Ausblicke auf das Ruhrtal und über die Ruhr. Eine klassizistische Villa gehört zu diesem ehemaligen Herrschaftspark, der im »englischen« Landschaftsstil errichtet wurde. Der vormals private Park wurde von der Stadt übernommen und für die Bevölkerung geöffnet, in der Villa befindet sich heute ein Hotel. Eine Sanierung und Umgestaltung des Parks wurden notwendig. Das Grundkonzept des alten Parks mit seinem landschaftlichen Bezug wird hierfür übernommen. Inhaltlich wird der Park zu einem vielfältig nutzbaren Bürgerpark entwickelt.

Der »Höhenpark Witten« war zu Beginn der 50er Jahre die erste Wettbewerbsteilnahme von Georg Penker.

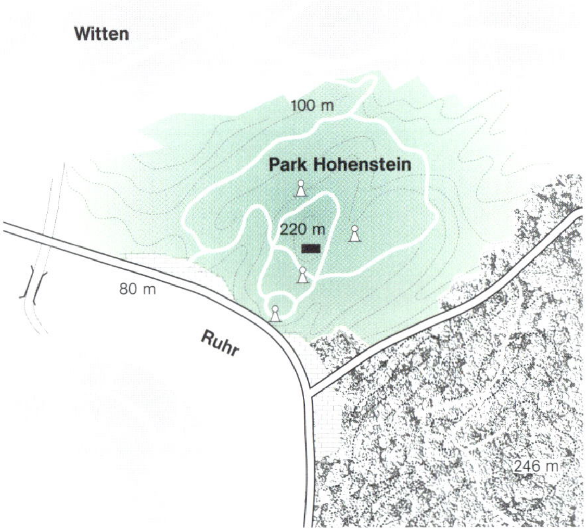

Nordpark Düsseldorf 1955 – 1959

Sanierung und Umgestaltung des nationalsozialistischen Parks und Neuanlage von Sondergärten. Parkgestaltung – Dokument der Geschichte. Der Nordpark – ein politisches Konzept

1 *Haupteingang*
2 *Wasserachse* 3 *Fontänenplatz*
4 *Tanzring* 5 *Bauspielplatz*
6 *Blumenachse* 7 *Blumenring*
8 *Zedernwiese* 9 *Japanischer Garten*
10 *Kakteen- und Sommerblumengarten*
11 *Rosengarten* 12 *Wassergarten*
13 *Löbbecke-Museum und Aquazoo*

Der Nordpark Düsseldorf wird zur »Gesolei«-Ausstellung 1928 geplant und 1937 mit der Ausstellung »Schaffendes Volk« von den Nationalsozialisten weiter ausgebaut und umgewidmet. Das streng architektonische Parkkonzept baut sich auf mehreren parallelen Achsen auf.

Nach dem Krieg wird der Park durch die englische Besatzungsmacht okkupiert und von ihr teilweise in den Randbereichen mit Wohnhäusern bebaut. Ab 1953 erfolgt teilweise eine Freigabe. Zunächst sind dies die zum Teil stark verwahrlosten Kernbereiche mit der direkten Anbindung an den Rhein. Die Sanierung, die einige Umbauten miteinschließt, hat zum Ziel das strenge, autoritäre Achsenkonzept aufzulösen oder durch lockere Baumpflanzungen erträglicher zu gestalten. Der Park erhielt eine starke landschaftliche Linie. Im Rahmen des von Ulrich Wolf entwickelten Umgestaltungs-Konzeptes für den Nordpark erstellt der damals beim Gartenamt tätige junge Gartenarchitekt Georg Penker die Entwürfe.

Der Entwurf sieht vor, in den Randbereichen moderne Parkelemente einzufügen, so den Wassergarten mit Pergolen, den Spielplatz für Kleinkinder, einen Sommerblumengarten und Kakteengarten. Im Kernbereich erfolgt die Umarbeitung einer Zedernwiese und die Sanierung der Wasserachse mit umfangreichen Wasserspielen.

Im Drehpunkt der beiden Hauptachsen, dem Blumenrondell, wird 1954 die erste Windskulptur von George Rickey in Deutschland aufgestellt.

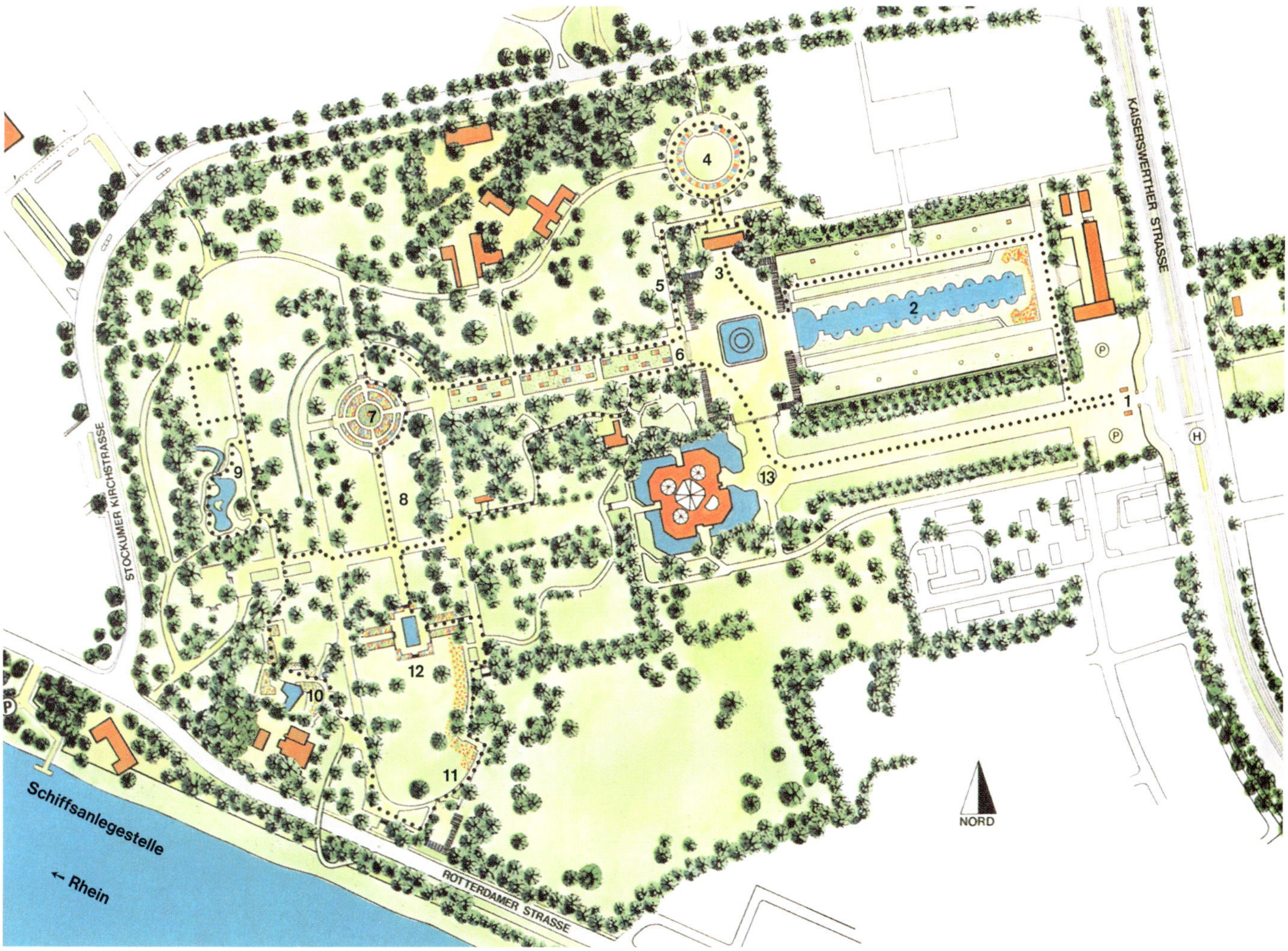

Der Sommerblumengarten

Der 3600 m^2 große Garten ist über zwei Wegerampen an das achsiale Wegenetz von 1937 angeschlossen. Die Zuwegungen sind abgewinkelt, so daß von außen der Garten nicht eingesehen werden kann, was den Eindruck der Intimität erhöht. Hier liegt ein polygonales Wasserbecken mit Seerosen und Wasserstauden, umgeben von großen Flächen mit Sommerblumen. An das Wasserbecken lagern sich Sitzterrassen mit Pergolen an. Die in der Höhe gestaffelte Pergolenarchitektur gibt dem Garten eine verstärkt artifizielle Note und verlockt bei heißem Wetter zum Verweilen. In den Sommerblumenflächen stehen einzelne fremdländische Solitärgehölze, die mit der Besonderheit ihrer Blätter (wie Aralien, Bambus, Essigbaum) oder Blüte (Hibiskus, Samthortensien) zur exotischen Atmosphäre beitragen. Die Anlage ist im wesentlichen unverändert geblieben. Die Schattendächer aus Bambusrohr sind verwittert und werden bereits Anfang der 60er Jahre durch eine Metall-Kunststoffkonstruktion ersetzt.

Der Kakteengarten

Der 600 m^2 große Kakteengarten ist über den benachbarten Wassergarten erreichbar. Eine übermannshohe Mauer schafft die Trennung zum benachbarten Wassergarten. Aus der großen plattierten Fläche sind zwei rechtwinklige Pflanzbeete ausgespart, die in früheren Jahren im Sommer mit Kakteen und anderen Sukkulenten bepflanzt wurden. Eine große, 1,90 m hohe Tonvase, die möglicherweise noch aus dem Keramikgarten von 1937 stammt, und bepflanzte Tongefäße gliedern den heute mit Bänken bestückten Terrassenbereich. In einem der beiden Pflanzbeete wurde 1962 eine Bronzeplastik des Franzosen André Bloc aus dem Jahr 1961 aufgestellt. Der Kakteengarten öffnet sich, durch eine lange abgewinkelte Natursteinmauer gefaßt, räumlich auf das tiefergelegene Rasenparterre mit flacher Rosenbepflanzung.

Der Kleinkinderspielplatz

Er ist der beliebteste Platz im Nordpark. Bei einer kleinen Gaststätte mit Außenterrasse fühlt man sichtlich wohl. Die intime, kleinteilige Atmosphäre trägt zur Attraktivität bei. Von der Terrasse aus entwickelt sich der Spielplatz mit einer sanften Rasenmulde. Für einen außenführenden Rundweg sind besondere Spielgeräte entwickelt worden.

Der Kleinkinderspielplatz sowie speziell der Sommerblumen- und Kakteengarten sind charakteristische Gartenanlagen aus der Anfangszeit der Bundesrepublik, die zu der Architektur des Nordparks von 1937 in spannungsreichem Gegensatz stehen. Entwicklungslinien, die der Nationalsozialismus und der Zweite Weltkrieg in Deutschland blockierten, liefen in anderen Ländern weiter und wirkten dann phasenversetzt nach 1945 auf deutsche Architektur und Gartenarchitektur zurück. So finden wir in beiden Gärten Gestaltungsprinzipien, die bereits in den 40er Jahren in Arbeiten z. B. von Burle Marx in Brasilien oder in denen der Amerikaner Thomas Church, Lawrence Halprin, Garrett Eckbo sichtbar wurden.

Zur Parkgestaltung

Die als »Gegenwelt« zu der offiziellen Baukultur des Dritten Reiches hier verwendeten Stilmittel sind insbesondere:
Eindruck der Leichtigkeit und Transparenz (Pergola, Schattendächer, Mauerscheibe) im Gegensatz zur Schwere des als »Blut- und Bodenarchitektur« verrufenen bodenständigen Bauens (Pergola am rechteckigen Wasserbecken im Nordpark); Dynamische Raumfolgen und geschwungene Linien der Wege in wechselnder Breite im Gegensatz zur starren Gradlinigkeit des achsialen Wegenetzes; »Organische« und asymmetrische Formen (Wasserbecken, Blumenbeete, Pergola, Sitzplätze) werden gegen die Vorliebe für strenge Symmetrie gesetzt (Wasserachse, sogenannter Korridor, Tanzring, Blumenrondell, Fontänenplatz im Nordpark). Dem Gesetz der Asymmetrie und des freien Rhythmus gehorcht auch die Aufstellung von Vasen, Pflanzgefäßen und Gestühl; gegen die monumentale Wirkung großräumiger Achsen wird Kleinteiligkeit in Gestaltung und Raumfolge gesetzt.
Beide Gartenteile sind gestalterisch von überzeugend geschlossener Wirkung. Im Sommerblumengarten ist die zeittypische Verschränkung der Formen und die im Motiv der Pergola und Schattendächer inszenierte Transparenz und Leichtigkeit am stärksten spürbar. Zusätzlich geben die reichen Sommerblumenbepflanzungen und Schmuckdetails der Pergola sowie ihre farbliche Fassung diesem Gartenraum eine verspielte, heitere Note.

»Entstanden im Rahmen der gestalterischen ›Modernisierung‹ des Nordparks haben diese Anlagen als stiltypische Anlage der 50er Jahre von gartenarchitektonisch hoher Qualität und als Frühwerk eines bekannten Gartenarchitekten Denkmalwert für die Stadtgeschichte und die Geschichte der Gartenkunst. Daß sie unverändert erhalten geblieben sind, ist ein glücklicher Umstand und erhöht ihren Wert als Zeitdokument.«
(T. Lange, Gartenamt der Stadt Düsseldorf)

1992 wurden der Sommerblumengarten und Kleinkinderspielplatz als beispielhafte Gestaltungen der Gartenkunst der 50er Jahre unter Denkmalschutz gestellt.

Rheingarten Köln
1980 – 1983

Urbane Uferpromenade: Stadtgarten über vertunnelter Hauptverkehrsstraße. Köln, Dom, Rhein, alte Römer – immer und überall.
Geschichte zum Greifen, gegenwärtig erleben, für die Zukunft sichern

Das urbane Gestaltungselement der Uferpromenade erlebt eine Renaissance. Städte am Fluß besinnen sich auf ihre charakteristische landschaftliche Situation. Die als Barriere wirkende, stark befahrene Kölner Rheinuferstraße wird in einen Tunnel verlegt, wodurch Stadt und Fluß wieder auf ihre städtebauliche Einheit zurückgeführt werden.

Entwicklungsziele der Wettbewerbsaufgabe
»Das Rheinufer zwischen den Brücken, in der langen Geschichte der Stadt immer eine Zone lebendigen, städtischen Lebens, soll als grüner Freiraum Bindeglied zwischen der historischen Altstadt mit ihrem weltberühmten Panorama und der Stromlandschaft des Rheins sein. Die interessante Nutzungsstruktur der Altstadt soll ebenso in den Rheingarten ausstrahlen wie der Schiffsverkehr auf dem Rhein mit seiner liebenswerten Komponente, den ›weißen Schiffen‹.
In erster Linie soll der Rheingarten Garten des Kölner Bürgers sein, ein Raum des Flanierens und Verweilens, wo man ›Köln vor Augen hat‹ und den Strom erleben kann. Als landschaftsbetonte Grünanlage soll der Rheingarten – vornehmlich im Uferbereich – großzügig angelegt sein, doch soll er auch in Verbindung mit der Rheinuferbebauung intime, differenziert gestaltete Zonen aufweisen, damit die für die Altstadt so typische Folge überschaubarer Räume hier ihre Fortsetzung findet.«

Die Gestaltung des Rheingartens ist so gehalten, daß die Platz-, Wege- und Grünflächen ein hohes Maß an Multifunktionalität aufweisen. Durch die Vermeidung von Gestaltungsperfektion und Nutzungsfestlegungen wird die Aktivität der Besucher nicht vorbestimmt, sondern Spontanität ermöglicht. Es stellt sich bald ein Gefühl der Selbstverständlichkeit ein, so, als ob der Rheingarten schon immer existiert hätte. Das offene Parkkonzept hat sich hier bewährt. Er ist ein lebendiger, städtischer Ort. Köln vor Augen kann man den Rheinstrom unmittelbar erleben.
Rückgrat des Rheingartens ist die Uferpromenade, die sich in eine untere und

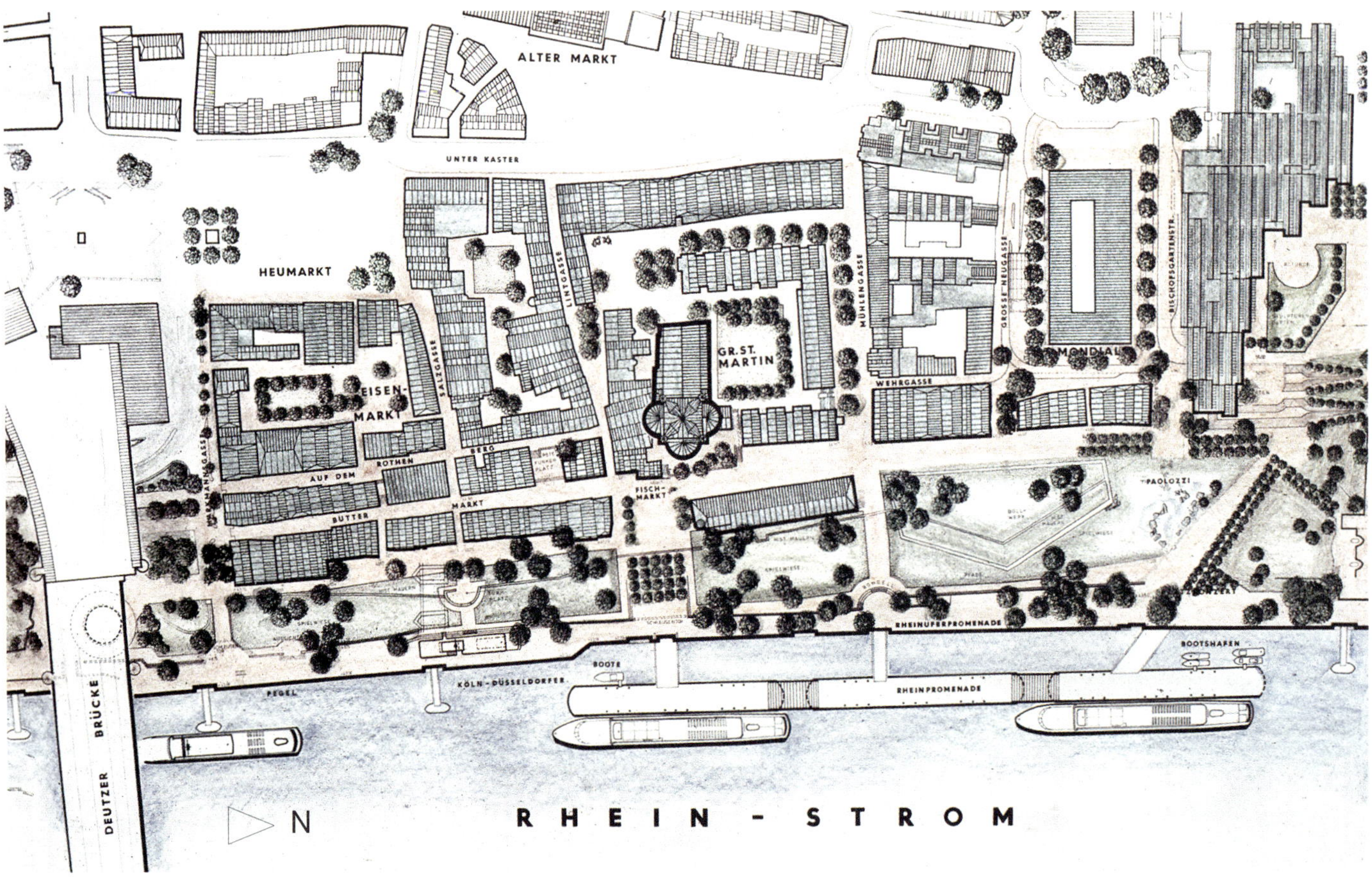

Oben:
Steinklippen mit Aussicht auf den Rhein.
Das weltberühmte Panorama

Links:
Vielfältig nutzbare Rasenflächen

Unten:
Plattenbänder zeichnen die mittelalterliche Stadtmauer nach. Alleen aus Kugelahorn verknüpfen die Altstadt mit dem Rheingarten

eine obere Ebene gliedert. Die großen Passantenströme werden damit getrennt und entflochten. Die obere Promenade ermöglicht einen Rheinbummel auch bei Hochwasser und Ausblicke auf die Spaziergänger der unteren Promenade sowie das Treiben auf den Grünflächen. Alternativ zur Uferpromenade liegt direkt vor der Altstadtbebauung eine zweite Flanierzone, die von der Gastronomie geprägt ist. Gestalterisch betont wird die Anbindung an die Altstadtgassen, die Rheinterrasse mit dem Museumskomplex und Dom. Die alten Römergassen werden bis zum Rhein verlängert.

Die notwendige Hochwasserschutzmauer ist vielfältig gegliedert und abgewandelt mit Variationen von Treppen über Sitz- und Gehstufen bis zu Sitzmauern. Eine mauergefaßte Erhebung erinnert in ihrem Grundriß an das alte Bollwerk. Die Lage der bedeutenden historischen Stadtmauer und ihrer Wehrtürme ist in den Rasen- und Wegeflächen durch Plattenbänder nachvollziehbar dokumentiert. Der historische Bezug soll auf diese Weise assoziativ hergestellt werden.

Zum beliebten Anziehungspunkt hat sich die begeh- und bespielbare Wasserlandschaft entwickelt, von Georg Penker und Eduardo Paolozzi gemeinsam entworfen. So entsteht ein anschaulicher Bezug zu dem früher dort gelegenen mittelalterlichen Hafen. Der großzügig und bürgernah gestaltete Rheingarten erfüllt seine Funktion als grünes Herzstück der Kölner Altstadtsanierung. Stadt und Strom sind wieder versöhnt.

Das Leitmotiv des Rheingartens als grünes Bindeglied zwischen Altstadt und Rhein spiegelt sich in der Bepflanzung wieder. Großbäume in lockerer, unregelmäßiger Anordnung als Ausdruck der Rheinlandschaft wechseln sich ab mit architektonisch-städtischen Baumformen (kleinkroniger Kugelahorn), die in Block- oder Alleestaffelung vorzugsweise im direkten Altstadtumfeld stehen. Beide Baumstrukturen verbinden und durchdringen sich auf vielfältige Weise, so daß ein allmählicher Übergang zwischen Stadt- und Rheinlandschaft stattfindet. Die Altstadt Köln ist wieder an den Rhein zurückgekehrt – so wie es 2000 Jahre lang in der wechselvollen Geschichte zwischen Stadt und Fluß war.

Die Spielskulptur von Georg Penker und Eduardo Paolozzi

RHEIN
HOTEL

Ein deutscher Garten am Parlament Bonn, 1989

Wettbewerb 1989
4. Preis, nicht realisiert

Moderner demokratischer Park mit integriertem Kunstkonzept. Das Parlament geht – die Kunst bleibt – der Kunstpark kommt

Der Bereich der sogenannten »Parlamentarischen Vorzone« ist von hoher politischer Präsenz. Die Bedeutung ergibt sich aus der besonderen Lage zwischen dem »Haus der Geschichte der Bundesrepublik«, dem Bundestag, Bundesrat, dem Bundeskanzleramt und verschiedenen Ländervertretungen. Der Bereich des Parlaments und der angrenzenden Institutionen darf nicht einer vordergründigen Repräsentation oder Demonstration von Macht zum Opfer fallen. Ebensowenig darf die Idylle – der »freundliche Garten« – an dieser Stelle den Geist des Ortes ignorieren. Der Garten muß Ausdruck unserer Gesellschaft sein – eine Funktion, die historische Gärten immer innehatten. Hier kann es sich nur um einen demokratischen Garten mit offenen Strukturen handeln.

Dieser Garten soll auf die komplexen Zusammenhänge unserer Geschichte eingehen. Geschichte – das Reiz- und Kosewort unserer Tage – wird nicht als eindimensionales Denken, sondern als Tiefenlotung, als »Geschichtetes« verstanden und soll mit Hilfe eines Kunstkonzeptes dargestellt werden. Diese geschichtliche Auseinandersetzung sucht zuallererst den Menschen, nicht als Helden, sondern als Antiheld, ihr geht es um ein Symbol des Humanismus.

Die Genies unserer Tage sind nicht mehr die Erfinder, Gen- und Atomtechniker oder politischen Führer, sondern es sind die Verhinderer, die Bewahrer, es ist der einfache Mensch. Ihm soll ein Platz in der Geschichte gegeben werden. Nicht den Schöpfern neuer Arten, sondern den »Schützern alter Arten«. Das Haus der Geschichte der Bundesrepublik Deutschland wird durch eine symbolische »Denklinie« mit dem Bundestag verknüpft. Die Abfolge von Land-Art-Installationen beginnt mit dem Denkstück »Bogen der Hoffnung« und führt über Beuys' »Denkstück Natur« – »Herausforderung« – »Garten der Harmonie« – bis zum Parlamentsplatz. Weitere Akzente sind der »Garten der Poesie«, das »Denkstück Wald« und die Ruine als Symbol des Verfalls. Der Mittelpunkt aller Fluchtlinien von Wegen und Sichtachsen ist der »Brennpunkt« auf dem Parlamentsvorplatz: Ein leerer Sockel »ohne Skulptur« als Denkmal des Zukünftigen.

Das Kunstkonzept verbindet die Stadt und die Landschaft des Rheins mit dem Garten durch Sicht- und Leitlinien und durch die Objekte als räumliche wie symbolische Elemente. Für die Umsetzung dieses Konzepts ist an Künstler deutscher Provenienz gedacht.

Naturinsel
Joseph Beuys, der sich der Natur immer verbunden fühlte, war ein Mensch mit hohem moralischen Bewußtsein und humanen Wertvorstellungen. Die Ideen dieses geduldigen Vordenkers einer künftigen Gesellschaft sind wie die kaum etwas anderes dazu geeignet, dieses Thema darzustellen.
Die Naturvernichtung und damit die existentielle Bedrohung unserer Lebensgrundlagen ist zu einem Politikum erster Ordnung geworden.
Die Naturinsel mit den Elementen Erde (Steine), Wasser, Wind, mit den belebten Sphären der Pflanzen und Tiere ist für den Besucher nicht betretbar. Durch den bewußten »Entzug der Natur« wird die Natur vor dem Menschen geschützt. Als Symbolfigur einer zukünftigen Gesellschaft und moralischen Instanz soll Joseph Beuys Bedeutungsträger dieses Denkstückes sein. Seine Schüler werden diese Ideen mitgestalten und im Beuysschen Sinne an seiner »sozialen Plastik« schaffen.

Garten der Poesie
In den Jahren wirtschaftlicher Hektik und politischer Konflikte tritt die Poesie in den Hintergrund. Doch kann man nicht auf Dauer auf deren Potential verzichten. Der Garten ist Chiffre für das Paradies, in dem der Mensch Natur und Kultur vereinigt und sich selbst einen harmonischen Kosmos schafft.
Dieser Garten entsteht im schönsten Raum des vorhandenen alten Baumbestands. Es soll ein heiterer Garten mit einer Überfülle von Blütenstauden und Sommerblumen sein – ein Fest der Natur während der meisten Zeit des Jahres. Dieser Garten ist aber auch stellvertretendes Symbol für die Liebe des Menschen und insbesondere der Deutschen zum Garten und zur Natur. Somit ist er auch ein »deutscher Garten«. Und wenn gilt, was eine japanische Lebensweisheit sagt, daß der Garten die Menschen verändere, dann wollen wir Gärten bauen.

»Poesie und Harmonie« sind Motive des gesamten Gartenbereiches zwischen dem Haus der Geschichte und dem Bundestag. Poesie, die sich verwirklicht im Blätterrauschen der Espen des Dichterhains, in der Festwiese, im Wald mit seinen Lichtungen, den Kunstobjekten, dem Parlamentsplatz selbst.
Auch der »deutsche« Wald ist ein symbolträchtiger Bestandteil des Konzeptes. Im strengen Raster heben sich die vorhandenen alten Bäume und Baumgruppen als Naturinseln ab. Die Ordnungssysteme der Natur (organische Struktur) verflechten sich mit den Ordnungssystemen des Menschen im geometrischen Raster.

Beethovens Sphärenturm
Die Harmonie der Gesetze der Musik, der Astronomie und der Mathematik werden in diesem Turm dargestellt. Sie bestimmen mit ihren Zahlenreihen die Proportionen des Turms.

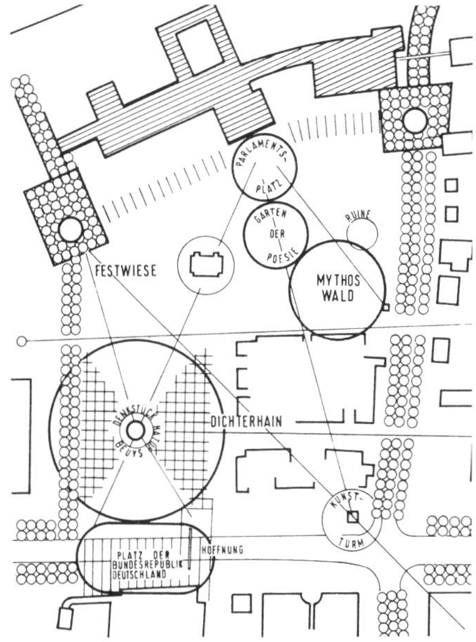

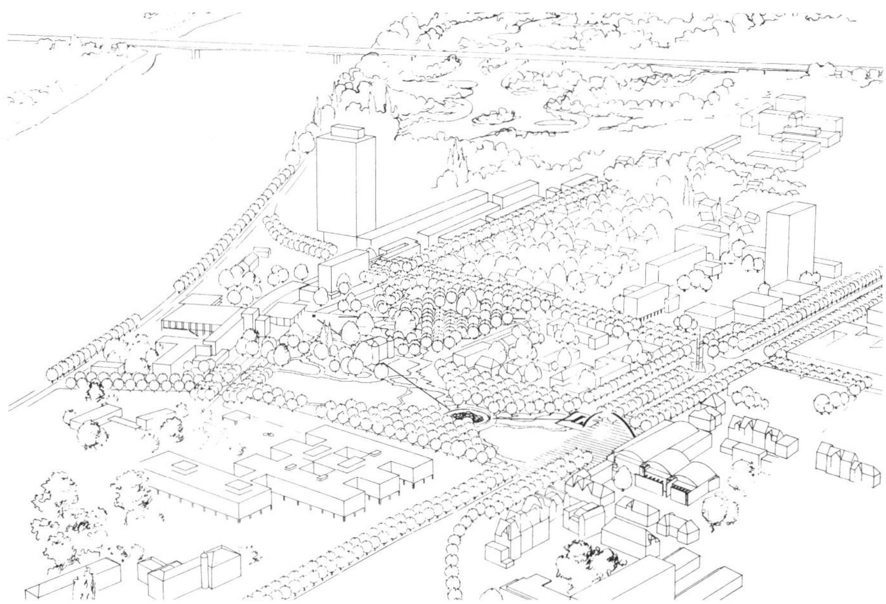

Landwirtschaft – schöpfungsverträglich

Landschaft: Dieser elementare Begriff ist noch immer frisch und unverbraucht, obwohl unterlegt und mißbraucht durch verfremdende Begriffe. Die Wortschöpfungen sind zahllos: Kulturlandschaft, Geistes-, Erlebnis-, Erholungs-, Verkehrs, Park-, Stadt-, Politische Landschaft und dergleichen.

Es wäre zu kurz gegriffen, unter den traditionellen Planungsfeldern des Berufsstandes wie Landschaftsplanung, Landschaftsgestaltung, Eingriffsregelung, Grünordnungsplan, das Drama unserer Landschaft darstellen, geschweige denn lösen zu können. Neben diesen fachbezogenen Disziplinen sind es die politischen und gesellschaftlichen Kräfte, welche die Weichen stellen. Die große Aufgabe lautet, für eine neue Sicht und eine moderne Form der »Landbewirtschaftung« zu kämpfen. Es ist die Vision einer »Schöpfungverträglichkeit«. Dies trifft jegliche Form von »Landbewirtschaftung« – Landwirtschaft, Städtebau, Verkehr, Erholung – die ganze Palette menschlicher Nutzungsformen. Ganz besonders ist es aber unsere »moderne Landwirtschaft«, die neben einer extremen Übernutzung, mit Düngung und Pestiziden gleichsam einen Schleier über alles Lebendige zieht.

Die europäische Landschaft hat seit dem frühen Mittelalter mehrfache, grundlegende Wandlungen durchgemacht. Zunächst gab es die mittelalterliche Landnahme von 1100 bis 1300 mit dem Ergebnis einer weitgehenden Rodung der vorhandenen Waldflächen. Wald blieb nur an schwer zu bewirtschaftenden, wirtschaftlich nicht interessanten Stellen erhalten. Insgesamt pendelte sich langsam ein ökologisch-effektives Gleichgewicht von Wald, Hecken, Feldern und Wiesen ein – die vorindustrielle bäuerliche Kulturlandschaft entstand.

Erst nach dem letzten Krieg beginnt mit der Mechanisierung und Flurbereinigung (wobei dieser Begriff keinen Zweifel an ihren Zielen läßt), die industrielle Landwirtschaft. Ausräumung der Landschaft, verbunden mit einer pestizid-agrarischen Großindustrie sind das Resultat.

Landschaft im Umbruch

Langsam beginnt ein neues Denken, formieren sich neue Bataillone mit dem Ziel einer ökologisch orientierten Landwirtschaft. Sie sind es, und nicht die Landwirte oder die Industriellen unter der Landwirtschaft, die sich so gerne als »Pfleger der Landschaft« bezeichnen. Den Bauern im hergebrachten Sinne, der noch eine enge Beziehung zur Natur und zur Landschaft hat, gibt es kaum noch. Es wird ausschließlich gewinnorientiert produziert und vermarktet. Dabei trägt kein anderer Berufsstand eine so herausragende Verantwortung gegenüber unserer Landschaft, besitzt er doch fast ausschließlich Grund und Boden unseres Landes und damit die Macht über die Landschaft. Alle Ethik ist dahin, geblieben ist der Job. So gesehen sind rein wissenschaftliche Gesichtspunkte und Argumentationen untauglich. Überzeugen hilft da wenig. Was bleibt, ist Widerstand und Kampf. Statt Milliarden – Jahr für Jahr – für Überproduktion, Einlagerung und Verschleuderung von Lebensmitteln zu Billigpreisen oder deren Vernichtung auszugeben, wäre über andere Wege nachzudenken.

Aber es tut sich doch etwas:

Der biologische Landbau nimmt mehr und mehr zu. Besonders in den Randgebieten der großen Städte und Ballungsräume ist diese Wirtschaftsform mit Direktvermarktung im Kommen. Erzeugergemeinschaften mit Direktvermarktung in Stadtrandnähe sind erste Schritte.

Neben einigen Beispielen aus der traditionellen Landschaftsplanung wird im Kapitel zur Expo 2000 in Hannover exemplarisch dieses Thema behandelt (s. Seite 96).

Der landschaftsbezogene Wettbewerb für die Expo 2000 hatte diesen großen Gedanken bei der Ausschreibung gezielt gefordert. Statt dessen entschied sich die Jury wieder einmal für »Gartengestaltung«.

Stellen Sie sich also vor, wir hätten es nicht mehr mit der industriellen Landwirtschaft, dem Reizwort von heute zu tun – stellen Sie sich vor, es gäbe keine Überschußproduktion mit schlechten, ungesunden Erzeugnissen, keine Pestizidanwendung im Großmaßstab, keine Bodenvergiftung und Belastung des Grundwassers.

Stellen Sie sich vor, die Brüsseler Milliarden würden für den Bedürfnissen angemessene Produkte gesunder, biologisch wertvoller Mittel ausgegeben und mit Direktvermarktung frisch und bekömmlich an den Verbraucher geliefert, statt tagelang bei Zwischenhändlern herumzuliegen.

Dies ist das Thema einer neuen, sozialen und schöpfungsverträglichen Landwirtschaft.

Ruderregatta-Anlage München-Schleißheim, 1969 – 1972

Wettbewerb, 1. Preis für Landschaftsplanung

Olympia 1972 – Kleinholland in Oberbayern

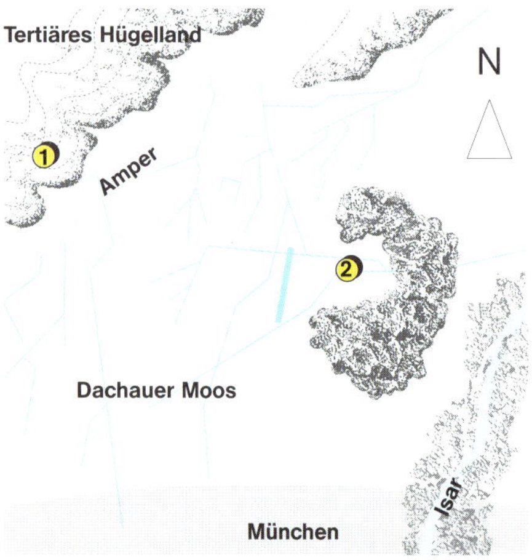

1 *Schloß Dachau* **2** *Schloß Schleißheim*

gestaltete Grünflächen

Für die Planung der Ruderregatta-Anlage fand im Sommer 1969 ein beschränkter Wettbewerb statt. Das Preisgericht tagte im Oktober 1969 und entschied sich für die nun ausgeführte Arbeit.

Das Gelände der Ruderregatta-Anlage Schleißheim liegt im Norden Münchens, nahe dem Schloß Schleißheim, im Dachauer Moos, einer ausgedehnten Moorlandschaft.

Das »Dachauer Moos« war für den Bau einer Ruderregatta-Anlage geradezu prädestiniert. Von den Alpen her zieht in mehreren Schichten ein mächtiger Grundwasserstrom nach Norden, wobei das Grundwasser auch das Stadtgebiet Münchens unterwandert. Es wird von einer wasserundurchlässigen Schicht, dem sogenannten Flinz, getragen. Im Dachauer Moos tritt diese Flinzschicht nach oben, wobei das nach Norden fließende Grundwasser an die Oberfläche gedrückt wird. Dieser Tatsache ist die Entstehung des Dachauer Mooses – einem Quellmoor – zu verdanken.

Das Gelände im Bereich der Ruderregatta-Anlage München-Schleißheim ist noch stark von der Landschaft bestimmt. Landschaftliche und landwirtschaftliche Strukturen herrschen eindeutig vor.

Die grundsätzliche Frage war daher, ob sich die geplanten Anlagen in die Landschaft einfügen und unterordnen mußten, oder ob sie zur gestalterischen und baulichen Dominanz gebracht werden sollten. Die Planer haben sich für die erste Auffassung entschieden.

Der Wettbewerb stellte die Aufgabe, ein geometrisches Ruderregatta-Becken von ca. 2,5 km Länge und 80 m Breite innerhalb des Moores zu planen. Unsere Arbeit integriert das gewaltige Becken in die lineare Struktur der Landschaft, so daß dieses zum Bestandteil dieser herben, von geradlinigen Elementen bestimmten Landschaftsstruktur wird. Landschaftsgerechte Gehölzpflanzungen binden dann die große Tribüne und die zahlreichen Parkplätze ein. Dieses Planungskonzept und die ausschließliche Verwendung von Holz waren die Charakteristika des Entwurfes, was das Preisgericht erkannt hat. Es waren die wesentlichen Kriterien seiner Urteilsfindung. Die Beschränkung der Mittel und der Verzicht auf gestalterische Effekte hat von Planern und Preisrichtern gleichermaßen Mut gefordert.

Kulturgeschichte des Dachauer Mooses

Die Bayern gebrauchen für den Begriff Moor das schönere Wort Moos. Das Dachauer Moos liegt im Städtedreieck München-Schleißheim-Dachau. Wenngleich die kulturellen Einrichtungen in München dominieren, so haben auch die beiden kleineren Städte mit bedeutenden und spezifischen kulturellen Einrichtungen aufzuwarten, so Schleißheim mit der barocken Anlage des Schlosses. Dachau, durch sein auf den Höhen erbautes Schloß die Ebene des Mooses beherrschend, gilt als Inbegriff urwüchsigen, bayrischen Bauerntums, bekannt auch durch Ludwid Thoma, der dieses Bauernmilieu ebenso liebevoll wie deftig beschreibt.

Im 17. Jahrhundert ließ der bayrische Kurfürst Max Emanuel das Moos nach Vorstellungen, die er in Holland gewonnen hatte, entwässern und für die Zwecke der Schloßanlage nutzen. Damit hat er auch dem Dachauer Moos seinen Stempel aufgedrückt. Die Wasseranlagen des Schlosses benötigen als großes Wasserreservoir das benachbarte Moos. Max Emanuel hatte sich Spezialisten aus Holland, die Erfahrungen aus ihrer Heimat mitbrachten, für diese Anlagen geholt. Geradlinige Entwässerungsgräben, Kanäle, Hecken und gerade Baumreihen verwandelten das Moor in einen linearen Landschaftstyp besonderer Prägung – ein Stück »Kleinholland« in Oberbayern.

Borner See, 1970 – 1972

Wiederherstellung eines verlandeten Sees. Refugium für Tier- und Pflanzenwelt und für extensive Erholung

Der 8,5 ha große Borner See, der im »Naturpark Schwalm-Nette« an der holländischen Grenze liegt, war im Laufe der Jahre verlandet. Er entstand im letzten Jahrhundert durch Austorfung. Als Schutz vor Überschwemmungen in den angrenzenden Gemeinden Brüggen und Schwalmtal forderte der Regierungspräsident die Wiederherstellung des Borner Sees als Hochwasser-Regenrückhaltebecken.

Für die Wiederherstellung des Borner Sees mußten 165.000 m³ Boden abgesaugt und über eine Strecke von 1 km weggepumpt werden. Als Schlammlagerplätze fungierten landwirtschaftliche Ackerflächen, die später aufgeforstet wurden. Bei diesem Bauvorhaben galt es, Eingriffe in die Pflanzen- und Tierwelt weitgehend zu vermeiden.

Aufgabe der Planung war es, die Anlage des Borner Sees mit der Naturparkplanung in Einklang zu bringen, wobei sich der See so harmonisch wie möglich in das Landschaftsbild einfügen sollte. Das Planungsziel lautete mithin: Erstellung eines naturnahen Sees, der weitgehend der Natur vorbehalten sein soll. Einen großen Flächenanteil des Ufers nehmen Röhrichtgesellschaften, überwiegend in Form von Schilf ein, die erhalten und ausgeweitet wurden.

Die stillen Bruchgebiete, Sumpfniederungen und der angrenzende Waldgürtel üben durch ihre einsame Lage und idyllischen Charakter einen hohen Reiz auf den Besucher aus. Auch die zahlreichen Entwässerungsgräben, Naßwiesen, Schilfzonen und Ödlandparzellen vermitteln den Eindruck einer urwüchsigen Landschaft.

Am Borner See kann der Wanderer von einem abwechslungsreich geführten Rundweg aus nur an einigen wenigen Stellen unmittelbar an den See treten und abseits der betriebsamen Erholungsschwerpunkte im Naturpark die beschauliche Ungestörtheit des Sees und der Landschaft genießen.

Tierwelt

Eine artenreiche Vogel- und Wassertierwelt soll am Borner See heimisch werden und in den Röhrichtzonen ansprechenden Lebensraum finden. Seichte Wasserbereiche, vor allem südlich der stark eingeschilften Inseln, sind als Fischlaichzonen gedacht. Sie sind durch die geschützte und strömungsruhige Lage dazu geeignet. Bei Verbesserungen der Wasserqualität ist das Gewässer geeignet für Fischarten wie Schleien, Karpfen, Hechte und Weißfische (Rotaugen, Rotfedern, Bresen).

Form des Sees

Zwei Gesichtspunkte bestimmen die Gestaltungskonzeption der Seeform: Zum einen die Suche nach einer Form, die von der Natur geschaffen sein könnte.

Die Natürlichkeit der Form wird gestalterisch in der Aufnahme der abgegrenzten Bodeneinheiten des Brüggener Schwalmraumes gesehen. In ihrer fließenden Linien-

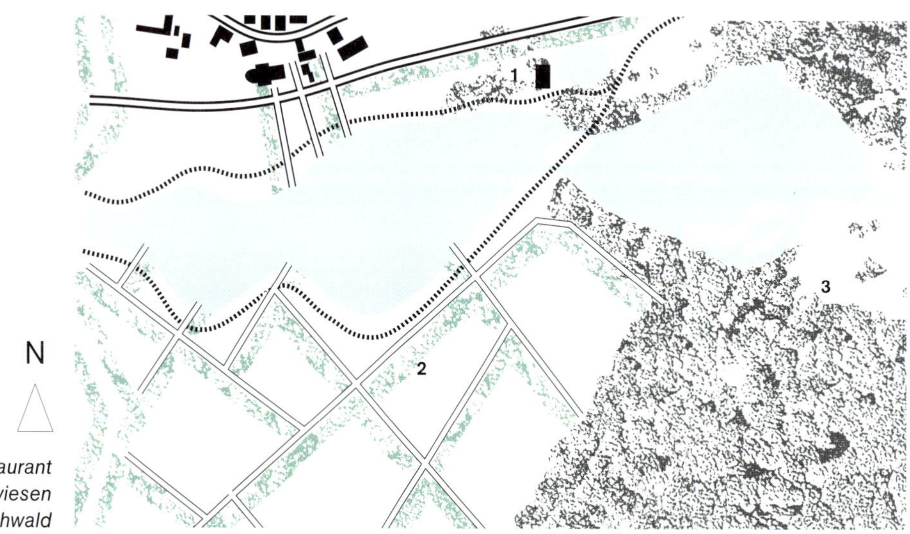

1 *Restaurant*
2 *Feuchtwiesen*
3 *Bruchwald*

führung spiegelt sich deutlich die geologische Entstehung aus fluviatilen Ablagerungen und Windauswehungen. Die unterschiedlich gebildeten Böden geben das suchende Spiel der Wasserläufe und die streuenden Bewegungen des Windes wieder. Die Flächen zeigen spannende Raumabfolgen im Wechsel von kurz-lang, eng-weit, groß-klein. In Lage und Formenverlauf passen sie sich der geologischen Struktur an.

Zum anderen die Suche nach einer Form, die sich den landwirtschaftlichen Gegebenheiten des Planungsgebietes einfügt.

Die Zuflüsse zum Borner See sind mündungsartig geweitet. Der Uferverlauf ist den Strömungsbewegungen angepaßt. Analog ist der Abfluß schlundartig verengt. Die formale Gestaltung des Sees sieht vielfältige Ausbuchtungen vor: ein Vorbecken mit zwei großen Vogelinseln und den Hauptsee mit Auslaufbecken und kleiner Insel.

Freizeitzentrum Kemnadersee Bochum-Witten-Herbede 1979 – 1982

Wettbewerb, 1. Preis

Mit der Landschaft arbeiten. Täler, Hänge, bäuerliche Strukturen, Universität, ein See, ein Hafen: In der Landschaft Freizeit erleben, das Ursprüngliche der Landschaft bewahren

Anfang der 60er Jahre bildete sich im Zusammenhang mit der Planung der Ruhruniversität-Bochum ein Verband, bestehend aus dem Land Nordrhein-Westfalen und den Städten Bochum, Witten und Herbede mit dem Ziel, den Ruhrstausee Kemnade zu planen und auszubauen. Der See ist als Erholungsschwerpunkt für die Bevölkerung des östlichen Ruhrgebietes und die Studenten der Ruhruniversität Bochum konzipiert.

1965 wurde vom Land Nordrhein-Westfalen ein Ideenwettbewerb für die Landschaftsgestaltung des »Bochumer Stausees einschließlich des Geländes der Ruhruniversität« ausgeschrieben. Den ersten Preis erhielt die Arbeit der Landschaftsarchitekten Rosemarie und Georg Penker aus Neuss und den Architekten Bähr-Gansfort, Düsseldorf. Das behutsame Umgehen mit der Landschaft und die Konzentration der Freizeiteinrichtungen auf einige wenige Schwerpunkte (um die Landschaft zu entlasten), sind die entscheidensten Planungsziele, die den 1. Preis brachten. Die Landschaft hat ihren Charme und ihre gewachsene Struktur behalten.

Wegen der regionalen Bedeutung für die Ruhrgebietsbevölkerung wurde das Vorhaben in das Entwicklungsprogramm Ruhr 1968-1973 und später in das Nordrhein-Westfalen-Programm 1975 aufgenommen.

Unter Federführung des Siedlungsverbandes Ruhrkohlenbezirk (SVR) und unter maßgeblicher und engagierter Mitwirkung des Ruhrtalsperrenvereins wurde das Projekt erarbeitet.

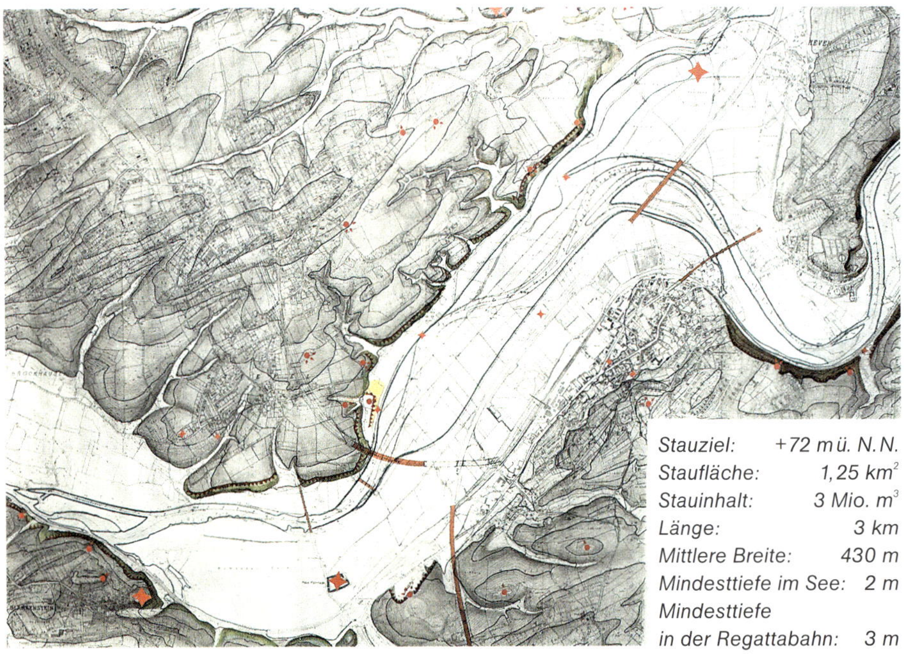

Stauziel: +72 m ü. N.N.
Staufläche: 1,25 km^2
Stauinhalt: 3 Mio. m^3
Länge: 3 km
Mittlere Breite: 430 m
Mindesttiefe im See: 2 m
Mindesttiefe in der Regattabahn: 3 m

Die vorgefundene Situation

Das Wettbewerbsgebiet umfaßt ca. 1800 ha. Das Ruhrtal bildet mit bewaldeten Steilhängen und zahlreichen seitlichen engen Kerbtälern die signifikante Leitlinie der Landschaft. Durchsetzt war diese vielgestaltige, bäuerliche Kultur- und Naturlandschaft mit Industriebetrieben und Relikten aus dem Kohleabbau.

Die Bevölkerung des von der Industrie geformten Ruhrgebietes verlangt als Ausgleich eine naturnahe und freie Landschaft, die um so größeren Erholungswert hat, je mehr Ruhe sie ausstrahlt, wobei der gestaltende Einfluß des Menschen zurücktreten sollte.

Das Ziel bestand also darin, die Landschaft für die Erholungsmöglichkeiten zu aktivieren und Universität und See landschaftlich einzubinden und in Beziehung zu setzen.

Kernstück dieser Verbindung ist eine Marina, ein großer Segelhafen im Schnittpunkt der drei bestimmenden Täler von Ruhr, Lottental und Ölbach. Einen besonderen Akzent als Blickfang setzt am Ende des Sees die Burg Kemnade.

Zur Seeplanung

Der Kemnader See mit einer Länge von ca. 3 km, einer mittleren Breite von ca. 430 m, einer Mindesttiefe von 2 m und einem Stauinhalt von 3 Millionen m^3 ist einer der großen Seen des Ruhrgebiets, vergleichbar mit dem Harkort- und dem Hengstey-See.

Der See besitzt Altarme und Halbinseln zur besseren landschaftlichen Einbindung. Alle Erholungsschwerpunkte sind verkehrstechnisch über vorgelagerte Parkplätze direkt erreichbar sowie untereinander und mit dem See durch einen Rundwander- bzw. Radweg und Schiffsverkehr verbunden. Um eine Vielfalt an Erlebnismöglichkeiten zu erzielen, sind die Rundwege als Seeuferweg und als Ruhrhöhenweg geplant. Die Ortslagen erhalten Wegeverbindungen und Anbindung an den öffentlichen Nahverkehr.

Dieses Projekt war eine der ersten großräumigen Landschaftsplanungen und Gestaltungen, die aufgrund ihrer Dimension heute kaum mehr realisierbar sind.

Radwanderweg am Fuße des Lärmschutzwaldes zur Autobahn

Bereits eingewachsener Altarm

Veröffentlichungen von Georg Penker

(Auswahl)

Freizeit in der Landschaft

Gewöhnlich verstehen wir unter dem Begriff »Landschaft«, in der Freizeit stattfindet, unsere heimischen, mitteleuropäischen Landschaften und implizieren damit ganz selbstverständlich diese als die Objekte unserer Freizeitaktivitäten. Mit der allgemeinen Industrialisierung des Massentourismus können wir jedoch nicht mehr umhin, das Problem globaler zu sehen. Wir verlegen die Problematik der »Freizeit in der Landschaft« in andere Länder und Erdteile.

Im Anfang mußte sich der Mensch gegen die Naturgewalten behaupten und gegen sie kämpfen. Heute stellt sich das Problem umgekehrt. Wir müssen alles daran setzen, gegen die übermächtige Technik, die unsere Freizeit erst ermöglicht hat, die Reste der Natur zu schützen und für den Menschen zu erhalten. Erholung wird heute als Grundbedürfnis, als Daseinsfunktion, verstanden. Mit der fortschreitenden leistungsorientierten Erwerbstätigkeit und dem Anwachsen der Bevölkerung hat das Erholungsbedürfnis für jeden zugenommen. Dabei ist das Vorhandensein ausreichender Naherholungsgebiete bedeutsamer als der außerhalb der Wohn- und Arbeitsgemeinden verbrachte Jahresurlaub.

Das Ziel der Erholungssuchenden sind Wasserflächen, Wald, Park, Wiesen, landschaftlich reizvolle Gebiete, aber auch Grünflächen mit Sportanlagen. Diese Gebiete dürfen in nicht zu großer Entfernung von den Wohngebieten liegen (Feierabend, Wochenenden). Die Natur wird zum Gegenpol der Stadt, zum intensiven und sicher auch unruhigen städtischen Leben und Erleben.

Wer nicht zu Hause oder in unmittelbarer Umgebung der Wohnung die Freizeit verbringt, strebt zumeist an den Rand der Städte, in die Erholungsgebiete und aufs Land. Nur 4% der Befragten einer soziologischen Studie geben an, ihre Freizeit in den Innenstädten zu verbringen. »Hinaus aus grauer Städte Mauern« lautet die Devise. Wir wohnen am Stadtrand, und wenn wir abends oder am Wochenende für eine oder mehrere Stunden dort wandern, erleben wir Erstaunliches. Die Spezies Mensch, die sich dort fortbewegt, fährt Auto, Motorrad, Fahrrad – man reitet, surft, segelt, zumeist aber wird gejoggt. Einem Fußgänger zu begegnen, und dies ist keineswegs übertrieben, ist hier die seltene Ausnahme. Die ebenso interessierten wie mitleidigen Blicke der uns dort Begegnenden lassen erahnen, daß wir wohl als eine Art Dinosaurier der Fortbewegung in der vorwärtsstürmenden Menschheitsrevolution eingestuft werden.

Diesen begrenzten Ausblick der Freizeit wollen wir erweitern auf die umfassenden Tätigkeiten der Freizeitmenschen in der Landschaft. Auch der Freizeitmensch macht sich die Errungenschaften von Wissenschaft und Technik zunutze. Und was tut der Mensch also in seiner Freizeitlandschaft? Zunächst einmal bewegt er sich – auf alle Fälle! Es scheint, als wäre der Begriff Freizeit mit rastloser Tätigkeit verbunden. Wir erleben den modernen Freizeitmenschen fliegend, schwimmend, radelnd, segelnd – zu Lande, auf oder unter der Erde, in der Luft, unter und auf dem Wasser.

Und aus globaler Sicht? Alle Jahre wieder... beginnt mit dem Urlaub die große Wanderung in alle Länder und Erdteile. Das Problem dieser gigantischen Völkerwanderungs- und Umweltverschmutzungsaktion des Freizeitmenschen wird dabei nur von den reichen Ländern in die vorwiegend ärmeren, aber mit schönen Landschaften gesegneten Länder und Erdteile verlagert. Es sind die besonders ökologisch empfindlichen Teile unserer Erde, über die wir herfallen und die wir mit unserem Aktionismus vielfach, jedenfalls langfristig zerstören. Die Ergebnisse dieser Freizeitorgien liegen vor: Die Sonnenküsten des Mittelmeeres sind hoffnungslos verbaut, das Problem unserer Ostsee mit ihren Freizeitburgen ist bekannt. Die Alpenregion – wir wissen es – ist freizeitkaputt. Wir erreichen Zwei- und Dreitausender mühelos mit der Seilbahn. Wir sehen die Damen beim Betrachten der Bergwelt mit Krokotasche und Pfennigabsätzen.

Aus der Unschuld des ersten Freizeitabenteuertums der vorigen Jahrhunderte sind wir herausgewachsen. Wir müssen lernen, die Landschaft und die Natur nicht als Konsumgut zu begreifen und zu nutzen, sondern - wie wir inzwischen wissen - als unvermehrbares, einmaliges und leider auch zerstörbares Gut. Ein Patentrezept zur Lösung dieser Aufgabe gibt es nicht. Es existieren aber bedenkenswerte Lösungsansätze:

Die Stadt als Freizeitort. Wollen wir die Landschaft entlasten, muß die Stadt wieder interessant werden mit ihren Freizeitangeboten und Aktivitäten und ihrer Lebensqualität.

Natur lernen. Die Misere unserer heutigen Land- und Forstwirtschaft bietet einen geeigneten Ansatzpunkt, den Städtern Landschaft nicht nur als Konsumware anzubieten, sondern dieses Wunder »Natur« begreifbar zu machen durch aktive Mitarbeit bei der Regenerierung der von der Landwirtschaft freigestellten Flächen.

Der Homo Kontemplativus. Wir, da wir noch in der Entwicklungsstufe des Homo faber befangen sind, können in den Verhaltensformen unserer Jugend erahnen, daß seine Visionen sich in Wirklichkeit zu verwandeln vermögen. Der geistvolle Oscar Wilde läßt Gilbert zu Ernest sprechen: »Ja, Ernest: das kontemplative Leben, das Leben, dessen Ziel nicht im Tun liegt, sondern im Sein, und nicht nur im Sein, sondern auch im Werden - das ist es, was uns der kritische Geist geben kann.« Was nach Wilde für den Höchstkultivierten gilt, ist für das Volk der Homo Tunix.

Das Faultier ist für uns eine Provokation. Es verstößt gegen die ganze Philosophie des von blindem Aktionismus geprägten Menschen unserer Zeit. Nebenbei: Faultiere bevölkern unseren Planeten seit etwa 60 Millionen Jahren. Unsere Species hingegen gibt es seit rund 300.000 Jahren, und es darf bezweifelt werden, ob wir es auch nur annähernd auf solche Dimensionen bringen werden. Eine Vorteilfunktion ist somit durchaus gegeben.

in: a. w. architektur + wettbewerbe 127/86, S. 1

Leitbilder der Landschaft

Die Wurzeln unserer heutigen Leitbilder reichen tief in die Vergangenheit zurück. Nur aus der Reflexion ihrer Geschichte können wir unseren eigenen Standort ausmachen und auch die Perspektiven für die Zukunft gewinnen.

Alexander von Humboldt war der erste, der sein Leitbild – letztlich ein Weltbild – auf eine wissenschaftliche Grundlage stellte. Er verstand es, sowohl die Gesetzmäßigkeiten der Natur als auch deren Erscheinungen in der Landschaft in einer unvergleich bildhaften Weise zum Ausdruck zu bringen. Humboldt hatte sich nie auf die engere Bedeutung des Wortes Geographie verstanden, sondern sein Ideal schloß den Menschen mit ein. Sein neues Leitwort ist »das Ganze«. Er spricht von der Erde und schildert Landschaften wie Bilder.

Das Wort »Landschaft« und nicht der Freiraum verbindet sich bei uns mit Bildern von Landschaften. Wir verbinden mit der Landschaft Griechenlands die Welt und Kultur der Hellenen oder mit den Landschaften Italiens die Geschichte Roms. Alle Planungen in der freien Landschaft und auch im bebauten Bereich (Stadt) werden deshalb in Anlehnung an Humboldtsche Vorstellungen als Landschaftsplanung schlechthin definiert. Der Unterschiedlichkeit und Komplexität der Aufgaben wegen sei eine vereinfachende Unterscheidung des Leitbildes in Landschaft als »freie Landschaft« und Stadt als »bebaute Landschaft« erlaubt.

Historische Leitbilder. Die idealtypischen Landschaften als Leitbilder der historischen Epochen und Zeitalter waren immer Ausdruck der gesellschaftspolitischen und wirtschaftlichen Verhältnisse. Aus den vorhistorischen Landschaften entstammen unsere Mythen. In der Antike waren die Landschaften oftmals religiös überhöht durch Heiligtümer, Tempel – heilige Orte. Kein politisches System jedoch vermochte es mehr als der Absolutismus, seine politischen Machtstrukturen derart konsequent der Landschaft aufzudrücken und in der Parkform umzusetzen. Eine solch zwingende und stringente Umsetzung einer politischen Idee in den Park und letztlich in die Landschaft ist seither nie mehr erreicht worden. Rousseau schaffte die geistigen Voraussetzungen für die nachfolgende Revolution, und diesem Befreiungsakt aus der Herrschaft des Adels folgte auch die Befreiung der Natur aus ihrer totalen Unterordnung unter eine Staatsidee.

Parks und Gärten als »außerökonomische Nutzung« der Landschaft waren immer der gesteigerte Ausdruck gesellschaftlicher und kultureller Strömungen, die ökonomisch genutzte Landschaft dagegen Ausdruck der Leistungsfähigkeit. Erst die technische Entwicklung der jüngsten Zeit erlaubt es, die von der Natur vorgegebenen Grenzen der Bewirtschaftung zu überspringen und die Landschaft in einem Maße zu verändern und auszubeuten, die bisher beispiellos ist. Eingeleitet wurde diese Entwicklung durch die industrielle Revolution und den damit einsetzenden Kapitalismus. Die Leitbilder wurden auf der sozialen Seite durch aufkommende neue Strömungen bestimmt – so die Ideen des utopischen Sozialismus durch Charles Fourier und Robert Owen, den Gartenstadtbewegungen, den Volksparks, den Ideen eines Dr. Schreber oder Leberecht Migge, um einige Beispiele zu nennen. Auf der ökologischen Seite war es die Anthroposophie Rudolf Steiners und der früh sich artikulierende Naturschutz bis zu den Alternativbewegungen von heute. Es waren Gegenströmungen zur beginnenden Ausbeutung des Menschen und der Landschaft durch die Etablierung des kapitalistischen Gesellschaftssystems. Dabei mag gleichgültig sein, ob es sich um den Privatkapitalismus des Westens oder den Staatskapitalismus des Ostens handelt.

Den höchsten Grad dieser maßlosen und hypertrophen Ausbeutung erleben wir in der spätkapitalistischen Phase von heute. Wir erleben sie in der landwirtschaftlich-industriellen Benutzung der Landschaft ebenso eindringlich wie in den Wucherungen und Zerstörungen unserer Städte und »Stadtbilder«. Diese negative Entwicklung wird so lange anhalten, wie sich unser Bewußtsein und die Gesellschaft nicht wandeln. Alle Versuche, dies durch Landschaftsprogramme, Landschaftspläne, oder was auch immer zu ändern, sind nur Verbesserungen am Detail, Schönung und Makulatur. Am »Bild« der Landschaft werden sie nichts wesentliches ändern, solange ausschließlich ökonomisches Denken und Wachstumsfetischismus unser Denken bestimmen. Heidegger klagt: »Der Mensch betrachtet die Natur als riesiges Lagerhaus, aus dem er sich hemmungslos bedient.«

Leitbilder einer demokratisch bestimmten Gesellschaft müssen, wenn sie innovative Wirkung haben sollen, von den Bürgern getragen werden. Was die Menschen heute wie nie zuvor bewegt, ist die Sorge um die Erhaltung der Natur, die Liebe und Neuentdeckung der Natur, aber auch die Angst vor dem Verlust. Es ist der Respekt vor der Schöpfung, der immer mehr in das Bewußtsein drängt. Diese neue Sicht ist das Gegenbild zum kapitalistisch geprägten Leitbild von heute mit der extremen Ausbeutung der Landschaft und der Zerstörung unserer Stadtbilder. Das ist der Ansatzpunkt für ein neues Leitbild.

»Leid«-Bilder – heute. Der heute einsetzenden, mehr emotional bestimmten Gegenbewegung entspricht auf der wissenschaftlichen Seite die geradezu euphorische Entwicklung der Landschaftsökologie als Wissenschaft. Hier haben die Landschaftsplaner Pionierarbeit geleistet. Die Ökologie ersetzt heute den Verlust an jahrhundertelanger Erfahrung, wie sie in der bäuerlichen Kulturlandschaft verlorenging. Aus der Verbindung dieser alten Erfahrung mit dem jeweiligen Stand der Technik entwickelte sich im Mittelalter eine einmalige und glückliche Symbiose von Natur und Landwirtschaft, die ich als ökologische Hochleistungslandschaft bezeichnen möchte. Wahrscheinlich gab es vorher und im Nachhinein kein ähnliches Ergebnis mit einer so hohen Effizienz. Mit diesem außerordentlichen Reichtum und einer großen Artenvielfalt an Pflanzen und Tieren verband sich ein Bild der Landschaft, wie wir es heute kaum noch kennen und dem wir nachtrauern. Es entstand im wahrsten Sinne des Wortes eine «Kulturlandschaft«.

Diesem Leitbild steht heute das Bild einer übernutzten Agrarlandschaft und das der »Freizeitlandschaft« gegenüber. Auf der Seite des Gartenbaus finden sich als Äquivalent die Parks der Bundesgartenschauen, die sich zwar naturfreundlich geben (Grün ist Leben), in Wirklichkeit aber mit äußerstem Raffinement die Natur- und Grünbegeisterung der Menschen vermarkten und dies geschickt hinter naturfreundlichem Gehabe verstecken. Wie anders kämen denn Stadtväter auf die Idee, Gartenschauen zu veranstalten, wo sie doch für den Bürger effizientere Parks für ein Drittel oder weniger des aufgebrachten Geldes haben könnten. Gartenschauen solchen finanziellen Ausmaßes wären – wenn überhaupt – nur dann zu vertreten, wenn sie durch progressive Konzepte dem Bürger neue Ziele vermitteln und innovative Schübe auslösen würden.

Am Beispiel IGA München: Was hat zum Beispiel ein – mit nicht zu vertretendem Aufwand – in die IGA verpflanztes Moor in einer Stadt zu suchen, wo doch jeder Halbfachmann weiß, daß dies nicht funktionieren kann? Wasser wird dort mit enormem Aufwand an Energie zu Pseudoquellen hochgepumpt, um künstliche Bachläufe zu speisen. Ein völlig falsch verstandener Naturschutz und Ausdruck von Hilflosigkeit und Hohlheit gegenüber den tatsächlichen Aufgaben und Problemen. Parks und Gartenschauen dieser Art gehören in die Mottenkiste der Landschaftsplanung.

Modeerscheinungen, wie sie die Postmoderne liefert, sind wiederum Versuche, der Landschaft den Willen und den Stempel des Menschen nur zu deutlich aufzudrücken, und sei es nur in Form von Denkmälern – als ob es von solchen Denk-»Malen« in der Landschaft und in

unseren Städten nicht schon ausreichend gäbe.
Am Beispiel Freizeitlandschaft: Im Jahr 1986 wurde zur zweihundertjährigen Wiederkehr der »Erstbezwingung« des Montblanc ein Festival gefeiert, wie es »die Alpen noch nicht gesehen haben«. Allein der wiederholte Gebrauch des Wortes »bezwingen« ist für diese Art der Natursicht entlarvend. Diese Art Tourismus nimmt der Bergwelt und Bergeinsamkeit die Würde und es ist die Frage, wann auch die letzten Wildnisse unserer Erde und deren Geheimnisse durch den Tourismus zur Alltäglichkeit und Banalität herabgewürdigt werden.

Unser Leitbild der Landschaftsplanung

Das moderne Leitbild der Landschaftsplanung begründet sich auf vier Ebenen:
1. als Grundlage der Planung auf der Ebene der wissenschaftlichen Landschaftsökologie,
2. als Inhalt der Planung auf der Ebene der gesellschaftlichen Bedürfnisse und Zielsetzungen,
3. als Form auf der Ebene der Gestaltung, die die wissenschaftlichen Grundlagen und die gesellschaftlichen Inhalte zum Ausdruck bringen muß,
4. auf der Ebene der (wilden) Natur als Gegenwelt zur Zivilisation.

Zu 1. Grundlagen der Planung:
Wohl als Reaktion auf die rapide zunehmende Zerstörung unserer natürlichen und zivilisatorischen Umwelt setzte in den Nachkriegsjahren eine vehemente Entwicklung der Landschaftsökologie als Wissenschaft ein. Sie ist heute die einzige Möglichkeit, Planung auf sicherem Boden der Wissenschaft zu betreiben. Humboldt erkannte sehr früh, daß der Mensch auf die Natur nicht einwirken, und sich keine ihrer Kräfte aneignen könne, wenn er die Naturgesetze nach Maß und Zahl nicht kenne. Allerdings kann die Ökologie nur die Grundlage von Planungen und Leitbildern sein und nicht das Ergebnis – was heute vielfach verwechselt wird. Auch ist die Tendenz nicht zu übersehen, wissenschaftliche Ergebnisse so darzustellen, daß sie nicht mehr verständlich sind und schon Goethe spöttelt: »Die Deutschen besitzen die Gabe, die Wissenschaft unzugänglich zu machen«. Ökologie ist Wissenschaft, nicht Planung. Die ökologischen Strukturen bedürfen der Umsetzung der Ideen in Landschaften. Alles, was wir in der Landschaft tun oder lassen, ist Planung. Wir müssen diese Strukturen in die Sprache unserer geistig kulturellen Vorstellungen und Visionen übersetzen.

Zu 2. Inhalt der Planung:
Landschaft: Auf der Grundlage der wissenschaftlichen Ökologie in Verbindung mit den Zielsetzungen und Bedürfnissen der Gesellschaft leiten sich die Inhalte des modernen Leitbildes ab. In der konkreten heutigen Situation heißt die Forderung, daß anstelle der durch industrielle Landwirtschaft oder Freizeit übernutzten Landschaft moderne technische Methoden mit ökologisch fundierten Aussagen und gesellschaftlichen Zielsetzungen in einen harmonischen Ausgleich treten müssen. Die Misere unserer heutigen Landwirtschaft könnte eine erste Chance sein, das »Bild« unserer Landschaft neu zu formen.

Natur als Partner:
Stadt: Die modernen Leitbilder der Landschaftsplanung sind nicht gewaltige Bundesgartenschauen, die zwar dem Gartenbau, nicht aber dem Bürger nützen. Unsere »wahren« Leitbilder begründen sich vielmehr aus den sozialen Bedürfnissen und Bewegungen, ausgehend von den Utopien der Frühsozialisten bis zu den alternativen Bewegungen von heute. Daraus ergibt sich unmißverständlich und unabweislich die »soziale Bestimmung des Grüns«. Die Nutzformen der städtischen Grünsysteme sind vor allem die Kleingärten und die modernen Bürgerparks als Fortsetzung der Tradition der Volksparks von gestern. Im Vordergrund steht der Schutz der Natur und somit das Wohl des Bürgers. Das Leitbild des neuen Parks muß daher sein:
– der pluralistische Park für alle Alters- und Interessengruppen,
– der evolutive Park, der im modernen Sinne nie fertig sein und sich mit den Bedürfnissen und Ideen der Bürger wandeln wird,
– die offene Parkform, die ein Minimum an Inhalten vorgibt und dem Bürger ein Maximum an Entscheidungsfreiheit beläßt,
– der Park, der Natur als Partner und nicht als Mittel zum Zweck begreift; jeder größere Park sollte sein »Naturreservat« haben, in dem der Mensch die Natur respektiert.
Es ist schließlich der Verzicht des Menschen darauf, das Maß aller Dinge zu sein.
Auf dem Gebiet der Stadtökologie ist es ökologische Vernetzung mit dem Ziel der Erhöhung und Stabilisierung des Artenreichtums von Fauna und Flora und dem Ziel der Verbesserung der Stadthygiene.

Zu 3. Formale Planung:
Die Gestaltung als formaler Ausdruck gesellschaftlicher Ideen:
Ökologische Grundlagen in Verbindung mit den vorgegebenen Inhalten müssen die Bedingungen der Gestaltung sein. Die Machtsymbole von gestern – Isometrie, Achsen, Monumentalität oder geometrische Ordnungsstrukturen gehören nicht mehr zum Repertoire des modernen Landschaftsarchitekten. Notwendig ist die Demut vor der Natur und dem Menschen. Ganz allgemein entspricht eine heitere, spielerische und menschenfreundliche, in der Regel wohl auch naturfrohe Formensprache dem Lebensgefühl der Bürger. Wir wünschen uns heute Gärten der Heiterkeit, welche die Sinne und Seele lösen. So muß über das Prinzip des Rationalen hinaus, das wir für die Grundlagen und die Inhalte einer Planung oder eines Leitbildes fordern, die Gestaltung aber auch die Aura eines Geheimnisses als Prinzip des Schöpferischen bewahren. Aus den Leidbildern von heute, werden dann die Leitbilder für morgen.

Zu 4. Natur als Gegenwelt:
Es ist sicher richtig, daß wir aus der Natur kommen – aber mit der Erkenntnis und Vertreibung aus dem Paradies und dem daraus folgenden Bewußtsein unserer selbst waren die Mächte der Natur dem Menschen feindlich, fremd und wild. Die Natur war das Chaos. Alle Tätigkeit des Menschen war von Anfang an darauf gerichtet zu ordnen, Vertrautheit zu schaffen, was schließlich Sicherheit und Macht bedeutete. Mit den Möglichkeiten der technischen Zivilisation und den Erklärungen der Naturphänomene durch die Wissenschaft hat die Natur viel von ihrem Bedrohlichen verloren. Wir haben die Erde »zivilisiert« und »in den Griff« bekommen. In der ganzen Geschichte der Evolution gab es kein Lebewesen, das sich die Natur so radikal unterordnete – und sie schließlich ausbeutete – wie der Mensch. Wenn sich früher der Mensch gegen die Gewalt der Natur behaupten mußte, so müssen wir heute alles tun, um die Reste der Natur vor unserem eigenen Machtanspruch und unserem immer weiter perfektionierten Ordnungssystem zu bewahren. Die Geschichte beweist: Der Mensch ist nicht fähig, eine Ordnung aufzugeben. Er kann nur eine Ordnung durch eine andere ersetzen. Zwischenphasen sind von kurzer Dauer. Das Geheimnis der Wildnis und des Chaos stehen somit hier gegen die Wissenschaft, die Klarheit der Vernunft gegen das Unbewußte – denn das Chaos ist die Antithese zur Gestaltung und Planung, sie ist das Gegenteil der Ordnung. Wenn wir dies bedenken, werden wir unsere Grenzen gegenüber der Natur erkennen und sie respektieren.
in: Garten und Landschaft, 11/86, S. 23–27

Die Erde zum Erblühen bringen

Die Bäume wachsen nicht in den Himmel. Der Natur sind Grenzen gesetzt. Architekten mögen immer noch größere Dimensionen anstreben, unsere Bäume wachsen nach ihren eigenen Gesetzen – und das ist gut so.
Es war von jeher die Art des Gärtners, die Erde zu schützen, zu reparieren und zu heilen. Die Art des Gartenkünstlers war es, das Bild des Menschen, sein Verständnis vom Kosmos, seine ihm innenwohnenden Ideen und Sehnsüchte in den Garten zu projizieren. Aus diesem Selbstverständnis sind wir die Antipoden des Prometheusschen Typus der Menschheit, der unentwegt auf unserer Erde sein Zerstörungswerk unter der Fahne des Fortschritts fortsetzt. Das Wirken des Gärtners ist sanfter und der Erde verbunden. So sind wir im besten Sinne konservativ und progressiv zugleich, Gärtner und Gartenkünstler – die Aufgaben beider verschmelzen in engem Wirken. So wird es auch in Zukunft bleiben. Das Beste, was uns gelingen kann – allem zum Trotz –, ist es, Orte der Kontemplation, des Wohlbefindens, besser gesagt, kleine und große Paradiese zu schaffen.
Prophetien sind meine Sache nicht. Vorhersagen, Prognosen und Szenarien sind immer spekulativ. Nicht nur die Geschichte lehrt uns, daß Skepsis gegenüber Prognosen angebracht ist. Mir jedenfalls scheinen Utopien und Visionen realer und sinnvoller, sie sind die Träger unserer Hoffnungen. Ich setze Ziele oder Utopien an die Stelle der Spekulation.
Rücksichten und Aussichten. Rückblicke in die Vergangenheit geben uns eine gesicherte Plattform, von der aus wir Gedankenexpeditionen wagen können. Sehen wir uns die großen Gartentheoretiker, die die Wege der Gartenkunst vorgezeichnet haben, genauer an. (Vergleiche Clemens Alexander Wimmer: »Geschichte der Gartentheorie«) Das Ergebnis ist erstaunlich und stimmt nachdenklich. Überraschend ist, daß die Profession keinen einzigen bedeutenden Theoretiker der Gartenkunst her-

vorgebracht hat. Meist waren es Philosophen, deren Theorien die Geschichte der Gartenkunst und die Geschichte schlechthin bewegten, so Albert, Bacon, Rousseau, Hirschfeld, Howard, Wagner. Es sieht so aus, daß wir auf diesem Felde auch weiterhin des Geistes anderer bedürfen. Landschaftsarchitekten haben die Ideen der Philosophen ausformuliert und in die Wirklichkeit umgesetzt. Sie waren immer die Praktiker. Davon machen auch die großen Namen keine Ausnahme. Die Geschichte der Gartentheorie zeigt aber auch, daß die Entwicklung der Gartenkunst immer ein Spiegelbild der gesellschaftlichen Prozesse, der Veränderungen von Wissenschaft und Technik, war. Die Ideen und Theorien dieser Köpfe haben die Gesellschaft bewegt.

Wenn es also Ideen gab, die die Menschen bewegten und das Lebensgefühl der Gesellschaft in Übereinstimmung mit diesen Ideen brachte, die dann schließlich einer neuen Zukunft Bahn brachen, dann können wir darüber sicher schließen, daß die Ökologiebewegung von heute die Entwicklung der Zukunft bestimmen wird. Die Frage könnte heißen: Was hat die Ökologiebewegung mit der Kunst im allgemeinen und der Gartenkunst im besonderen zu tun?

Die Zusammenhänge im gesamten wirtschaftlichen System zwingt diese Bewegung letztlich, sich allen Verhältnissen des Menschen zur Welt grundsätzlich zu stellen.

Trotz der Verschiedenartigkeit von Ökologie und Kunst muß es möglich sein, ein kritisches Verhältnis zueinander zu gewinnen. Die Gartenkunst als Kunstgattung im besonderen wird an der Tatsache dieses neuen Naturverständnisses nicht vorbeikommen.

Es mag viele unterschiedliche Gesellschaftsformen, Kunstrichtungen und Trends geben, in einem aber besteht inzwischen Konsens in der Menschheit – es sind ihre Sorgen und Hoffnungen um die Zukunft dieser Erde.

Aber auch hier kamen die Anstöße von außen. Wir selbst stehen mitten in dieser Bewegung, die viele Väter hat, beginnend mit dem Artenschutz Ende des letzten Jahrhunderts, hochgetragen zu einer echten Volksbewegung von heute – ähnlich wie zu Zeiten Rousseaus, wo jeder, bis zum einfachen Bauern, mit Begeisterung seinen »Emile« las. Es war der Geist der Epoche. Heute ist der Naturgarten im Vormarsch, zumindest ist die ökologisch ausgerichtete Planung nicht mehr aus unserer Zeit wegzudenken. Schon in den 60er Jahren wurde ein »Zurück zur Natur« gefordert, und es entstanden die ersten Naturgärten in Deutschland.

Es sind die existenziellen Ängste und auch die Hoffnungen, die die Menschen veranlassen, die Ökologiebewegung zu tragen. Daraus erwachsen für uns die Aufgaben der Zukunft. Die Schöpfung bewahren und reparieren ist eine Sache. Die andere ist die des (Garten-) Künstlers. Er ist der sensible Vordenker und Seismograph für Kommendes. Die Künstler waren es von jeher, die Entwicklungen vorwegnahmen, das Bild des Menschen in die Kunst projizierten und so das Verständnis von Natur und Kunst auch im Garten manifestierten.

Sollte dies zutreffend sein, dann verheißt der (Still-) Stand der Gartenkunst nichts Gutes. Ich verweise auf die Bundesgartenschauen als Strategie der routinierten Symptombekämpfung, die weder konsequent eine ökologisch orientierte Planung noch einen modernen, künstlerisch anspruchsvollen und zugleich nutzerfreundlichen Park hervorbringen. Statt die Gegensätzlichkeiten und Widersprüche unserer Gesellschaft aufzuzeigen, wird bis zur Identitätslosigkeit harmonisiert und werden alte Repräsentationsformen aufgewärmt. Historie, Gegenwart und zukünftige Projektionen müssen vielmehr zu neuen Strukturen verschmelzen.

Die große Tradition der »Gartenkunst« ist gebrochen – dies ist das Dilemma. Mit dem Aufkommen und Einbringen der ökologischen Wissenschaften in die Schulen und deren Politisierung ist der Bruch, wie es scheint, herbeigeführt worden. Die Gartenkunst wurde mit der Verwissenschaftlichung des Berufsstandes, der Begeisterung über die Ökologiewissenschaft und deren Anwendung auf die Landschaftsplanung hinausgedrängt. Die hinterlassene Lücke konnte bis heute kaum gefüllt werden. Erst langsam beginnt sie sich von dieser Art »Kulturrevolution« – so wichtig sie war – zu erholen. Wenn es auch verständlich sein mag, daß die junge Disziplin der Landschaftsplanung Begeisterung und Engagement hervorriefen, ihre damit einhergehende Überheblichkeit gegenüber dem, was die Aufgabe der Gartenkunst ist, nämlich die geistige Projektion unseres Natur- und Weltverständnisses, ist nicht berechtigt. Hochmut war schon immer mit Dummheit verbunden. Es ist an der Zeit, die Dinge wieder zurechtzurücken. Die Poesie des schöpferischen Künstlers vermag ein empirisch analytisch arbeitender Naturwissenschaftler anscheinend nie ganz zu verstehen. Der aufgeklärte Geist war dem konditionierten Geist schon immer suspekt. Was der Naturwissenschaftler in der Mimikry des »Künstlers« auch an respektablem Intellekt aufzuweisen hat, es ist nicht schöpferisch, auch wenn es korrektiv wirken mag. Ohne den Künstler kann die Zivilisation nur ein kümmerliches Dasein führen. Natürlich steht es außer Zweifel, daß eine ökologisch ausgerichtete Stadt- und Landschaftsreparatur konsequent weiterentwickelt und umgesetzt werden muß. Die Ghettoisierung des Naturschutzes sollte einem umfassenden Umbaukonzept für die Agrarwüsten zu einer neuen, an den Grundsätzen des biologischen Landbaues orientierten Kulturlandschaft weichen. Mit Biotopvernetzungen allein ist es nicht getan.

Aber neben dem Landschaftsschützer brauchen wir wieder den Gartenkünstler – mit seinen kühnen Perspektiven und Projekten für die Zukunft – nicht nur den Landschaftsreparateur.

Paradiese schaffen. Die Utopie vom Garten Eden ist so alt wie die Menschheit selbst. Die Sehnsüchte der Menschheit beginnen mit dem Sündenfall. Der Mensch hat sich ein Bild vom Paradies geschaffen, wir kennen es aus Bildern und aus der Dichtkunst. Immer aber waren es Menschenwerke, das Einbringen der Kultur in die Natur, eine Vorstellung vom Kosmos im Garten. Die Natur selbst bedeutete für den Menschen immer Chaos, Wildnis und Bedrohung. Mit der Ordnung der Welt begannen die Geschichten der Zivilisation.

Defoes »Robinson« ist die Geschichte der Zivilisation und nicht die Geschichte des Paradieses oder des romantischen Abenteuers. Ein einsamer, ängstlicher Mann lebte ausschließlich von den von der Natur gebotenen Rohstoffen, bis »Freitag« kam. Es ist die Geschichte der Zivilisation, in einem Band und einem Menschen zusammengefaßt.

Es gibt kein Zurück mehr zur Natur. So bleibt uns die Aufgabe, den Garten Eden neu zu schaffen; dies ist die ureigenste Aufgabe des Landschaftsarchitekten – besser des »Gartenkünstlers«. Beispielhaft seien genannt: die maurischen Gärten der Alhambra, die Gärten der Villa d'Este, der Park Bomarzo, die Schöpfungen des Barock und des Rokoko – Gärten voller Geheimnisse und Verzauberung.

Es sind aber auch die kleinen Gärten, die Klein- und Schrebergärten, die ihren Besitzern Glück bedeuten. Immer ist in ihnen die Kultur des Menschen aufs Innigste mit der Natur verwoben. Der »Gartenkünstler« ist so der Schöpfer von Lustgärten, von glücklichen Inseln der Meditation. Sie sind das eigentliche Ziel unseres Schaffens, unserer Phantasie und Sehnsüchte. Es ist immer unser Bemühen der Annäherung an diese Utopie. Und: Ideen sollen nicht immer Realität rechtfertigen müssen.

Zukunftsfähig bleiben. Bei Mark Twain findet man den nachdenklichen Satz: »Und als sie die Orientierung verloren, rannten sie immer schneller.« Eine Bemerkung, die den Kunst- und Kulturbetrieb der letzten Jahre und auch der neuen Architekturrichtungen demaskiert und entlarvt. Die gesamte Breite dessen, was heute unter dem Begriff »Kultur« verstanden wird, ist derart schnellen Moden und Trends unterworfen: Junge Wilde, New Age, Neokonstruktivismus, Neofunktionalismus, Postmodernismus, Dekonstruktivimus..., die Moden scheinen sich zu überschlagen. Bloß nicht Atem holen, nachdenken, man könnte da auf Gedanken kommen, die den stromlinienförmigen Zeitgeistidealen nicht entsprechen. Dieses »anything goes« wird auch die Zukunft bestimmen. Unsere Zeit ist aber auch die der Pluralität der Stile. Die Zeiten, in der ein einziger Stil ein Zeitalter prägte, sind für immer vorbei.

Eine Diskussion über Gestaltungsinhalte und -formen ist deshalb wichtiger denn je. Während bei den Architekten ausgiebig und kontrovers diskutiert wird, gelten in unserer Profession Andersdenkende schnell als Nestbeschmutzer. Dem gegenwärtigen Trend zur Kommerzialisierung von Freizeit (zum Beispiel in den exotischen Palmenlandschaften der »Center parks« oder Vergnügungsparks wie »Phantasialand«) muß eine attraktive Alternative gegenübergestellt werden. Vielleicht zeigen die angestrebten Kuturpark-Konzepte für das Ruhrgebiet im Rahmen der IBA-Emscherpark eine interessante Richtung auf.

Nachdenklichkeit und Umsicht sind wieder erforderlich, nicht die immer kurzatmigere Mode der Kulturindustrie. Sten Nadolny schildert in seinem Roman »Die Entdeckung der Langsamkeit« einen Reisenden und Entdecker, dessen ererbte Langsamkeit von der Gesellschaft – der Omnipräsenz der Geschäftigen – als Makel empfunden wird, sich jedoch allmählich als überlegener, qualitativer Vorteil erweist. Weil er nichts überstürzt, erringt er seine Siege. Er beobachtet, sieht und bezieht dann seinen Standort und bestimmt die Richtung. Er, der Umsichtige, ist glaubwürdig, ist Garant humanen Fortschritts.

Die Aufgabe der aktuellen Kunst besteht darin, noch Unausgesprochenes, Unbekanntes einzukreisen und zu reflektieren und damit in das Bewußtsein der Gesellschaft zu bringen. Es ist die Reflexion gesellschaftlicher Zustände in Verbindung mit Visionen für die Zukunft. Langzeitperspektiven und noch mehr Utopien entwickeln sich nicht zuletzt aus der kritischen Haltung zur jeweiligen historischen Situation. Die Kraft der Utopie liegt darin, das Gegebene, Gewohnte, so wenig selbstverständlich zu finden, daß nur seine Veränderung einzuleuchten vermag. Sollte dies die Meßlatte für die Aktualität und Qualität künstlerischer Äußerung sein, würden diese Gedanken wegen ihrer Geheimnisse und Rätsel zur Quelle kreativer Entdeckungen. Kunst von dieser Art ist heute mehr denn je notwendig zur Auseinandersetzung mit der Zukunft. Kunst ist ein aufrührerisches, visionäres Element. Erst eine gewisse Verunsicherung zwingt zum Innehalten und lockert verkrustete Denkstrukturen auf. Letztlich geht es um Glaubwürdigkeit, davon handelte und handelt Kunst immer, auch die des Landschaftsarchitekten. Dazu gehört die ständige Suche nach den verlorenen Inhalten und die Skepsis gegenüber den überlieferten, vertrauten Formen. Und: »Wir leben nur, um Schönheit zu entdecken. Alles andere ist eine Art des Wartens.« *(Khalil Gibran)*

in: Garten und Landschaft, 6/90, S. 76-80

Planen als Prozeß

Planer unterschiedlicher Provenienz offenbaren in dieser Vortragsreihe ihre Konfessionen, öffnen ein Fenster in die Werkstatt ihrer Kreativität und ihrer schöpferischen Phantasie, um damit den Studenten Einblick in ihre Arbeitsweisen zu vermitteln. Mein Interesse gilt besonders der Frage, ob sich aus dem Vergleich der Arbeitsweisen so unterschiedlicher Köpfe allgemeingültige Regeln oder Gesetzmäßigkeiten für die Planung ableiten lassen – Regeln, die allen Planern gemeinsam sind. Ich bin neugierig, ob die Offenbarungen der Referenten Aufschluß über ihre schöpferischen Intuitionen geben – wo die Unterschiede – mehr aber noch, ob gemeinsame Regeln zu erkennen sind und auf welche Weise so unterschiedliche Werke das Licht der Welt erblicken. Es sind vor allem die Grundprinzipien, die (vielleicht) allen Planern die Hand führen.

Der Begriff des Prozesses

Um sich der Sache über die Definition des Begriffs »Prozeß« zu nähern, seien einige Zitate erlaubt: Nach Brockhaus wird der Begriff lexikalisch lapidar und trocken definiert: Generelle Erklärung von Prozeß = »Vorgang, Geschehen, soziale Vorgänge, die in der Regel als Interaktion vor sich gehen und auf einen gegebenen Zustand (Struktur einer Gruppe, Sozialstufe einer Gesellschaft) verändernd einwirken. Wichtige Interaktionsprozesse sind Kooperation, Konkurrenz, Konflikt, Anpassung, Assimilation, Akulturation, Spezialisierung, Differenzierung und soziale Schichtung. In der gesellschaftlichen Wirklichkeit überlagern und überschneiden sich stets soziale Prozesse.« Und weiter: Zusammenhängende, gerichtete psychologische Entwicklungsabläufe, die zu bleibenden Veränderungen führen.

Meiers Lexikon: »Prozessieren heißt aber auch, sich streiten, sich auseinandersetzen über eine Sache.«

Das Problem einer solchen prozessualen Entwicklung liegt nun aber – so scheint es – tiefer, als es normalerweise und im vordergründigen Sinne eines solchen Ablaufes verstanden wird. Der verehrte Ludwig Wittgenstein sagt dies so: »Was wir nicht denken können, das können wir nicht denken, wir können also nicht sagen, was wir nicht denken können.« Dies ist das Dilemma und der Kampf des Planers mit sich selbst. Und doch ist es der immerwährende Versuch, diese Grenze zu überwinden.

Die Erfahrungen meiner planerischen Praxis haben mich gelehrt, daß die prozessualen Vorgänge, wie sie mit der Planung verbunden sind, mit dieser selbst nicht abgeschlossen sind, sondern daß das Bauen, also die Umsetzung der Planung, eine Fortsetzung dieses Prozesses mit »anderen Mitteln« ist. Damit nicht genug – auch nach der Vollendung des Bauwerks sollte der Prozeß nicht abgeschlossen sein. Wünschenswert ist vielmehr eine Offenheit der Planung, die auch nach Fertigstellung des Werks Freiräume für eine »evolutive« Entwicklung beläßt.

Ich habe deshalb das vorgegebene Thema »Entwurf als Prozeß« erweitert auf das »Planen als Prozeß«, ein schwieriges Vorhaben, da Änderungen der Planung während des Bauens immer auch mit Kosten verbunden sind. Die Frage sei aber erlaubt, ob ein derartiges Vorgehen, sofern jedenfalls begründete Einsichten dies rechtfertigen, sich für das Werk und damit auch den Bauherrn, nicht doch auszahlt.

Planungsphilosophie

Um Mißverständnissen von vornherein zu begegnen: Es geht hier nicht um den Vorgang, den wir den eigentlichen Schöpfungsakt nennen. Die Planungsphilosophie sieht in ihren Prinzipien eine Kontinuität der schöpferisch-planerischen Aussage als Grundlage des planerischen Geschehens. So bleibt die fundamentale Forderung gerade in einer Zeit postmoderner Beliebigkeit, zwischen echt und unecht zu unterscheiden.

Der schöpferische Akt der Ideenfindung ist nur ein Teil dieses gesamten Prozesses »Planung«, der »erotische Akt«, aus dem sie hervorgeht. Die übergestülpte Philosophie ist, wenn man so will, der Mutterkuchen, in den die Idee eingebettet ist. Die Idee ist eben das, was das Besondere eines Künstlers, die spezifische Charakteristik seiner Werke ausmacht. Nicht die Beliebigkeit der Ideen, sondern ihr Kontext in der Planungsphilosophie, die die Idee trägt, verhindert, aus dem allgemeinen Nebel der Möglichkeiten nach Zufälligkeiten zu fischen, nach dem Motto: Hier stehe ich, ich kann auch anders. So ist es die Philosophie des Planers, die die Ideen in einen erkennbaren Zusammenhang bringt und die Einheitlichkeit in der Vielfalt der Einzelideen herstellt. Es ist wie mit dem Lebendigen, an dem sich zwei Eigenschaften hervorheben: Mannigfaltigkeit und Einheitlichkeit. Die vielen verschiedenen Arten heute lebender Organismen und die vielen zahllosen ausgestorbenen Arten früherer Epochen zeugen von dieser Mannigfaltigkeit. Weniger auffällig, aber ebenso typisch tür lebende Organismen ist die Einheitlichkeit in grundlegenden Merkmalen. Die grundlegenden Lebensvorgänge aller biologischen Systeme, so komplex sie auch sein mögen, stimmen in ihren Grundzügen überein.

Planungsidee

Eingebettet in die Philosophie ist die »Idee«. Man kann Konzepte und Philosophien lernen, nicht aber Ideen – es ist die schöpferische, an die Einmaligkeit und Originalität der Persönlichkeit gebundene Begabung, die die Einmaligkeit eines Kunstwerks hervorbringt. So sehen viele in der »Idee«, die oft als plötzliche Erleuchtung des so »genialen Schöpfers« verstanden wird, den eigentlichen Schöpfungsakt. Jedoch vom Genieblick zum Geniesturz – eine im Gewande des Geistesblitzes sich aufblasende Banalität – ist nur ein kurzer Weg. Bedeutende Künstler haben dagegen lange an ihren Werken gefeilt. Beethoven hat immer wieder verworfen, nach Jahren seine Werke umgearbeitet, in neue Zusammenhänge gebracht. Mozart dagegen komponierte seine Symphonien oft in wenigen Stunden. Thomas Mann hielt sich penibel an seine Arbeitszeiten am Stehpult, Degas arbeitete verbissen und sperrte seine Modelle tagelang ein. Diese Möglichkeit des freien Erfindens ist die Domäne des »freien« Künstlers. Er hat es leichter, als der an Bindungen und Zwecke gefesselte Architekt. So kann der Maler vor der leeren Leinwand seine Bildgestalt frei erfinden. Wir als die Vertreter der »angewandten Kunst« haben es, zumindest vordergründig, schwerer. Viele Vorgaben und Bindungen erzwingen, so möchte man meinen, geradezu eine gemeinsame oder ähnliche Richtung des Entwurfes – und doch, welche staunenswerte Vielfalt und Unterschiedlichkeit zeigen immer wieder die Ergebnisse von Wettbewerben, selbst bei noch so enger Korsettierung. Oft sind die Vorgaben der Natur oder vielmehr die Summe aller Restriktionen so zwingend, daß man meinen möchte, die logischen Folgerungen müßten bei allen die gleichen sein, oder zumindest ähnliche Ergebnisse zur Folge haben. Doch die so unterschiedlichen Ergebnisse zeugen immer wieder von der Phantasie und Kreativität origineller Köpfe.

Voraussetzung für den schöpferischen Akt ist aber unausweichlich das Unfertige. In sich abgeschlossene Situationen lassen keinen Raum für Kreativität und Auseinandersetzungen. Es gibt nichts mehr zu sagen. Jedes große Kunstwerk ist in einem gewissen Sinne nie fertig oder perfekt. Es gibt seine Geheimnisse nicht preis und so läßt es den verschiedenen Betrachtern die Möglichkeit des Zwiegespräches und der unterschiedlichen Deutung.

Eros als schöpferisches Prinzip

Wenn man das Prinzip des Eros nicht auf die Erotik verkürzt, sondern als schöpferisches, evolutives Prinzip begreift, dann ist jeder Acker, jede ungestaltete Fläche ein potentiell erotisches Feld. Das Ungestaltete ist der fruchtbare Grund, aus dem Gestalter kreative Gedanken schöpfen. Es macht den schöpferischen Akt erst möglich.

Das neue Weltbild der Evolution, wie es uns seit Darwin entgegentritt, hat auch unser Verhältnis vom Planen als kreativem Vorgang grundlegend verändert. Der evolutive Charakter der Natur, ihr offenes, dynamisches Prinzip, das uns die Wissenschaft gelehrt hat, hat sich auch die »Moderne« zu eigen gemacht. So manifestierte es sich in der Musik Stockhausens, in der Malerei des Informel – aber nicht nur in der Kunst – auch in den modernen Informationssystemen. Es ist das Prinzip der modernen Gesellschaft.

Die zwei wichtigsten Gesetze der Evolution besagen, daß sich die lebendige Natur im Laufe der Zeit von einfachen zu komplexeren Gefügen entwickelt hat, und daß es keine Umkehrung oder Rückentwicklung zu den ursprünglichen und einfachen Formen gibt; die Entwicklung ist irreversibel. Das Wesen der Evolution besteht in der Entwicklung zur Aufsparung, Verästelung, zu immer vielfältigeren, komplexeren und raffinierteren Strukturen und zur Spezialisierung. Das zeigt uns die Phylogenie mit dem großen, überwältigenden Reichtum organischer Mannigfaltigkeit, die die Evolution im Laufe der Erdgeschichte hervorgebracht hat. Sie lehrt uns somit das offene Prinzip der Entwicklung, womit die Wissenschaft auch die heutige Kunst beeinflußt und verändert hat.

Auch die Kunst hat ihre evolutive Entwicklung. Die Kunst hat schon immer neue wissenschaftliche Weltbilder aufgegriffen und in ihrer Sprache interpretiert. Wissenschaft und Kunst haben die Welt und die Gesellschaft verändert, nicht umgekehrt. Dies gilt auch für heute. Rückgriffe und Anleihen auf die Vergangenheit – wie es uns die Postmoderne zeigt – zeugen von schöpferischer Ohnmacht, wie wir es in jüngster Vergangenheit erlebt haben. Schöpferische Zeitläufe sind immer selbstbewußt, innovativ und dynamisch. Sie deuten in die Zukunft.

Die Natur – die Evolution des Lebendigen – ist der Lehrmeister, dem wir folgen müssen. Sie gibt uns Hinweise auf das Planen als »offenes System«, also auch auf die Grundgedanken und das Prinzip des prozessualen Charakters unserer Gestaltungs- und Planungsaufgaben.

Danach ist die »Evolution der Zivilisation« die logische Fortsetzung der Evolutionsgeschichte der Natur. Das Rad der evolutiven Entwicklung kann nicht zurückgedreht werden – auch nicht in der kulturellen, wissenschaftlichen und technischen Evolution. Alle Versuche und Strömungen, wie die der Postmoderne oder sonstige Ekklektizismen werden kurz über lang wieder zu Grabe getragen.

Um Bezug auf unsere Profession zu nehmen: Nur der offene, evolutive Park läßt Entwicklungen in die Zukunft offen – im Gegensatz zur geschlossenen Form, die jede Veränderung verhindert. Es liegt in ihrer Natur, ihrer Geschlossenheit, andere Nutzungen nicht mehr zuzulassen, es sei denn durch die Zerstörung ihrer Form oder des Werks. Dies aber ist das Wesen der Revolution, die sich eine sanfte Entwicklung, wie sie der Evolution zu eigen ist, nicht leisten kann.

In diesem Sinne zeigt uns die Evolution den Weg zur offenen Planung als »Prinzip Planung«. Eine in sich »geschlossene Form« als Perfektes möchte, daß sie als solche – so wie sie konzipiert wurde – verstanden und genutzt wird. Eine »geschlossene Form« ist ästhetisch für immer gültig, insoweit, als sie unter vielen Gesichtspunkten gesehen und interpretiert werden kann, ohne daß die unterschiedlichen Betrachter den Charakter des Werks im Grundsatz anders und ganz verschieden auffassen könnten.

In diesem Sinne ist ein Kunstwerk eine »geschlossene Form«. Sie kann nur vielfältig in Nuancen interpretiert werden, ohne daß damit seine Einmaligkeit in Frage gestellt würde.

Anders dagegen bei Stockhausen, seine Werke sind offene, ja man kann sagen, nicht fertige Kompositionen, in denen der Künstler den Interpreten selbst mit komponieren läßt, bei denen der Interpret in den Schöpfungsvorgang miteingreift und mitgestaltet. Heute haben die fortschrittlichen Künstler dieses Bewußtsein. Sie planen Offenheit, sie versuchen, sie in ihren Konzepten zu verwirklichen.

Der Begriff des Informel in der bildenden Kunst charakterisiert heute eine allgemeine Tendenz der Offenheit. Es erlaubt die Möglichkeiten zum Wahrscheinlichen, zur Unbestimmtheit des Abenteuers. Die Offenheit gestattet uns, die Welt auf der Ebene von vielen Möglichkeiten zu begreifen und zu genießen. Sinn des Planens ist daher zunächst die Festlegung einer Tendenz, nicht aber die gestalterische Konkretisierung durch das Entwerfen.

Auf die Gestaltung eines Parkes projiziert, heißt dies Innovation, multifunktionale Nutzung, das Einbeziehen der Dynamik der Natur, das Einbeziehen der Zukunft.

Als Beispiel einer offenen, innovativen Planung sei der Rheingarten Köln genannt. Offenheit durch die großen Freiflächen für multifunktionale Nutzung der Skulpturengarten für Wechselausstellungen des Ludwig-Museums, das zum spielerischen Umgang und zur vielfältigen Ausdeutung konzipierte Kunstwerk der »zerborstenen Barke«, die Bezugnahme auf das antike Rom durch Weiterführung des städtebaulichen Grundrisses des Römerkastells: die Entwicklung in die Zukunft, d.h. die Offenheit eines weiteren Ausbaues.

Planen als Prozeß

Planen als Prozeß, es ist eben nicht nur das, was man unter der »landläufigen Planung« versteht, es beginnt viel früher und endet sehr viel später. Es ist das große Mißverständnis der Planer, zu meinen, Planung oder der Planungsprozess beginne erst mit dem, was man »Entwerfen« nennt. Aber es sollte schon in den Hochschulen beginnen, wo Umsicht und Weitsicht zu lehren wären, statt dessen wird die sogenannte Objektgestaltung oder besser der »Entwurf« geübt.

Entwerfen ist eben nur die eine Seite der »Medaille Planen«, Prozeß ist die andere. Der Anfang geht also weit zurück vor die »eigentliche Planung«. Es beginnt mit der Auseinandersetzung zwischen Bauherrn, Nutzer und Architekt. Gemeint ist eine Einbindung des Bauherrn und auch des späteren Nutzers. Aber durch seine Ausbildung ist der Planer auf Teillösungen hin trainiert und nicht auf das Planen von Zusammenhängen. So ist ein Ingenieur heute der erwünschte Sonderfachmann technischen Spezialwissens.

Es hat sich scheinbar immer noch nicht herumgesprochen, daß die moderne Ausbildung nicht Spezialwissen ermöglichen, sondern die Befähigung zu allgemeinen Erkenntnissen vermitteln soll. Das Lernen zu lernen ist die Aufgabe. Planer, die Probleme im Zusammenhang erkennen und verstehen, werden ihre Aufgaben nicht in hergebrachten Themen suchen. Die Studenten dagegen sollten zu ganz neuem Verantwortungsgefühl geführt werden, und zu der Fähigkeit, problemklärende Prozesse zu erkennen und einzuleiten.

Prozeß – das ist auch ein ständiger Vorgang der Rückkoppelung, nicht nur beim Planer während des Bauvorgangs. Dieser kann Änderungen der Pläne, aber auch Korrekturen direkt am Bauwerk betreffen.

Der Prozeß greift aber auch über die Fertigstellung des Werkes hinaus auf die spätere Unterhaltung. Diese erweiterte Planung geht in andere Hände über – der Prozeß als Veränderung wird von anderen weitergeführt – andere spielen die Partitur weiter. Das mag ganz besonders auf die Landschaftsplanung zutreffen, wo die Dynamik der Natur ganz anders wirkt, als etwa bei Bauten, die auf lange Zeit zementiert sind. Pflege: Betrachten wir das eben fertiggestellte Werk als Schiff, auf dem die Taue gekappt werden und das ins Ungewisse treibt – abgenabelt – der Steuermann ist nun ein anderer, der seine eigene Partitur spielen wird. Der Entwurf wird in die Zukunft fortgesetzt durch die Parkpflege (auch ein Parkpflegewerk vermag daran nicht allzuviel ändern).

Prozeß während des Bauens: durch Planänderungen vor Ort – durch direkte Kontrolle der Planung, z.B. Abstecken von Profilen, Wegen – oder Änderung des gesamten Konzeptes oder von Teilen davon.

Es geht einfach am Sinn des Planens vorbei, wenn man unter Planung nur das eigentliche »Entwerfen« versteht und der Beginn der Planung erst hier einsetzt. Dabei ist die Aktivierung des Bauherrn, das Artikulieren und Integrieren seiner Bedürfnisse von Beginn der Planung an, ein unverzichtbarer Bestandteil der Planung. Schließlich sollen der Bauherr und der Benutzer ihre Intentionen einbringen. Nicht die Selbstverwirklichung des Architekten darf das Ziel sein. So dürfen wir nicht länger ignorieren, daß die sattsam bekannten Entscheidungen des Planers letztlich eine einschneidende Begrenzung des Problems Planung herbeiführen. Er führt das vom Bauherrn ohnehin schon eingegrenzte Thema auf eine weitere Verengung hin. Die größeren Zusammenhänge verschwinden aus seinem Gesichtsfeld. Das Ergebnis ist im Prinzip nur Architekturdesign. Und statt im planerischen und wirtschaftlichen Bereich sich zu entfalten, bleibt ihm nur die ästhetische Realisierung.

Andersherum ist für den erfahrenen Planer nichts so frustrierend als ein nicht beteiligter Bauherr, der zum Gespräch entweder nicht fähig oder auch nicht willens ist und nur eine schlüsselfertige Übergabe erwartet

Planen heißt aber auch nicht nur Vordenken – Vorausdenken – sondern ebenso Zurückdenken, es ist eben mehr als nur ein Ordnungsvorgang. Der Entwurf ist die Darstellung einer Idee, der Prozeß, der Vorgang, wie man dorthin kommt. Vordenker und Neuerer, die Produzenten von Ideen, waren schon immer die großen Künstler. Die Evolution der Kultur und der Zivilisation ist durch sie undenkbar. Neue Ideen sind oftmals provokant, umstürzlerisch, wenn nicht gar revolutionär, so harmlos sie auch manchmal daherkommen mögen.

Die Impressionisten, deren Bilder uns entzücken, verursachten einst wegen der Neuartigkeit ihres Sehens einen heute kaum vorstellbaren Skandal – anderen Künstlern ging es nicht besser.

Die Anpassung an die neuen Ideen erfolgt immer langsam, und was gestern so aufregend war, ist heute selbstverständlich. Wir wissen es inzwischen, und diese Art der Gewöhnung an das Ungewöhnliche – wenn nicht Unmögliche – kann uns nicht mehr aufregen. Die Skandale der Kunst und der Gesellschaft haben uns

abgebrüht – alle Extreme wurden ausgekostet.
Da ist das Alte, Abgedroschene dann einfacher. Drei Millionen Tulpen in einer Gartenschau beeindrucken halt immer. Manche Planer prostituieren sich nur zu leicht mit dem »angeblichen Geschmack der Massen« oder sie versuchen sich und ihre Produkte damit zu rechtfertigen. Doch auch Parks und Gartenschauen sollten herausfordern, provozieren, zum Denken und Nachdenken anregen. Mit Blümchen alleine – und seien es noch so viele Millionen – ist da allerdings wenig zu machen.

Der Geist des Ortes

Es ist zunächst die Natur- und Kulturgeschichte eines Ortes, die uns weit in die Vergangenheit zurückführen kann. Ihr Aufspüren und Einbeziehen in die Planung ist ein wesentlicher Teil des Netzwerkes einer Planung. Dies bedeutet etwas einbringen in den Kontext der Geschichte eines Ortes. Das kann schon bei der Erdgeschichte beginnen.
Was sich in der Kulturgeschichte eines Ortes abgespielt hat, ist immer interessant. Wir müssen uns hineinarbeiten in die Geschichte eines Ortes, in die Natur, aber auch in die Kulturgeschichte, die diesen Ort bestimmt hat. Wir müssen uns darin buchstäblich festkrallen, um von hier aus gesichert zu Neuem vorzustoßen.

Chaosforschung

Die Chaosforschung füllt inzwischen die Bibliotheken. Sie ist die neue Sprache für komplexe Strukturen.
In der Evolution, überall, wo Neues entsteht, bewegt sich das Lebendige auf dem schmalen Grad zwischen Chaos und Ordnung. Diese Polarität gehört heute zu den interessantesten Fragen der Wissenschaft. Das Problem des irreversiblen Wesens – das Prinzip der Evolution – ist binnen weniger Jahre in die Mitte der Spitzenforschung vorgedrungen.
Die Ergebnisse steuern auf eine Neuerung der zeitgenössischen Wissenschaft zu. Die Chaostheorie bestätigt durch die Erforschung des Lebendigen, des Dynamischen, des Wandels, des Unvorhersehbaren und Unberechenbaren das Schöpferische.
Ein wichtiger Faktor ist auch das Problem der Komplexität. Sie ist ein neues Paradigma der Naturwissenschaften.
Die Überlegung geht davon aus, daß die Grundgesetze der Physik im Prinzip einfach sind (Mechanik, Schwerkraft, Elektromagnetismus, Quantentheorie) und das, was aus ihnen folgt (Kausalität), auf einfache Weise ablaufen, miteinander reagieren kann.
Dem steht der Gedanke gegenüber, daß die Welt in fast allen ihren Teilen hierarchisch aufgebaut ist. Es sieht so aus, als sei das Ende der einfachen Physik gekommen. Heute wird das Komplexe und nicht Lineare angegangen.
Inwischen laborieren die Wissenschaftler am Thema der Komplexität und man spricht bereits von der Revolution der Wissenschaft und möglicherweise von einem neuen Weltbild.
Was hier erdacht wird, ist der Wechsel eines neuen Paradigmas. Das klassische mechanische Bild der Natur wird durch ein Szenarium ersetzt, in dem die algorithmisch sich entfaltenden Zusammenhänge gezeigt werden. Das Faszinierende daran ist, daß die äußerst schwierigen Zusammenhänge eigentlich nur in der Mathematik dargestellt werden. Aber mit Hilfe der Computer können interessante Grafiken und Bilder gezeigt werden, durch deren Schönheit wir in Begeisterung geraten, so die Phänomene der Hierarchiebrechung in den ökologischen Strukturen, mit der Einsicht, daß alles von allem abhängt.
Einfacher ausgedrückt: Technische Produkte sind geprägt durch Linearität, natürliche Gegenstände sind es nicht. Sie sind überwiegend fraktal, sie sind nicht durch Kausalketten beschreibbar, es sind hochdimensionale, komplexe Kausalgebilde.
Der Begriff »Wirkungsgefüge« trifft hier noch am ehesten zu. Das Paradigma des Linearen geht auf Descartes zurück.
Das Prinzip des Chaos hilft bei der Analyse zahlreicher Phänomene der Natur. Die fraktale Forschung gibt uns einen Einblick in die komplexen Strukturen der Natur, in ihr biologisches Wachstum, überhaupt in dynamische Prozesse, die der Natur eigen sind. Sie überzeugt uns auf ihre Weise vom evolutiven Ablauf von Prozessen. Es sind vor allem nach außen offene Systeme, die sich weiterentwickeln und verästeln. Es zeigt uns also zweierlei: Erstens sind es evolutive Systeme, die sich vom Chaos zur Ordnung entwickeln können, und zweitens sind es offene Systeme.

Vernetzung

Wir brauchen nur der Natur »auf's Maul« zu schauen. Auch die Vernetzung ist eine Erfindung der Natur – sie hat sie lange vor uns erfunden. Man braucht sich nur graphische Strukturen solcher Systeme anzusehen, obwohl sie wahrscheinlich nur ein Minimum dessen darstellen, was sich da eigentlich abspielt. Auch hier haben wir es mit einem offenen System mit Selbstregulierung zu tun. Wir haben es mit einer Wissenschaft zu tun, die die Fragen nicht innerhalb der eigenen Kategorie, sondern interdisziplinär und übergreifend das Beziehungsgefüge oder Netz zwischen ihnen behandelt. Sie ist somit das Muster für die Methode der Vernetzungsplanung.
Wenn wir die heutigen Aufgaben lösen wollen, müssen wir die Probleme aus einer anderen Sicht angehen, als unsere fächerorientierte Ausbildung es lehrt. In der Tat haben wir es nicht mit isolierten Einzelkomponenten zu tun, sondern mit einem System von Wirkungen und Rückwirkungen – einem netzartig gestrickten Wirkungsgefüge. Es ist das Verlassen des uns implantierten, linearen Denkens. Was wir von der Natur absehen können, ist die Symbiose, der Verbund, die Mehrfachnutzung, kurz: äußerste Ökonomie.

Vortrag gehalten an der Universität/Gesamthochschule Essen, 1992

Über mich

»Der Schlüssel zur Natur«: Die Liebe und die Begeisterung für die Natur zieht sich wie ein roter Faden durch mein Leben. Wie das mit Kindern auf dem Lande war – das Leben begann in einer menschen- und naturfreundlichen Umwelt mit fast paradiesischen Zuständen.
Die Jugend und später der Beruf standen unter anderen Zwängen und Interessen. Das besondere Verhältnis zur Natur ging aber nie verloren. Was Hänschen lernte, tauchte später vehement, ja leidenschaftlich wieder an die Oberfläche. Allerdings auf einer kritisch reflektierenden Ebene. Nichts desto weniger wurde es mit heißem Herzen zum Lebensinhalt.

Geboren in Nandlstadt, einem kleinen Marktflecken zwischen Nieder- und Oberbayern, mitten in der Holledau – Frau Holle läßt grüßen. Die schöne Au, eine sanftwellige, liebliche Bauernlandschaft. Bis nach dem Krieg war sie dem Los, von den Städtern (München) entdeckt »zivilisiert« zu werden, entgangen. Die wichtigste Frucht dieses Landstrichs ist der Hopfen. Neun Meter hohe Stangengerüste charakterisieren ihn. Das Hopfenzupfen (Hopfenernte) war ein Höhepunkt im Jahresablauf besonders für die Kinder. Es war auch die Domäne der Frauen, die dabei ihre Lieder sangen und uns faszinierende Geschichten erzählten. Es gab wundersame Begegnungen, so mit den Hopfenvögeln, mit gold- und silberbefensterten verpuppten Raupen des C-Falters. Zu Hause schlüpften daraus diese staunenswerten Falter. Es war die Faszination der Metamorphose, die mich bis heute nicht losgelassen hat und für mich der Schlüssel und der Zugang zur Natur wurde. Ein Lebewesen in vier absolut verschiedenen Erscheinungsformen – Ei, Raupe, Puppe und Schmetterling. Es sind aber auch noch andere Phänomene dieser attraktiven Insekten, die uns in Erstaunen setzten, so die Duftwahrnehmung, die Mimikry und ihre Überlebensstrategien.

Welt der Gaukler – Paradies der Tiere: Die Gemälde des Paradieses mit den Darstellungen der Säugetiere, der Vögel, Reptilien und Insekten – so bei Lucas Cranach, Brueghel oder Tintoretto – erinnern uns an den paradiesischen Zustand der Kindheit.
Kinder leben in einer noch ungebrochenen Natürlichkeit, anders als der Erwachsene, wo sich diese Einheit zwischen Tier, Pflanze und Mensch verliert. Das Kind kann sich mit den Tieren identifizieren, dem erwachsenen Menschen wird dies nicht mehr gelingen. Diese paradiesische Verfassung des Kindes geht irgendwann unwiederbringlich verloren und hier sind wir wieder bei den Schmetterlingen. In der Antike waren sie die Seelenvögel, die die Verstorbenen in die Unterwelt begleiteten. Ja – da möchte man dieser Reise schon mehr Sympathie abgewinnen.
Wie kaum ein anderes Lebewesen hat diese Schönheit der glücklichen Lebenswelt es mir angetan. Ihr Erforschen und Sammeln begeistert mich noch heute. Bestimmungsbücher hatten wir noch nicht, so bekamen Admiral, Trauermantel, Waldportier usw. zunächst Phantasienamen.

Meine Arche: Auch sonst gab es viel Gewürm um mich. Die Hosentaschen waren voll von Würmern, Käfern, Schnecken und Fröschen. Meine Mutter tolerierte dies alles mit Interesse. Die Tiere waren meine Freunde und Partner. Langsam entstand so etwas wie eine kleine Arche. Das Inventar: zwei Ziegen, 30 Kaninchen, ein stolzer Hahn mit acht Hennen, einen Schwarm Tauben mit Taubenhaus, ein nicht zu bändigender, kaum sattzukriegender Habicht und natürlich ein Hund – der »Freund des Menschen«. Pflege und Unterhalt dieses kleinen Kosmos war mit viel Arbeit verbunden und so gab es eine Bedingung der Eltern: Wollte ich meinen Zoo behalten, so mußte ich meine Freunde selbst versorgen und pflegen – ohne Wenn und Aber. Eine erste Lektion in Verantwortung.

Wendezeit: Harter Einschnitt – Beschluß der Familie – Studium des Maschinenbaus. Zuvor Lehre als Werkzeugmacher in München. Abschied von der dörflichen Idylle – Stempeluhren mit heulenden Sirenen gaben das Zeitmaß für Arbeit und Pause. Alles war geregelt, nichts dem Zufall überlassen, das anschließende Studium auch nicht viel besser. Es war nicht meine Welt und ich war wild entschlossen, dieses zu ändern. Geblieben sind Einsichten und Kenntnisse in die Technik. Genauigkeiten bis zu eintausendstel Millimeter waren normal – diese Grundkenntnis kam mir später doch noch zu Gute.

1944/45: Ein Jahr Italien – Soldatenzeit. Italien läßt mich nun nicht mehr los. Begeisterung und unausrottbare Italienliebe. Erste Ankunft in Verona, der Stadt Romeos und Julias, bei strahlend blauem Himmel. Natur und Kultur in der gelungensten Verbindung, eine fast glückliche Zeit. Und es gab da Simone – schwarzhaarig, Augen wie Feuer. Ab und zu spukt sie mir noch im Kopfe.
Heldenhaftes gibt es jedenfalls nicht zu berichten.

Nach dem Krieg – Stunde Null: Maschinenwelt ade und mir ging es wieder besser. Mit ein paar Habseligkeiten im Rucksack nach Freising. Vielseitige Lehre an der staatlichen Forstanstalt – Baumschule, Obst- und Zierpflanzenbau. Ansonsten ging es – wie in solchen Zeiten üblich – drunter und drüber. Hübsche Lehrling»Innen«, mit Grafen und Gräfinnen gabelnd auf dem Misthaufen – das war einmal etwas anderes. Aber auch: fanatisches, ja besessenes Studium im Botanischen Garten in München, meiner zweiten Heimat.

Bekanntschaft mit Alwin Seifert: Über die Firma Wiedeburg, Haus und Hofgärtner Seiferts, knüpfte sich der Faden zum berühmten Kollegen. Bei meinem Besuch prüfte er mich in Pflanzenkenntnis – es war sein Steckenpferd. Sein Garten war voll von seltenen Pflanzen, die mir aber durch mein Studium im Botanischen Garten zu Nymphenburg nicht neu waren. Er war beeindruckt und ich sein Gärtner. Seifert ebnete auch den Weg zu Carl Orff, seinem Schwager.
Carl Orff hatte als junger Mann während des Ersten Weltkrieges mit seiner Mutter bei Buchlohe einen Park geplant und selbst angelegt. Nach 1945 war der Park ziemlich verwildert. Unter Assistenz und lebhafter Unterhaltung seiner Mutter wurde neu geordnet. Orff gefiel es, und so betreute ich auch seinen Garten, ein wundervolles Grundstück mit Obstwiese über dem Ammersee.

Kunst: München – große Impressionistenausstellung nach dem Krieg im Haus der Kunst. Eine Versöhnungsgeste Frankreichs an die Kunststadt München. Begeisterung und Staunen, eine Ausstellung von solcher Großartigkeit gab es seither nicht wieder. Ein Fenster zur Kunst wurde aufgestoßen. Ansonsten vielfache Praktika, Jobs, Natur, Kunst, Menschen – ein produktives Chaos, ein fruchtbares Durcheinander.

Schule: Einige Kilometer von Würzburg mainabwärts liegt der Rokokopark Veitshöchheim, ehemaliger Sommersitz der Würzburger Fürstbischöfe. Ein Paradebeispiel von Parkarchitektur in Vollendung als Gesamtkunstwerk! Ein raffiniertes Spiel von Blickachsen, Bezügen und Vernetzung, Natur und Kunst auf glücklichste Art vereint – ein Muß für alle Landschaftsarchitekten.
Ein Jahr Studium an der Lehranstalt für Wein- und Obstbau im selben Ort. Besonders mit dem Wein ergab sich innige Bekanntschaft. Der bayrische Landtag kam oft zu Weinproben. Wir kredenzten den Wein und kamen so zu intimen Kenntnissen des Weins und des bayrischen Landtags. Auch sonst mangelte es nicht an Bekanntschaften.
Da war auch Steffi und es gab traumhafte laue Sommernächte im Park, auf und im Main.

Ulrich Wolf: Wieder in Weihenstephan, bei Ulrich Wolf. Eine große Persönlichkeit und bedeutender Lehrer. Nach dem Studium mit Wolf nach Düsseldorf 1953 bis 1958. Er beredete mich, mit ihm nach Düsseldorf zu gehen, für einen Bayern etwas völlig Unbegreifliches.
Wolfs Laufbahn begann 1927 zusammen mit Ernst May in Frankfurt. Zusammen bauten sie dort die Römerberg-Siedlung, dann Städtebau in der Sowjetunion. Die Römerberg-Siedlung wurde mir mit allen Details geradezu vordekliniert. Er ein extremer Perfektionist – meine Entwicklung verlief immer mehr zum Gegenteiligen. Auseinandersetzungen waren vorprogrammiert, Wutanfälle seinerseits, da der Schüler ausbrach. Nach langen Auseinandersetzungen gab er mir eines Tages die Hand und akzeptierte meinen Weg. Frank Lloyd Wright meinte einmal, die Schule sei eine Art Kinderkrankheit wie die Masern, die man so schnell wie möglich los werden müsse. So war auch meine Emanzipation vom bisher Gelernten eine nicht ganz einfache Sache.

Selbständig: 1958 dann der übliche Sprung ins »kalte Wasser«, seither eine Zeit besessener Arbeit. Etwa 300 bis 400 Wettbewerbe – irgendwann hört man auf zu zählen. Die Zusammenarbeit mit Architekten wie Harald Deilmann, Hentrich-Petschnigg & Partner, Fritz Eller, Erich Schneider-Wessling vermittelte wichtige Einsichten in die Praxis, Arbeitsmethoden und Denkstrukturen dieser Persönlichkeiten und ihrer Büros.

Jean-Jacques Rousseau: Mit 18 drückte mir eine gescheite Frau den »Emile« in die Hand. Das Buch ließ mich nicht mehr los – die Ideen Rousseaus wurde zur geistigen Nahrung. Es folgten die »Nouvelle Heloise« und die »Selbstbekenntnisse«. Rousseaus Ideen kreuzten meinen Lebensweg öfter. Sehr viel später bekam das »Zurück zur Natur« eine neue Bedeutung. Der Weg dahin verdichtete sich mehr und mehr. Die Natur war mein Begleiter von Anfang an.

Frühes Engagement im Naturschutz, damals noch reiner Artenschutz. Zwei große Wettbewerbe nenne ich als die Frucht dieses langen Prozesses – die Bundesgartenschauen (Berlin und Düsseldorf). Die Natur war darin jedesmal das zentrale Thema. Mehr und mehr wurde die Auseinandersetzung mit dem Spannungsverhältnis von »Natur und Zivilisation« zum Hauptanliegen meiner Arbeit. Sehr viel später, 1995 dann die Realisierung der Landesgartenschau in Grevenbroich bei Neuss. Ein Schloßpark wurde als Waldpark konzipiert. Das war etwas Anderes und Neues. Nicht Repräsentation, wie es bei Schloßparks üblich ist, sondern das Erfahren der Natur durch Kontemplation. Es war nicht leicht, den schottischen Konzeptkünstler Ian Hamilton Finlay für diese Arbeit, für dieses »Gesamtkunstwerk« zu gewinnen. Auch für Finlay war Rousseau eine Art Schlüsselfigur. Finlay, der sich stark mit der Doppelgesichtigkeit Rousseaus auseinandersetzt, Revolution und »Zurück zur Natur« in einem. So rückte über Finlay Rousseau wieder intensiv in mein Blickfeld. Beeindruckend seine Arbeit zum 200. Jahrestag der französischen Revolution. Finlay versteht es, Natur und Kunst auf eine innige Art miteinander zu verbinden. Der Waldpark Grevenbroich ist eine stille Aufforderung, sich in die Natur zu versenken und sich ihr auf eine andere Weise als üblich zu nähern. Rousseau meinte allerdings – um Mißverständnissen vorzubeugen – nicht die totale, wilde Natur, vielmehr jene durch Kulturveredlung geadelte. Natur und Kultur sind so in intensiver Weise in Beziehung gebracht. Wichtig für mich – Respektierung der Natur, die Natur mitplanen und mitarbeiten zu lassen. Aus der emotionalen, unmittelbaren Erfahrung mit der Natur entwickelte sich später eine analytische, wissenschaftliche Betrachtungsweise, die Erkenntnis von komplexen Zusammenhängen. Trotz aller wissenschaftlichen Entschlüsselung bleibt die Natur nach wie vor ein Rätsel. Das Mysterium dieser Kraft, die hinter allem steht, werden wir wohl nie ergründen und das ist gut so. Vom Naturerlebnis der Kindheit über einen langen Weg wieder zurück zur Natur, sie hat mich wieder ganz in ihren Bann geschlagen. Die Katze beißt sich also in den Schwanz.

Werkverzeichnis

Dieses Werkverzeichnis nennt die Arbeiten von Georg Penker bis heute, geordnet nach Themen, Aufgabenbereichen und der Chronologie folgend.

Den Hauptthemen sind die einzelnen Aufgabenbereiche untergeordnet:

1. Objektplanungen
Gartenschauen
Universitäten und Hochschulen
Akademien/Fachhochschulen/Bildungszentren
Schulen/Schulzentren
Sport- und Freizeitanlagen
Friedhöfe
Kleingartenanlagen
Kliniken/Krankenhäuser
Seniorenzentren
Museen
Denkmalpflegerische Projekte
Justizgebäude/Außenanlagen
Stadtparks/Grünanlagen
Auswahl privatwirtschaftlicher Einrichtungen und Verwaltungen
Gewerbe- und Büroparks
Hausgärten

2. Städtebauliche Planungen
Fußgängerzonen und Plätze
Städtebauliche/Landschaftliche Planungen
Wohnungsbau

3. Landschaftsplanung
Landschaftsrahmenpläne
Landschaftspläne
Landschaftspflegerische Begleitpläne/ Grünordnungspläne
Ökologische Gutachten
Umweltverträglichkeitsstudien

4. Wettbewerbe

Innerhalb der Aufgabenbereiche sind die Projekte chronologisch geordnet. Die Einträge verzeichnen das Jahr, den Projektnamen, Ort, Bauherren (**BH**), gegebenenfalls Architekten (**A**) oder Mitarbeit von Künstlern. Eine gesonderte Übersicht der Zusammenarbeit mit Künstlern ist dem Werkverzeichnis nachgestellt.

1. Objektplanung

Gartenschauen

1953 Schau in der Rheinhalle, Rheinpark/Messegelände, Düsseldorf **BH** Stadt Düsseldorf, Garten-, Friedhofs- und Forstamt

1955 Sommerblumenschau Schloßpark Benrath, Düsseldorf **BH** Stadt Düsseldorf, Garten-, Friedhofs- und Forstamt

1964/65 Spiellandschaft, Bundesgartenschau Gruga, Essen 1965 **BH** Bundesgartenschau Essen und ZVG Bonn

1975/77 Containergarten, Blauer Garten, Traumland mit Skulpturen des Bildhauers Erich Bödeker, Spiellandschaft, Bundesgartenschau Köln 1977 **BH** Bundesgartenschau Köln und ZVG Bonn

1984/85 Haupteingang Buckower Damm, Bundesgartenschau Berlin 1985 **BH** Bundesgartenschau Berlin und Land Berlin und ZVG Bonn

1991/95 S. 108 Gesamtplanung Landesgartenschau Grevenbroich 1995 **BH** Landesgartenschau Grevenbroich GmbH

Universitäten und Hochschulen

1964/97 S. 54 Heinrich-Heine-Universität Düsseldorf, Gesamtplanung und Projektplanung **BH** Land NRW, Staatshochbau für die Universität Düsseldorf

1965/72 S. 58 Ruhr-Universität Bochum **BH** Land NRW, Staatshochbauamt für die Universität Bochum **A** Hentrich-Petschnigg und Partner, Düsseldorf; EMW Eller, Moser und Walter, Düsseldorf

1966/68 Universität Düsseldorf, Vorklinische Institute **BH** Land NRW, Staatshochbauamt für die Universität Düsseldorf **A** Volkamer, Wetzel und Partner, Düsseldorf

1970/72 Universität Dortmund, Gesamtplanung **BH** Land NRW **A** Land NRW, Staatshochbauamt für die Universität Dortmund

1972/76 S. 54 Heinrich-Heine-Universität, Düsseldorf, Südbereich Mathematik, Biologie, Chemie, Physik **BH** Land NRW; Kommunale Bauhilfe, Bremen **A** Volkamer, Wetzel und Partner, Düsseldorf

1973/76 Musikhochschule, Köln **BH** Land NRW, Staatshochbauamt, Köln **A** Werkgruppe 7, Köln: Peter Busmann, Heinrich Hachenberg, Erich Schneider-Wessling, Peter Trint, Walter Ruoff, Erwin H. Zander

1974/75 Universität Dortmund, Institutsgebäude **BH** Land NRW **A** Land NRW, Staatshochbauamt für die Universität Dortmund

1976/82 S. 54 Heinrich-Heine-Universität, Düsseldorf, Institut für Leibesübungen **BH** Land NRW, Staatshochbau für die Universität Düsseldorf **A** Dansard, Kalenborn und Partner, Düsseldorf

1978/79 Forum, Gesamthochschule Siegen **BH** Land NRW; Skulptur Lajos Bartha, Köln

1979/80 MNR – Klinik, Medizin/Neurologie/Radiologie, Düsseldorf **BH** Land NRW, Staatshochbau für die Universität Düsseldorf **A** Jürgen Müller, Großhausdorf/Hamburg

1994 S. 54 Heinrich-Heine-Universität, Düsseldorf, Neurochirurgie **BH, A** Land NRW, Staatliches Bauamt II

1995 S. 54 Heinrich-Heine-Universität, Düsseldorf, Erweiterung der Frauenklinik **BH** Land NRW, Staatliches Bauamt II **A** Staatliches Bauamt II

1995/97 Europa Universität »Viadrina«, Frankfurt/Oder, Zentralgebäude, Innenhöfe **BH** Land Brandenburg, Landesbauamt Cottbus **A** Harald Deilmann, Münster/Potsdam

Akademien/Fachhochschulen/Bildungszentren

1964 Kultur- und Bildungszentrum, Monheim **BH** Stadt Monheim **A** Krug und van der Minden, Hagen

1974/80 BGA – Hennef, Berufsgenossenschaftliche Akademie, 1. Preis **BH** Bildungszentrum der Verwaltungsberufsgenossenschaft Hennef/Sieg **A** Dieter Quast, Heidelberg; Karl Schmucker, Mannheim; Ursula und Peter Trint, Köln

1985/86 Bildungszentrum der Bundesfinanzverwaltung Münster-Toppheide **BH** Bundesfinanzministerium **A** Eckhard Gerber, Dortmund

1983/86–96 Fachhochschule des Bundes für öffentliche Verwaltung, Brühl **BH** BRD durch Oberfinanzdirektion Köln, Staatliches Bauamt Köln II **A** Gerd Lindemann und Florian Thamm, Braunschweig

1983/86–96 Bundesfinanzakademie, Brühl **BH** BRD durch Oberfinanzdirektion Köln, Staatliches Bauamt Köln II **A** Peter Beller, Berlin; Franz Jörissen, Düsseldorf

Schulen/Schulzentren

1953/54 Cecilienschule, Düsseldorf **BH** Stadt Düsseldorf, Garten-, Friedhofs- und Forstamt **A** Philipp Stang, Düsseldorf

1955 Comenius Gymnasium, Düsseldorf-Oberkassel **BH** Stadt Düsseldorf, Garten-, Friedhofs- und Forstamt **A** Stadt Düsseldorf, Hochbauamt

1956 Schule Klosterstraße, Düsseldorf **BH** Stadt Düsseldorf, Garten-, Friedhofs- und Forstamt **A** Stadt Düsseldorf, Hochbauamt

1956 Schule »Am Dahlacker«, Düsseldorf **BH** Stadt Düsseldorf, Garten-, Friedhofs- und Forstamt **A** Stadt Düsseldorf, Hochbauamt

1956 Berufsschulzentrum Am Hennekamp, Düsseldorf **BH** Stadt Düsseldorf, Garten-, Friedhofs- und Forstamt **A** Heinz Kalenborn, Düsseldorf

1964/65 Schulzentrum, Walsum **BH** Stadt Walsum, Planungsamt **A** Karl Krass, Düsseldorf

1964/66 Schule Am Eickelkamp, Duisburg **BH** Stadt Duisburg, Grünflächenamt, Hochbauamt **A** Bähr und Gansfort, Düsseldorf

1973/74 Schulzentrum Wetter, Oberwengern/Ruhr **BH** Stadt Wetter, Planungsamt **A** Peter Scheele, Dortmund; Neue Heimat, Städtebau Düsseldorf

1976 Staatliches Gymnasium, Kleve
BH Land NRW, Staatshochbauamt
A Kurt Buchmann, Düsseldorf

1976 Schulzentrum Theodor-Litt-Straße, Düsseldorf **BH** Stadt Düsseldorf
A Heinz Kalenborn, Düsseldorf

1977/78 Colonia Schulungszentrum, Bad Münstereifel **BH** Colonia Versicherungsgesellschaft, Köln

1977/78 Rehabilitationszentrum für Blinde, Düren
BH, A Landschaftsverband Rheinland, Köln

1977/78 Burgau-Gymnasium, Düren
BH Stadt Düren **A** Hochbauamt Düren

1976/81 Schulzentrum, Solingen-Vogelsang
BH Stadt Solingen
A Olaf Jacobsen, Düsseldorf

1977/79 Schulzentrum, Köln-Ostheim
BH Stadt Köln **A** Werkgruppe 7, Köln: Heinrich Hachenberg, Walter Ruoff, Jürgen Pahl, Peter Trint, Erwin H. Zander

1978/80 Schulzentrum, Mönchengladbach-Dünnerfeld **BH** Stadt Mönchengladbach, Hochbauamt **A** Olaf Jacobsen, Düsseldorf

1977/81 Gesamtschule, Bonn-Beuel, Wettbewerb 1. Preis
BH Stadt Bonn, Grünflächenamt und Hochbauamt **A** Busmann und Haberer, Köln; Erich Schneider-Wessling, Köln

1979/81 Schulzentrum, Aachen-Laurensberg
BH Stadt Aachen
A Architektengruppe 70, Aachen

1980/83 Gymnasium Lennestadt
BH Stadt Lennestadt **A** Staatshochbauamt Siegen

1981/82 Körperbehindertenschule, Olpe
BH Landschaftsverband Rheinland
A Peter Scheele, Dortmund

1981/82 Bergbau-Berufsschule, Bergkamen
BH Stadt Bergkamen
A Peter Scheele, Dortmund

1981/82 Bergbau-Berufsschule, Recklinghausen
BH Stadt Recklinghausen
A Peter Scheele, Dortmund

1989 Schulungszentrum der Victoria Versicherungen, Wuppertal **BH** Victoria Grundstücksverwaltungsgesellschaft GbR, Düsseldorf

Sport- und Freizeitanlagen

1958 Freizeitpark – Böningerpark, Duisburg, Wettbewerb 1. Preis
BH Stadt Duisburg, Grünflächenamt

1969/70 Yachthafen, Düsseldorf Benrath, Planung
BH Stadt Düsseldorf, Planungsamt

1969/72 S. 134 Olympiade München, Ruderregatta-Anlage, München Schleißheim, Wettbewerb 1. Preis
BH Olympia Baugesellschaft München
A Arge Michael Eberl und Partner, München

1970/72 S. 136 Erholungslandschaft »Borner See« bei Brüggen, Naturpark Schwalm/Nette
BH, A Landschaftsverband Rheinland, Referat Landschaftspflege, Köln

1972 Sportzentrum, Dülken
BH Stadt Viersen
A Arge Bähr, Döhmen, Gansfort, Penker

1975 Spiellandschaft, Bundesgartenschau Köln 1977 **BH** Stadt Köln und ZVG Bonn

1976 Sport- und Freizeitpark Dillingen mit Saarsee **BH** Stadt Dillingen, Planungsamt **A** Heinrich Gellenberg, Dillingen; Herbert Wallner, Düsseldorf

1976/82 Institut für Leibesübungen, Universität Düsseldorf
BH Land NRW, Staatshochbauamt für die Universität Düsseldorf **A** Dansard, Kalenborn und Partner, Düsseldorf

1979/82 S. 138 Freizeitzentrum Kemnadersee, Bochum-Witten-Herbede
Wettbewerb 1. Preis **BH** Siedlungsverband Ruhrkohlenbezirk **A** Freizeitzentrum Kemnade GmbH, Bochum/Witten

1980 Bade- und Freizeitzentrum Otto-Maigler-See bei Brühl, Planung
BH Erftkreis **A** Holger Drees, Düsseldorf

1984 Hallen- und Freibad, Berlin-Teltowkanal, Planung **BH** Stadt Berlin, Bezirk Neukölln
A Erich Schneider-Wessling, Köln; Peter Seifert, München

1989/90 Zwei Golfplätze für Schloß Gymnich, Planung **BH** Minami Holdings GmbH, Düsseldorf **A** Peter Drecker, Bottrop

Friedhöfe

1962 Friedhof Süchteln
BH Stadt Süchteln, Planungsamt

1962/65 Hauptfriedhof Witten, Wettbewerb 3. Preis
BH Stadt Witten, Gartenamt
A Heinz Kalenborn, Düsseldorf

1965 Hauptfriedhof »Auf der Löh«, Viersen
BH Stadt Viersen, Planungsamt
A Johannes Conradi, Aachen; Heinz Döhmen, Mönchengladbach

1969/70 Hauptfriedhof, Haan, Erweiterung
BH Stadt Haan bei Düsseldorf

1969/70 Hauptfriedhof Köln-Porz, Wettbewerb 1. Preis **BH** Stadt Porz

1984 Eingang, Einweihungshalle, Hauptfriedhof Köln-Porz, 1. Preis **BH** Stadt Porz
A Bähr, Gansfort, Düsseldorf

Kleingartenanlagen

1964 »Grenzland« und »Neuland«, Neuss, bundesoffener Wettbewerb – Goldmedaille
BH Stadt Neuss, Gartenamt

1965 Nordstadt, Neuss
BH Stadt Neuss, Gartenamt

1965/67 BUGA Düsseldorf, Kleingartenanlagen Neuland und »Piels Kühl«
BH Stadt Düsseldorf, Garten-, Friedhofs- und Forstamt

Kliniken/Krankenhäuser

1956/57 Krankenhaus, Düsseldorf-Benrath
BH Stadt Düsseldorf, Garten-, Friedhofs- und Forstamt
A Stadt Düsseldorf, Hochbauamt

1961 Psychiatrische Klinik, Klinikum Bonn-Venusberg, Wettbewerb 1. Preis
BH Land NRW, Staatshochbauamt für die Universität Bonn **A** Penker mit Bähr/Gansfort, Düsseldorf

1962/63 Frauenklinik, Klinikum Bonn-Venusberg
BH Land NRW, Staatshochbauamt für die Universität Bonn

1964 Blutbank, Klinikum Bonn-Venusberg
BH Land NRW, Staatshochbauamt für die Universität Bonn

1973 Psychiatrische Landesanstalt, Köln-Merheim
BH, A Landschaftsverband Rheinland, Köln

1974/75 Krankenhaus, Süchteln
BH Stadt Süchteln

1975/77 Psychiatrische Landesanstalt, Bedburg-Hau
BH, A Landschaftsverband Rheinland, Köln

1975/77 Psychiatrische Landesklinik, Düsseldorf
BH, A Landschaftsverband Rheinland, Köln

1975/77 Psychiatrische Landesanstalt, Langenfeld
BH, A Landschaftsverband Rheinland, Köln

1975/77 Psychiatrische Landesanstalt, Viersen-Süchteln
BH, A Landschaftsverband Rheinland, Köln

1979 Thermalbad, Aachen-Burscheid, Planung
BH Stadt Aachen
A Volkamer und Wetzel, Düsseldorf

1979/80 MNR Klinik – Medizin/Neurologie/Radiologie, Universitäts-Klinikum Düsseldorf
BH Land NRW Staatshochbauamt für die Universität Düsseldorf
A Jürgen Müller, Großhausdorf, Hamburg

1979/81 Körperbehindertenschule, Olpe
Wettbewerb 1. Preis
BH Landschaftsverband Westfalen/Lippe
A Peter Scheele, Dortmund

1991 Reha Klinik, Bad Lausitz, Planung
BH Stadt Lausitz

1991/92 Reha Klinik, Wandlitz, Umplanung des DDR-Regierungswohnsitzes
BH Franz Michels, Münster, Kreis Bernau/Brandenburg

1991/92 Kreiskrankenhaus, Oschatz/Sachsen, Planung **BH** Kreisverwaltung Oschatz
A Harald Deilmann, Münster

1993/95 Neurochirurgie, Universitäts-Klinikum Düsseldorf
BH, A Staatliches Bauamt II, Düsseldorf

1994/95 Frauenklinik, Universitäts-Klinikum Düsseldorf
BH, A Staatliches Bauamt II, Düsseldorf

1994/97 Unfallkrankenhaus, Griesinger Krankenhausanstalten, Berlin-Marzahn
BH Trägergemeinschaft Krankenhaus Berlin-Marzahn mit Berufsgenossenschaftlicher Unfallklinik e.V., Berlin
A Karl Schmucker und Partner, Mannheim

1995/97 Chirurgie (Erweiterung), Universitäts-Klinikum Düsseldorf
BH Staatliches Bauamt II, Düsseldorf
A Heinle, Wischer und Partner, Stuttgart

Seniorenzentren

1975 DRK Zentrum, Düsseldorf-Reisholz
BH DRK-Kreisverband, Düsseldorf
A Karl Krass, Düsseldorf

1975/76 Altendomizil Haus Lörick e.V., Düsseldorf-Heerdt **BH** Treufinanz, Düsseldorf **A** Dr. Haubold, Düsseldorf

1979/80 DRK-Altenzentrum Düsseltal, Düsseldorf
BH DRK-Kreisverband Düsseldorf
A Karl Krass, Düsseldorf

1980 Ev. Gemeindezentrum, Mönchengladbach
BH Ev. Gemeinde, Mönchengladbach
A Volkamer und Wetzel, Düsseldorf

1979/80 DRK-Altenzentrum Benderstraße, Düsseldorf **BH** Wohnungsbaugenossenschaft Düsseldorf-Ost **A** Karl Krass, Düsseldorf

1983/84 DRK-Altenzentrum Lohbachweg, Düsseldorf **BH** Wohnungsbaugenossenschaft Düsseldorf-Ost **A** Karl Krass, Düsseldorf

1986/87 DRK Zentrum Nord-Rhein, Düsseldorf-Hennekamp
BH DRK – Landesverband Nord-Rhein
A Volkamer und Wetzel, Düsseldorf

1987/88 Pflegeheim Dr. Wilkening, Hannover
BH Dr. Wilkening
A Ursula und Peter Trint, Köln

1996/97 Seniorenresidenz Gut Mydlinghoven, Düsseldorf
BH Hannoversche Lebensversicherung AG, Hannover **A** Rolf Buttkus, Baden-Baden

Museen

1985/87 Sprengelmuseum Hannover,
S. 60 1. Bauabschnitt
BH Stadt Hannover **A** Ursula und Peter Trint, Köln; Dieter Quast, Heidelberg

1989 Stadtbibliothek, Kunstverein, Kunsthalle, Schnütgen-Museum, Haubrichhof, Köln
BH Stadt Köln
A Ursula und Peter Trint, Köln

1990 Stollwerk Schokoladenmuseum, Köln
BH Stadt Köln
A Erich Schneider-Wessling, Köln

1993/94 Sprengelmuseum Hannover,
S. 60 2. Bauabschnitt **BH** Stadt Hannover
A Ursula und Peter Trint

Denkmalpflegerische Projekte

1972 Burgruine Wachtendonk
BH Stadt Wachtendonk
A Heinz Döhmen, Mönchengladbach

1984 Altstadt Köln: Rathausplatz mit Judenbad
S. 93 **BH** Stadt Köln
A Kraemer-Sieverts und Partner, Köln

1990/92 Adlerturm (Befestigungsanlage der Hanse), Dortmund
BH Stadt Dortmund, Grünflächenamt
A Gustav Schulze, Dortmund

Justizgebäude/Außenanlagen

1972/74 Amtsgericht, Siegen
BH Land NRW, Staatshochbauamt Siegen
A EMW-Eller-Moser-Walter, Düsseldorf

1982/83 Land- und Amtsgericht, Münster
BH Land NRW, Staatshochbauamt
A Harald Deilmann, Münster

1982/84 Amtsgericht, Wipperfürth
BH, A Land NRW, Staatshochbauamt Köln

1985 Staatsanwaltschaft, Köln **BH** Moderne Stadt, Köln **A** HPP-Hentrich-Petschnigg und Partner, Köln

1988/90 Kreispolizei, Viersen
BH Staatshochbauamt Krefeld
A Heinz Döhmen, Mönchengladbach; Ernst Kaspar, Aachen

1989 Justiz Köln
BH Land NRW, Staatshochbauamt Köln
A Hendrik Busch, Köln

1992/94 Kreispolizeibehörde, Bergisch Gladbach, Planung **BH** Land NRW, Staatliches Bauamt Köln III **A** Hans Gotthardt, Bergisch Gladbach

Stadtparks/Grünanlagen

1953 Grünanlagen im Hofgarten, Düsseldorf: Jägerhof und am Hofgärtnerhaus
BH Stadt Düsseldorf, Garten-, Friedhofs- und Forstamt

1953/54 Louise Dumont Parkanlage, Hofgartenerweiterung am Malkasten, Düsseldorf
BH Stadt Düsseldorf, Garten-, Friedhofs- und Forstamt

1953/54 Seufzerallee, Erweiterung am Malkasten, Düsseldorf **BH** Stadt Düsseldorf, Garten-, Friedhofs- und Forstamt

1954 Ananasberg, Hofgarten Düsseldorf, Neugestaltung **BH** Stadt Düsseldorf, Garten-, Friedhofs- und Forstamt

1954 Rotdorngarten, Am Rathaus, Düsseldorf **BH** Stadt Düsseldorf, Garten-, Friedhofs- und Forstamt

1954 Grünanlage am Rathaus (Verwaltungsgebäude), Düsseldorf **BH** Stadt Düsseldorf, Garten-, Friedhofs- und Forstamt

1954/55 Park an der Roßstraße, Düsseldorf **BH** Stadt Düsseldorf, Garten-, Friedhofs- und Forstamt

1955 Goltstein Parterre, Düsseldorf **BH** Stadt Düsseldorf, Garten-, Friedhofs- und Forstamt

1955 Haniel Park, Düsseldorf **BH** Stadt Düsseldorf, Garten-, Friedhofs- und Forstamt

1955 Alter Gerresheimer Friedhof, Düsseldorf, Umgestaltung **BH** Stadt Düsseldorf, Garten-, Friedhofs- und Forstamt

1956 Parkanlage Alter Bilker Friedhof, Düsseldorf **BH** Stadt Düsseldorf, Garten-, Friedhofs- und Forstamt

1956 Waldspielplatz »Müllers Wiese«, Düsseldorf **BH** Stadt Düsseldorf, Garten-, Friedhofs- und Forstamt

1955/59 S. 123 Sanierung und Umgestaltung Nordpark, Düsseldorf **BH** Stadt Düsseldorf, Garten-, Friedhofs- und Forstamt

1955/85 S. 123 Nordpark Düsseldorf, Kleinkinderspielplatz an der Sommergaststätte – seit 1992 unter Denkmalschutz **BH** Stadt Düsseldorf, Garten-, Friedhofs- und Forstamt

1957 Grünanlage an der Michael Kirche, Düsseldorf-Lierenfeld **BH** Stadt Düsseldorf, Garten-, Friedhofs- und Forstamt

1962/63 S. 122 Höhenpark, Witten an der Ruhr **BH** Stadt Witten

1963/64 Grünzug Düsseldorf-Gerresheim, entlang der Düssel **BH** Gerresheimer Glashütte AG

1965/66 Flughafen Düsseldorf, Zufahrtsbereich **BH** Flughafen AG Düsseldorf

1965/67 S. 120 Biegerhof, Duisburg **BH** Stadt Duisburg, Grünflächenamt

1968 Casinogarten, Sport- und Erholungspark, Bayer Dormagen **BH** Bayer AG, Dormagen **A** Kurt Buchmann, Düsseldorf

1978 »3 Städte Grünzug«, Brühl **BH** Stadt Brühl, Planungsamt

1978/79 Grünzug Benrath-Urdenbach, Planung **BH** Stadt Düsseldorf, Planungsamt **A** Herbert Wallner, Düsseldorf

1979/80 Rathausplatz, Eschweiler **BH** Stadt Eschweiler

1980/81 Konrad Adenauer Park, Düren **BH** Stadt Düren, Planungsamt

1980/83 S. 126 Rheingarten Köln, Anlagen zwischen Dom/Altstadt/ Rhein, Wettbewerb 1. Preis **BH** Stadt Köln, Planungsgruppe Dom/Altstadt/Rhein **A** Erich Schneider-Wessling, Köln; Eduardo Paolozzi, London/München

1981 Stadtgarten mit Städt. Galerie (ehem. Stamm-Villa »Kaiser's Kaffee«), Viersen **BH** Stadt Viersen, Planungsamt

1983/85 Bundesgartenschau Berlin, Eingangsbereich Buckowerdamm **BH** Bundesgartenschau GmbH, Berlin

1984 Stadtpark Dortmund, Planung **BH** Stadtwerke Dortmund

1984/88 Landtag NRW, Düsseldorf, Wettbewerb 1. Preis **BH** Land NRW, Staatshochbauamt, Düseldorf **A** Eller, Moser, Walter, Düsseldorf

1985/86 Saarpark Dillingen (Saaraue), Sport- und Freizeitpark mit Saarsee **BH** Stadt Dillingen, Planungsamt **A** Heinrich Gellenberg, Dillingen

1986 Spielcasino, Aachen, Planung **BH** Stadt Aachen; Westdeutsche Spielbanken GmbH & Co. **A** Harald Deilmann, Münster

1986 Spielcasino, Bad Oeynhausen, Parkgestaltung, Planung **BH** Westdeutsche Spielbanken GmbH & Co.

1986/88 Grünzug ehemaliges Glacis-Gelände, Wesel **BH** Stadt Wesel, Planungsamt

1986/89 Kreis- und Rathaus, Viersen **BH** Kreis Vieren, Stadt Viersen **A** Heinz Döhmen, Mönchengladbach; Ernst Kaspar, Aachen

1988/96 S. 86 Rheinpark Düsseldorf am Landtag, (in Ausführung) **BH** Stadt Düsseldorf, Garten-, Friedhofs- und Forstamt

1990/91 Grünzug Fischertorstraße und Rheinuferpromenade, Wesel, Wettbewerb 1. Preis **BH** Stadt Wesel, Planungsamt

1991/95 S. 108 Landesgartenschau Grevenbroich, Gesamt- und Einzelplanungen, Wettbewerb 1. Preis **BH** Landesgartenschau GmbH, Grevenbroich **A** Ökohaus/Schneckenhaus: Heinz Döhmen, Mönchengladbach

1989/94 S. 130 Ein deutscher Garten am Parlament, Kunstpark am Bundeshaus, Bonn **BH** Stadt Bonn und LEG Landesentwicklungsgesellschaft, Bonn

Auswahl privatwirtschaftlicher Einrichtungen und Verwaltungen

1971 Westfälische Provinzial Versicherung, Hauptverwaltung, Münster, 1. Bauabschnitt **BH** Westfälische Provinzial **A** LTK – Dortmund

1979/80 Verwaltungsgebäude Gelsenwasser AG, Gelsenkirchen **BH** Gelsenwasser AG, Gelsenkirchen **A** Harald Deilmann, Münster

1979/82 S. 36 Landeszentralbank, Wiesbaden **BH** LZB Wiesbaden **A** Erich Schneider-Wessling, Köln

1980/82 S. 62 Stadthalle mit Felsenpark, Hagen **BH** Stadt Hagen **A** Eckhard Gerber, Dortmund

1980/86 S. 32 Victoria Versicherung Düsseldorf, Hauptverwaltung 1. Bauabschnitt **BH** Victoria - Grundstücksverwaltungsgesellschaft GbR, Düsseldorf **A** HPP Hentrich-Petschnigg und Partner, Düsseldorf

1981/84 S. 24 Hauptverwaltung Colonia Versicherung, Köln-Holweide **BH** Colonia Versicherung AG **A** BHLM Beucker, Haider, Langhammer, Maschlanka, Düsseldorf

1981/85 Bürgerhaus, Hochdahl **BH** Entwicklungsgesellschaft Hochdahl mbH **A** Holger Drees, Wolfgang Pohl, Ursula Ringleben, Düsseldorf

1982 Esprit Hauptverwaltung Deutschland, Düsseldorf **BH** Esprit, Düsseldorf

1982/85 Verwaltungsgebäude Schloemann-Siemag AG (SMS) Düsseldorf, Wettbewerb 1. Preis **BH** SMS AG, Düsseldorf **A** EMW Eller-Meier-Walter, Düsseldorf

1983/84 Schaugarten Metten, Overath **BH** Metten Stein und Design GmbH & Co. KG, Overath

1983/84 Arbeitsamt Köln, 1. Bauabschnitt **BH** Bundesanstalt für Arbeit, Nürnberg **A** Henrick Busch, Köln

1985/86 Westdeutscher Werberundfunk, Köln **BH** Westdeutscher Werberundfunk, Köln, Betreuung: Moderne Stadt, Köln **A** HPP Hentrich-Petschnigg und Partner, Köln

1985/87 Arbeitsamt Köln, 2. Bauabschnitt **BH** BfA Nürnberg **A** HPP Hentrich-Petschnigg und Partner, Köln

1985/86 Hauptverwaltung und Betriebsanlagen, Stadtwerke Duisburg **BH** Stadtwerke Duisburg

1986 Landeszentralbank, Wuppertal **BH** Landeszentralbank, Wuppertal

1986 S. 93 An Farina, Köln **BH** Bauherrengemeinschaft **A** Kraemer, Sieverts und Partner, Köln

1986/88 Neubau Verwaltungsgebäude Missio, Aachen (im alten Klinikum) **BH** Internationales Kath. Missionswerk-Missio, Aachen **A** Heinz Döhmen, Mönchengladbach

1986/89 S. 64 Spielbank, Hohensyburg **BH** Westdeutsche Spielbanken GmbH & Co. **A** Harald Deilmann, Münster

1987/90 S. 28 Forschungs- und Entwicklungszentrum der Heidelberger Druckmaschinen AG **BH** Heidelberger Druckmaschinen AG **A** HPP Hentrich-Petschnigg und Partner, Wiesbaden

1987/88 Olivandenhof, Köln **BH** Colonia Versicherung AG **A** HPP Hentrich-Petschnigg und Partner, Köln

1988 Städtische Sparkasse, Schwelm-Möllenkotten **BH** Stadtsparkasse, Schwelm **A** Harald Deilmann, Münster

1988/89 Handwerkskammer, Düsseldorf **BH** Handwerkskammer, Düsseldorf **A** EMW Eller-Meier-Walter, Düsseldorf

1988/89 Victoria Versicherung, Königsallee, Düsseldorf, **BH** Victoria-Grundstücksverwaltungsgesellschaft GbR, Düsseldorf **A** HPP Hentrich-Petschnigg und Partner, Düsseldorf

1988/89 Neubau Victoria Versicherung, Bahnstraße, Düsseldorf, **BH** VICTORIA-Grundstücksverwaltungsgesellschaft GbR, Düsseldorf **A** HPP Hentrich-Petschnigg und Partner, Düsseldorf

1989 Ärztehaus, Haubrichhof, Köln **BH** iii-Fonds, München Betreuung: Moderne Stadt, Köln **A** Ursula und Peter Trint, Köln

1989 Verwaltungszentrum, Deutsche Bank, Eschborn/Frankfurt a. M., Planung **BH** Deutsche Bank, Frankfurt **A** HPP Hentrich-Petschnigg und Partner, Frankfurt

1989/90 Securitas Versicherung, Bremen **BH** Securitas Versicherung, Bremen **A** Ewald Brune, Bremen

1989/90 IBM Bürogebäude, Hans-Böckler-Straße, Düsseldorf **BH** IBM Deutschland Informationssysteme GmbH **A** HPP Hentrich-Petschnigg und Partner, Düsseldorf

1989/91 S. 40 Baykomm Kommunikationszentrum, Leverkusen mit Carl Duisberg Park, Wettbewerb 1. Preis **BH** Bayer Leverkusen AG **A** Erich Schneider-Wessling, Köln,

1990/91 S. 38 Bürokomplex »Im Trutz«, Westend Carree, Frankfurt a. M. **BH** Deenvink B.V., Elvink B.V., Uivermes B.V., Vicotrmeis B.V. **A** HPP Hentrich-Petschnigg und Partner, Frankfurt a. M.

1990/91 Geschäfts- und Bürozentrum, Landfriedpassage, Heidelberg **BH** Philipp Holzmann AG **A** HPP Hentrich-Petschnigg und Partner, München

1990/91 Atrium Böblingen **BH** Vebau Bau- und Verwaltungs GmbH, Frankfurt **A** HPP Hentrich-Petschnigg und Partner, Stuttgart

1991/93 Hahnentorcenter, Stadtsparkasse Köln **BH** Stadtsparkasse Köln **A** HPP Hentrich-Petschnigg und Partner, Köln

1992/94 Hauptverwaltung Hannoversche Lebensversicherung, Hannover **BH** Hauptverwaltung Hannoversche Lebensversicherung, Hannover **A** HPP Hentrich-Petschnigg und Partner, Düsseldorf

1992/95 S. 46 Hauptverwaltung Provinzial, Düsseldorf **BH** Provinzial Versicherung Düsseldorf **A** HPP Hentrich-Petschnigg und Partner, Düsseldorf

1993/94 S. 42 Hauptverwaltung Fuji, Düsseldorf **BH** Fuji Photo-Film Europa GmbH **A** Friedrich Heidrich, Mönchengladbach

1993/95 Schadow Arkaden, Düsseldorf Geschäfts- und Verwaltungsgebäude **BH** Rheinisch Bergische Verlagsgesellschaft **A** Walter Brune, Düsseldorf

1994 S. 50 Internationales Handelszentrum (IHZ), Kölner Straße Düsseldorf, 1. Bauabschnitt, Wettbewerb 1. Preis **BH** Stadt Düsseldorf, Garten-, Friedhofs- und Forstamt **A** HPP Hentrich-Petschnigg und Partner, Düsseldorf

1994/95 S. 44 Dachgarten/Skulpturengarten, Josef Lamy GmbH, Heidelberg **BH** Dr. Josef Lamy, Heidelberg

1995 Ruhr-Business Park Rellinghausen, Essen **BH** Bauherrengemeinschaft: Veba-Immobilien AG, Brune Immobilien GmbH, F. Heinrich Verw. AG, Dienstleistungspark »An der Freiheit« GmbH & Co. KG **A** Walter Brune, Düsseldorf

1995/96 Gelsenwasser AG, Haltern Besucherpavillon, Verwaltungsgebäude und Werksanlage, Wettbewerb 1. Preis **BH** Gelsenwasser AG Gelsenkirchen **A** Gelsenwasser AG

1995/98 S. 32 Hauptverwaltung Victoria Versicherung Düsseldorf, 2. Bauabschnitt **BH** Victoria-Grundstücksverwaltungsgesellschaft GbR, Düsseldorf **A** HPP Hentrich-Petschnigg und Partner, Düsseldorf

1995/98 Neven DuMont Verlag, Köln
BH Neven DuMont Verlag, Köln; Sagittarius Verwaltungs- und Beteiligungsgesellschaft mbH & Co. KG **A** HPP Hentrich-Petschnigg und Partner, Köln

Gewerbe- und Büroparks

1975 Einkaufszentrum Saarlouis/Steinrausch
BH Stadt Saarlouis, Planungsamt
A Heinrich Gellenberg, Dillingen; Herbert Wallner, Düsseldorf

1977/79 Verwaltungsgebäude Quarzwerke, Frechen
BH Quarzwerke, Frechen **A** AGI Plan, Essen

1990 Gewerbepark Flachglas, Wesel
Erweiterung **BH** Flachglas Wesel

1991/93 Profilfertigungszentrum Gartner & Co.,
S. 78 Gundelfingen
BH Josef Gartner & Co., Gundelfingen
A Harald Deilmann, Münster

1991/93 Konstruktionsbüro Gartner
Industriepark, Gundelfingen
BH Josef Gartner & Co.
A Kurt Ackermann, München

1992/93 Büropark Debausie, Eschborn/Frankfurt a.M.
BH Deutsche Bau- und Siedlungsgesellschaft mbH, Frankfurt a. M. **A** HPP Hentrich-Petschnigg und Partner, Frankfurt a.M.

1992/93 Gewerbegebiet Marl, Waldpark
S. 76 **BH** Neue Marler Bauträger mbH
A Thielcke und Burbaum, Marl

1995 Gewerbepark Firma Probst, Oelde
BH Ferdinand Probst GmbH, Oelde
A Harald Deilmann, Münster

Hausgärten

1962 u. **1976** Hausgarten Penker, Neuss
S. 9/10 **BH** Georg und Erika Penker,
A Heinz Döhmen, Mönchengladbach

1962 Hausgarten Werner Böninger,
S. 12 München-Grünwald
BH, A Werner Böninger, München

1963 Hausgarten Brenningmeyer, Düsseldorf
BH Josef Brenningmeyer

1964 Hausgarten Hilde Böninger, Starnberg
BH Hilde Böninger **A** Böninger, München

1963/64 Hausgarten Weitz, Duisburg
BH Dr. Weitz, Duisburg
A Rolf Bähr, Duisburg

1965/66 Hausgarten und Atelier Zimmermann, Feldafing/Starnberger See
BH Wolf-Dieter Zimmermann, Feldafing
A Walter und Bea Beetz, München

1969 Hausgarten Döhmen, Viersen
S. 14 **BH** Heinz und Resi Döhmen, Viersen
A Heinz Döhmen, Mönchengladbach

1972 Grüngestaltung Haus Schneider-Wessling, Köln **BH, A** Erich Schneider-Wessling

1972 Hausgarten von Dohnany,
S. 18 Bad Godesberg **BH** Dr. Klaus von Dohnany, Bad Godesberg
A Erich Schneider-Wessling, Köln

1976 Hausgarten Klewitz, Brühl
BH, A Dr. Dietmar Klewitz, Brühl

1982 Garten Heyer, Mönchengladbach
BH Dr. Heyer, Mönchengladbach
A Heinz Döhmen, Mönchengladbach

1984 Garten Bergener, Bergisch-Gladbach
BH Prof. Dr. Bergener, Bergisch-Gladbach

1984/85 Dachgarten An Farina, Köln
Galeria Greve, Köln
BH Moderne Stadt, Köln
A Kraemer-Sieverts und Partner, Köln

1985 Dachgarten Dr. Kratz, Köln
BH Dr. Franz Kratz, Köln

1986 Garten Trabalski, Düsseldorf
BH Karl Trabalski, Düsseldorf
A Volkamer und Wetzel, Düsseldorf

1987 Garten Schmidt, Bergisch Gladbach
BH Wolf-Dieter Schmidt, Bergisch Gladbach **A** Bernd Zimmermann, Bergisch Gladbach

1987 Garten Schulz, Viersen
BH Rainer Schulz
A Heinz Döhmen, Mönchengladbach

1987/88 Hausgarten in Ahlen
S.15 **BH** Franz-Dieter Kaldewei, Ahlen
A Adrian Sarnes, Hamm

1990/92 Appartement-Wohnbebauung, Siesmeyerstraße, Frankfurt, Neuplanung Altbau-Villen
BH Deutsche Bank AG, Frankfurt
A Limper und Partner, Münster

1990 Garten Dr. Ahlmann, Köln
BH Dr. Ahlmann **A** Erwin Zander, Köln

1993 Garten Dr. Meleghi, Bergisch-Gladbach
BH Dr. de Meleghi, Bergisch-Gladbach
A Klingen-Zimmermann, Bergisch-Gladbach

1993/94 Hausgarten de la Motte, Köln
S. 20 **BH** Joachim de la Motte
A Uwe Mertens, Heilbronn/Feldkirchen
Lichtplanung: Dinnebier, Wuppertal

1995/96 Garten Jansen, Düsseldorf
BH Ulrich und Annegret Jansen, Düsseldorf

1996/97 Garten Klingenhagen, Neuss
BH Herbert Klingenhagen, Neuss

2. Städtebauliche Planungen

Fußgängerzonen und Plätze

1954 Gangelsplatz, Düsseldorf
BH Stadt Düsseldorf, Garten-, Friedhofs- und Forstamt

1954 Wangeroogeplatz, Düsseldorf
BH Stadt Düsseldorf, Garten-, Friedhofs- und Forstamt

1955/56 Barbarossaplatz, Düsseldorf
BH Stadt Düsseldorf, Garten-, Friedhofs- und Forstamt

1956/57 Platz an der Daimler-Benz Siedlung, Düsseldorf **BH** Stadt Düsseldorf, Garten-, Friedhofs- und Forstamt

1963/75 Fußgängerbereich,
S. 54 Heinrich-Heine-Universität Düsseldorf
BH Land NRW
Staatshochbauamt für die Universität

1972 Städtebaulicher Ideenwettbewerb Homburg/Saar, Entwicklungsgebiet Berliner Straße, 1. Preis, Ausarbeitung von Bebauungsplänen **BH** Stadt Homburg
A Herbert Wallner, Düsseldorf

1973/75 Fußgängerzone Euskirchen
S. 71 **BH** Stadt Euskirchen
A Herbert Wallner, Düsseldorf

1973/74 Fußgängerzone Viersen
BH Stadt Viersen
A Herbert Wallner, Düsseldorf

1974/75 Fußgängerzone Kaldenkirchen-Nettetal
S. 70 **BH** Stadt Nettetal
A Heinz Döhmen, Mönchengladbach

1975 Fußgängerzone Kreuztal,
Wettbewerb 1. Preis
BH Stadt Kreuztal, Planungsamt

1975 Einkaufszentrum Saarlouis/Steinrausch, Planung **BH** Stadt Saarlouis **A** Heinrich Gellenberg, Dillingen; Herbert Wallner, Düsseldorf

1977/79 Fußgängerzone Stadt Dülken, Innenstadt
BH Stadt Viersen
A Herbert Wallner, Düsseldorf

1978 Fußgängerzone Kassel-Treppenanlage, Planung **BH** Stadt Kassel, Grünflächenamt

1978 Kaiserstraße, St. Ingbert-Saarland Planung **BH** St. Ingbert
A Heinrich Gellenberg, Dillingen

1978 Magdalenenplatz, Bonn-Lengsdorf, Planung **BH** Stadt Bonn, Planungsamt
A Herbert Wallner, Düsseldorf

1978 Stadt-Entwicklungsplanung für Witten-Herbede **BH** Stadt Witten
A Herbert Wallner, Düsseldorf

1978 Fußgängerzone Bonn-Beuel, Planung
BH Stadt Bonn, Planungsamt
A Herbert Wallner, Düsseldorf

1978 Pilotprojekt, Verkehrsberuhigung und Wohnumfeldverbesserung für den Wohnbereich Düsseldorf-Derendorf
BH Stadt Düsseldorf, Planungsamt
A Herbert Wallner, Düsseldorf

1978/95 Gelände der Köln-Bonner Eisenbahn an der Luxemburger Straße Köln mit Landesbauten, Büro- und Wohnbebauung, Wettbewerb 1. Preis **BH** Moderne Stadt Köln

1979 Vorplatzbereich, Hauptbahnhof, Bonn
BH Stadt Bonn, Planungsamt
A Herbert Wallner, Düsseldorf

1979 Planung für die Fußgängerzone in Bonn-Duisdorf **BH** Stadt Bonn, Planungsamt
A Herbert Wallner, Düsseldorf

1979/80 Rathausplatz, Eschweiler
BH Stadt Eschweiler
A Neue Heimat-Stadtbau, Düsseldorf

1979 Königsallee, Düsseldorf, Gutachten für Neugestaltung **BH** Stadt Düsseldorf, Planungsamt **A** Herbert Wallner, Düsseldorf

1979/83 Fußgängerzone Ortskern Frechen, Wettbewerb 1. Preis
BH Stadt Frechen, Planungsamt
A Herbert Wallner, Düsseldorf

1980/81 Fußgängerbereich/Innenstadt Altenhunden/Lennestadt
BH Stadt Lennestadt

1980/81 Gesamthochschule Siegen - Forum
BH Land NRW und ZPS Aachen.
Skulptur von Lajos Bartha

1981 Gestaltungskonzept für den Dorf- und Kirchplatz, Bad Godesberg-Rüngsdorf
BH Stadt Bonn, Planungsamt

1981/82 Fußgängerzone Holzgasse, Siegburg, Wettbewerb 1. Preis
BH Stadt Siegburg, Planungsamt

1981/82 Fußgängerzone Kaiserstraße, Siegburg
BH Stadt Siegburg, Planungsamt

1982/84 Bechergasse, Köln
BH Stadt Köln
A Erich Schneider-Wessling, Köln

1983/84 S. 69 Fußgängerzone Dormagen
BH Stadt Dormagen
A Walter von Lom, Köln

1984/86 Fischertorstraße und Rheinpromenade, Wesel, Wettbewerb 1. Preis
BH Stadt Wesel, Planungsamt

1984 Kurt Hackenbergplatz, Köln am Röm. Germ. Museum, Planung
BH Stadt Köln, Planungsgruppe Dom-Altstadt-Rhein

1984 S. 93 Rathausplatz, Köln
BH Stadt Köln, Planungsgruppe Dom-Altstadt-Rhein
A Kraemer-Sieverts und Partner, Köln

1985 Bahnhofsplatz, Dortmund
BH Stadt Dortmund **A** Eckhard Gerber, Dortmund

1985/86 Großer Markt, Wesel, Planung
BH Stadt Wesel, Planungsamt

1985/88 Marktplatz, Warstein
BH Stadt Warstein
A Walter von Lom, Köln

1986 Kornmarkt, Wesel, Planung
BH Stadt Wesel, Planungsamt

1986 Fußgängerzone Siegen, Bahnstraße, Planung **BH** Stadt Siegen
A Manfred Arlt, Kreuztal

1987 Schloßplatz, Hückeswagen, Planung
BH Stadt Hückeswagen

1988 Platz am WWF, Columbahof Köln
BH WWR Westdeutsche Rundfunkwerbung GmbH, Betreuung Moderne Stadt Köln
A HPP-Hentrich-Petschnigg und Partner, Köln

1990 Verkehrsberuhigung, Kaiserstraße, Viersen, Planung **BH** Stadt Viersen, Planungsamt

1990/92 S. 68 Remigiusplatz, Viersen, Wettbewerb 1. Preis **BH** Stadt Viersen
A Heinz Döhmen, Mönchengladbach

1992 S. 86 Rheinuferpromenade Düsseldorf Altstadt und Landtag, Planung, Gutachten
BH Stadt Düsseldorf, Planungsamt
A Planungsgruppe: Schwingen und Wermuth, Düsseldorf; Heldmann und Ulrich, Düsseldorf/Aachen; Czock, Düsseldorf; Penker, Neuss

1991 Europaplatz, Neuss-Hammfeld
BH Bastbau, Düsseldorf

1995/97 S. 69 Stadtmitte Dormagen mit neuem Rathaus, SASS-Galerie und archäologischer Garten
BH Stadt Dormagen und LEG Düsseldorf
A RKW Rohde-Kellermann-Wawrowsky, Düsseldorf (SASS-Galerie); LEG, Düsseldorf (Neues Rathaus)

Städtebauliche/ Landschaftliche Planungen

1964 Grünzug Niederkrüchten/Elmpt
BH Gemeinde Niederkrüchten

1970 Ortsmitte Straberg, Neuplanung
BH Gemeinde Nievenheim bei Neuss

1970 Stadtsanierung Grefrath, historischer Stadtkern, Wettbewerb 1. Preis, Planung
BH Stadt Grefrath
A Arge Bähr, Döhmen, Gansfort, Penker

1970 Schnellweg DÜ-BO-DO, Abschnitt Universität Bochum
BH Stadt Bochum
A Herbert Wanning, Bochum

1971 Stadtsanierung Wachtendonk, historischer Stadtkern
BH Stadt Wachtendonk
A Arge Bähr, Döhmen, Gansfort, Penker

1971 Ortskern Kevelaer, historischer Stadtkern, Sanierung, Wettbewerb 2. Preis, Planung
BH Stadt Kevelaer
A Arge Bähr, Döhmen, Gansfort, Penker

1972 Stadtsanierung Waldniel, Planung
BH Stadt Waldniel
A Arge Bähr, Döhmen, Gansfort, Penker

1972 Wohnsiedlung Düsseldorf-Lichtenbroich
BH Wohnungsbaugenossenschaft Düsseldorf Ost

1972 Stadtmitte Willich
BH Stadt Willich
A Penker; Wallner, Düsseldorf

1972/75 Stadtteil Homburg/Saar, Wettbewerb 1. Preis **BH** Stadt Homburg **A** Heinrich Gellenberg, Dillingen, Herbert Wallner, Düsseldorf

1975 Städtebauliches Gutachten Unterhaching bei München **BH** Gemeinde Unterhaching **A** Erich Schneider-Wessling, Köln

1976 Loosheim/Saar, Städtebauliche Entwicklungsplanung **BH** Stadt Loosheim **A** Heinrich Gellenberg, Dillingen, Ingesta, Erich Schneider-Wessling, Köln

1976/77 Städtebaulicher Rahmenplan Leverkusen, Wiebachtal **BH** Stadt Leverkusen, Planungsamt **A** Hans Uelner, Bonn

1977 Städtebauliche Planung Altstadt Kassel, Wohnumfeldverbesserung, Gutachten **BH** Stadt Kassel, Planungsamt **A** Arge Bähr, Döhmen, Gansfort, Penker

1978 Entwicklungsplan für Witten-Herbede **BH** Stadt Witten **A** Herbert Wallner, Düsseldorf

1978 Standortgutachten für die Bundesgartenschau Mönchengladbach **BH** Stadt Mönchengladbach **A** Arge Bähr, Döhmen, Gansfort, Penker

1979 Städtebauliches Gutachten Bliesaue in Blieskastel/Saar, 2. Rang **BH** Stadt Blieskastel **A** Heinrich Gellenberg, Dillingen, Herbert Wallner, Düsseldorf

1984/86 S. 93 Altstadt Köln, Gesamtplanung **BH** Stadt Köln, Planungsgruppe Dom-Altstadt-Rhein

1985/87 S. 82 Netzpark »Grüner Süden« mit Fleher Knoten und Universitätstunnel A 46 **BH** Stadt Düsseldorf, Straßen-, Brücken- und Tunnelbauamt

1986 Planung »Am Paterskamp«, Ahlen/Westfalen, **BH** Stadt Ahlen, Planungsamt **BH** Hanno Lagemann, Bonn

1987 Klärwerk Arnsbeck/Wildenhausen **BH** Ruhrverband Essen

1988/89 Historischer Altstadtring, Ostwall/Südwall, Altstadt Dorsten Planung **BH** Stadt Dorsten **A** Harald Deilmann, Münster

1988 Grünzug Glacis, Wesel **BH** Stadt Wesel, Planungsamt **A** Harald Deilmann, Münster

1988/92 Rheinuferpromenade Düsseldorf, konkurierendes Gutachterverfahren **BH** Stadt Düsseldorf, Planungsamt **A** Planungsgruppe: Schwingen/Wermuth, Düsseldorf; Heldmann/Ulrich, Düsseldorf/Aachen; Czock, Düsseldorf; Penker, Neuss

1994 S. 50 Internationales Handelszentrum (IHZ) Düsseldorf, Zentraler Park, in Planung und Ausführung, Wettbewerb 1. Preis **BH** Stadt Düsseldorf, Garten-, Friedhofs- und Forstamt **A** HPP-Henrich-Petschnig und Partner, Düsseldorf

1996 Rheinauhafen, Köln **BH** Moderne Stadt, GmbH und Stadt Köln **A** Arge Bothe, Richter, Teherani, Lindner, Hamburg; Busmann und Haberer, Köln; Erich Schneider-Wessling, Köln; Gerd Abhing, Köln

Wohnungsbau

1963/66 Wohnsiedlungen Düsseldorf-Garath, diverse Projekte **BH** Treufinanz, Düsseldorf

1964 Wohngebiet Süchtelner Höhen, Viersen Wettbewerb 1. Preis **BH** GWG-Viersen **A** Heinz Döhmen, Mönchengladbach

1964/66 Neuss-Weckhoven Ost, neues Wohngebiet **BH** Neusser Gemeinnütziger Bauverein AG

1969 Harffstraße, Düsseldorf **BH** Wohnungsbaugenossenschaft Düsseldorf Ost **A** Karl Krass, Düsseldorf

1970/76 Neue Stadt Hochdahl, diverse Wohnsiedlungen **BH** Treufinanz, Düsseldorf

1971 Wohnsiedlung Mörsenbroicher Weg, Düsseldorf **BH** Wohnungsbaugenossenschaft, Düsseldorf Ost **A** Heinrich Lindner, Düsseldorf

1974 Siedlung Freiheit, Stadtplanung – Sanierung **BH** Wohnungsbaugenossenschaft Düsseldorf Ost **A** Karl Krass, Düsseldorf

1976 Gilde-Wohnzentrum, Kaarst **BH** Gilde Versicherung, Düsseldorf **A** Kuhn-Boskamp und Partner, Düsseldorf

1976/79/80 Vennhauser Allee, Düsseldorf Sanierung Wohnbebauung **BH** Wohnungsbaugenossenschaft Düsseldorf Ost **A** Bähr und Gansfort, Düsseldorf

1976 Geeststraße, Düsseldorf **BH** Wohnungsbaugenossenschaft Düsseldorf Ost **A** K.H. Knüpper

1976 Hagener Straße, Düsseldorf **BH** Wohnungsbaugenossenschaft Düsseldorf Ost **A** Heinz Kalenborn, Düsseldorf

1976 Altenheim Benderstraße, Düsseldorf **BH** Wohnungsbaugenossenschaft Düsseldorf Ost **A** Karl Krass, Düsseldorf

1976 Lohbachweg, Düsseldorf **BH** Wohnungsbaugenossenschaft Düsseldorf Ost **A** Karl Krass, Düsseldorf

1977 Torfbruch Wohnsiedlung, Düsseldorf **BH** Wohnungsbaugenossenschaft Düsseldorf Ost **A** Bähr und Gansfort, Düsseldorf

1978 Torfbruch Wohnbaugebiet, Düsseldorf-Gerresheim, Planung **BH** Wohnungsbaugenossenschaft Düsseldorf Ost **A** Schneider-Wessling, Köln; Zlonicky, Essen; Steidle, München; Spieker, München

1984 »Am Theater«, Wohnbebauung Gelsenkirchen, **BH, A** Gemeinnützige Wohnungsbau Genossenschaft, Gelsenkirchen

1980 Torgauerstraße, Düsseldorf Wohnblocksanierung **BH** Wohnungsbaugenossenschaft Düsseldorf Ost

1981 Wohnsiedlung Düsseltal, Torfbruch, **BH** Glashütte Gerresheim **A** Schneider-Wessling Köln/Spiecker, Steidle, Zlonicky

1981 u. 1992 City-Appartements Luxemburger Straße, Köln 1. und 2. Bauabschnitt **BH** Bauherrengemeinschaft, Betreuung: Moderne Stadt, Köln **A** HPP-Hentrich-Petschnigg und Partner, Köln

1984 »An der Lank« Nosenberger Straße, Düsseldorf **BH** Wohnungsbaugenossenschaft Düsseldorf Ost **A** Heinz Schmitz, Aachen

1986 Wohnbebauung Hellerhof, Düsseldorf **BH** Wohnungsbaugenossenschaft Düsseldorf Ost **A** Volkamer und Wetzel, Düsseldorf

1990 »Am Wallgraben«, Alt Gerresheim **BH** Wohnungsbaugenossenschaft Düsseldorf Ost **A** Balkow und Schmetzer, Düsseldorf

1991/92 Grünau, WK 48, Hof 20 und Zentraler Platz, Leipziger Wohnungsbaugesellschaft mbh, Planung **A** Bähr, Düsseldorf, Spickenbom, Düsseldorf

1991/93 Grünau, Leipzig, Sanierung einer Plattensiedlung **BH** Leipziger Wohnungsbaugesellschaft **A** Bähr und Spickenbom, Düsseldorf

1993/94 Wohn- und Geschäftsbebauung Gotha, östliche Innenstadt **BH** Victoria Grundstücksverwaltung GbR, Düsseldorf **A** Volkamer und Wetzel, Düsseldorf

1996 Pfingstberg Siedlung Potsdam, Sanierung **BH** Landesbauamt Potsdam **A** Reiner Becker, Potsdam

1996 Neuss-Allerheiligen **BH** Werkbund Siedlung

3. Landschaftsplanung

Landschaftsrahmenpläne

1969/70 Landschaftsrahmenplan Kreis Köln
BH Landschaftsverband Rheinland, Köln

1972 Landschaftsrahmenplan
Naturpark Schwalm
BH Landschaftsverband Rheinland, Köln

1973 Landschaftsrahmenplan
Naturpark Schwalm-Nette
BH Gemeinde Niederkrüchten

1978/80 Landschaftsrahmenplan
Region Rheinhessen
BH Land Rheinland-Pfalz, Bezirksregierung Rheinhessen/Pfalz

1979/80 Landschaftsrahmenplan Mittelrhein (Koblenz bis Bonn) **BH** Land Rheinland-Pfalz und Bezirksregierung Koblenz

1979/80 Landschaftsrahmenplan Region Rheinhessen-Nahe **BH** Rheinland-Pfalz

Landschaftspläne

1970/73 Amtsgemeinde Nievenheim
BH Gemeinde Nievenheim

1970/74 Neue Stadt Viersen
BH Stadt Viersen

1971 Stadt Homburg/Saar
BH Stadt Homburg

1971/72 Stadt Dormagen
BH Stadt Dormagen

1972/73 Neue Stadt Willich
BH Stadt Willich

1972/74 Neue Stadt Meerbusch
BH Stadt Meerbusch

1973 Neue Stadt Niederkrüchten/Elmpt
BH Stadt Niederkrüchten

1973/74 Neue Stadt, Ratingen
BH Stadt Ratingen

1975/76 Stadt Neuenahr-Ahrweiler
BH Stadt Neuenahr

1985/86 Stadt Dillingen/Saar
BH Stadt Dillingen

1986/87 Stadt Rehlingen
BH Stadt Rehlingen

Landschaftspflegerische Begleitpläne/Grünordnungspläne

1970/72 Borner See
S. 136 **BH** Landschaftsverband Rheinland Köln

1972 Erholungsspange Zons/Nievenheim
BH Kreis Grevenbroich

1972/73 Saarausbau im Bereich Dillingen
BH Land Saarland

1977 Klärwerk Duisburg Kasslerfeld
BH Ruhrverband Essen

1977/78 Negertalsperre/
Trinkwassertalsperre-Winterberg
BH Ruhrtal-Sperrenverband Essen

1979/82 Freizeitzentrum Kemnadersee,
S. 138 Bochum-Witten-Herbede
BH Ruhrtalsperrenverband
A Bähr Gansfort und Penker

1980 Gutachten Stadt Isselburg
BH Landschaftsverband Rheinland, Köln

1980/81 Tageserholungsstätte Knipprather Wald
BH Zweckverband Knipprather Wald

1980/81 Otto-Maigler-See, Hürth
BH Zweckverband Naturpark Kottenforst Ville, Hürth

1981/82 Torfbruch Siedlung Düsseldorf
BH Gerresheimer Glashütte AG

1984 Vollrather Höhe bei Grevenbroich
BH Kreis Grevenbroich

1985/86 Saarpark Dillingen
BH Stadt Dillingen

1986 Kalkdeponie Würselen/Aachen
BH Eisen und Metall AG Gelsenkirchen

1987 L 103 n Nordumgehung Brühl
BH Rheinisches Straßenbauamt Köln, zusammen mit Büro Becker-Janssen, Erkrath

1988 Lager- und Produktionshallen, Flachglas, Wesel **BH** Stadt Wesel

1989 Rheinbahnanschluss
Heinrich-Heine-Universität, Düsseldorf
BH Rhein. Bahngesellschaft AG, Düsseldorf

1990 Grünordnungsplan, Dorsten
BH Stadt Dorsten

1990 Internationales Handelszentrum (IHZ)
S. 50 Düsseldorf **BH** Stadt Düsseldorf

1992/93 Gewerbepark Eschborn-Ost IBA
BH Deutsche Bau- und Siedlungsgesellschaft mbH, Frankfurt a. M.

1992/93 Siemens Verwaltung Düsseldorf
BH Siemens AG

1992/93 Neubau B7-Bereich Mettmann
BH Landschaftsverband Rheinland, Düsseldorf

1993 Kreispolizeibehörde Bergisch Gladbach
BH Land NRW

1994 Chirurgie II, Heinrich-Heine Universität, Düsseldorf
BH Land NRW, Staatliches Bauamt

1995/96 Seniorenresidenz Gut Mydlinghoven, Düsseldorf **BH** Hannoversche Lebensversicherung AG Hannover

Landschaftsökologische Gutachten

1978/79 Landschaftsökologisches Gutachten, Erdöl Chemie, Hünxe
BH Regierungspräsident Düsseldorf
A Penker; Oekoplan-Rimathé, Zürich

1995 Parkpflegewerk Gartenschaugelände Grevenbroich **BH** Landesgartenschau GmbH Grevenbroich

Umweltverträglichkeitsstudien

1993/94 UVS B7 Bereich Mettmann
BH Landschaftsverband Rheinland, Düsseldorf

1993/94 UVS Alterftarm Grevenbroich
(zus. mit dem Büro Rademacher, Hagen)
BH Stadt Grevenbroich/Erftverband

4. Wettbewerbe

Gartenschauen

1961 Bundesgartenschau Stuttgart
Grünzug Schloß bis zum Neckar, 3. Preis
A Hermann Birkigt, Düsseldorf

1965 Bundesgartenschau, Essen Gruga
S. 102 Ankauf

1967 Bundesgartenschau, Karlsruhe
A Arge Bähr/Döhmen/Gansfort/Penker

1971 Bundesgartenschau, Köln
A Arge Bähr/Döhmen/Gansfort/Penker

1973 Bundesgartenschau, Frankfurt a. M.
A Arge Bähr/Döhmen/Gansfort/Penker

1973 »Planten und Blomen« Internationale Gartenbauausstellung, Hamburg, Ankauf
A Armin Boyer/Klaus Reese/
Erich Schneider-Wessling/Horst Wagenfeld

1975 Bundesgartenschau, Köln, 2. Preis
A Erich Schneider-Wessling, Köln

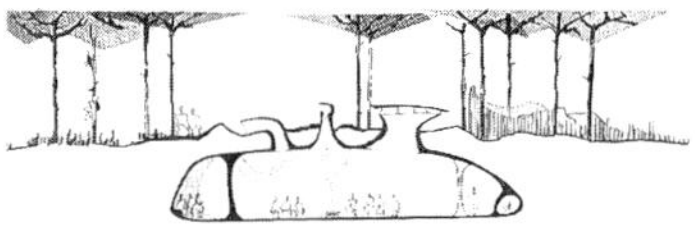

1975 Bundesgartenschau, Mannheim
A Arge Bähr/Döhmen/Gansfort/Penker

1978 Bundesgartenschau, Kassel, Ankauf
A Arge Bähr/Döhmen/Gansfort/Penker

1985 Bundesgartenschau, Berlin, 1. Preis
S. 104 **A** Erich Schneider-Wessling, Köln; Jutta Breuer-Mohry

1987 Bundesgartenschau, Düsseldorf
S. 106 1. Preis **A** Volkamer und Wetzel, Düsseldorf

1988 Landesgartenschau Wiedenbrück

1989 Landesgartenschau Grevenbroich
S. 108 1. Preis **A** Heinz Döhmen, Möchengladbach

Universitäten und Hochschulen

1964 Ruhr- Universität Bochum,
S. 58 Landschaftsplanung 1. Preis
A Bähr und Gansfort, Düsseldorf

1968 Universität, Dortmund, Landschaftliche und Städtebauliche Planung 3. Preis
A Staatshochbauamt für die Universität, Düsseldorf

1968 Universität, Bielefeld
A Bähr/Döhmen/Gansfort/Penker

1970 Universität Trier, Neubau im Rahmen der Stadtentwicklung Trier 3. Preis
A Planungsgruppe: Bauturm Köln/ Busmann und Haberer/Schneider-Wessling, Köln, Georg Penker/Herbert Wallner/Peter Zlonicky

1971 Universität Bremen, 3. Preis
A Staatshochbauamt für die Universität, Düsseldorf

1975 Universität Düsseldorf, Zentralbereich
A Arge Bähr/Döhmen/Gansfort/Penker

1978 Universität Kiel, Neuplanung/Erweiterung

1980 Gesamthochschule Siegen (Forum), 1. Preis
Skulptur von Lajos Bartha, Köln

1984 Universität Frankfurt/Main, Biozentrum
A HPP Hentrich-Petschnigg und Partner, Düsseldorf

1985 Fernuniversität Hagen
A Busmann und Haberer, Köln

1987/88 Johann-Wolfgang Goethe Universität, Frankfurt a. M.
A Harald Deilmann, Münster

1991 Freie Universität Witten/Herdecke, 4. Preis
A Busmann und Haberer, Köln

1994 Europa Universität Viadrina Frankfurt/Oder, Städtebauliche und Landschaftliche Planung **A** Harald Deilmann, Münster

Akademien/Fachhochschulen/ Bildungszentren

1974 BGA-Hennef, Berufsgenossenschaftliche Akademie, 1. Preis
A Dieter Quast, Heidelberg/Karl Schmucker, Mannheim; Peter Trint, Köln

1981 Fachhochschule, Osnabrück
A Erich Schneider-Wessling, Köln

1985 Finanzakademie des Bundes, Münster
A Harald Deilmann, Münster

1995 Fachhochschule Ingolstadt, Altstadtring/Schloß/Donauufer
A Harald Deilmann, Münster

Schulen

1972 Schul- und Freizeitszentrum Bad Münstereifel, 1. Preis
A Werkgruppe 7, Köln: Hachenberg/Pahl/ Ruoff/Trint/Zander

1977 Gesamtschule Bonn-Beuel, 1. Preis
A Busmann und Haberer, Köln/ Erich Schneider-Wessling, Köln

1991 Kurt-Tucholsky Gesamtschule, Krefeld, Stadtoase 1. Preis
A Busmann und Haberer, Köln

Freizeitanlagen

1968 Olympiade München Ruderregatta Anlage
S. 134 München-Schleißheim, 1. Preis
A Arge Michael Eberl und Partner, München

1972 Freizeitpark Ennepetal/Ahlhaus 1. Preis

1972 Hallen- und Freibad Dülken, 2. Preis
A Rolf Bähr und Karl-Heinz Gansfort, Düsseldorf

1972 Hallen- und Freibad Kleve, 3. Preis

1972 Hallen- und Freibad Agger Talsperre, 3. Preis
A Busmann und Haberer, Köln

1975 Freizeit- und Badezentrum Nettetal, 1. Preis
A Arge Bähr/Döhmen/Gansfort/Penker

1985 Hallen und Freibad Lüdinghausen, 1. Preis
A Harald Deilmann, Münster

1985 Freizeitpark Vollrather Höhe, Kreis Neuss, Landschaftsplanung und Gutachten
A Arge Bähr/Döhmen/Gansfort/Penker

1985 Freizeitzentrum Dülmen Nord
A Harald Deilmann, Münster

1996 Freizeit- und Badezentrum Passau
A Erich Schneider-Wessling, Köln

Friedhöfe

1956 Friedhof Stuttgart, 3. Preis

1961 Waldfriedhof Dodeshaus/Osnabrück

1959 West Friedhof Kassel, 3. Preis

1963 Friedhof Witten, 3. Preis
A Heinz Kalenborn, Düsseldorf

1966 Friedhof Viersen – Auf der Löh, 1. Preis
A Heinz Döhmen, Mönchengladbach

1966 Friedhof Hamm, Ankauf

1967 Hauptfriedhof Wuppertal, 3. Preis
A Bernward von Chamier

1969 Friedhof Porz, 1. Preis

1969 Friedhof Haan, 1. Preis

1971 Friedhof Lünen, 3. Preis

1983 Friedhof Porz, Einweihungshalle und Eingang, 1. Preis **A** Bähr, Gansfort, Düsseldorf

Kleingartenanlagen

1963 Kleingartenanlage Grenzland Neuss Goldmedaille

1963 Kleingartenanlage Neuland Neuss Goldmedaille

1964 Kleingartenanlage Neuss/Nordstadt Goldmedaille

Kliniken/Krankenhäuser

1960 Schwesternhäuser, Krankenhaus Duisburg, 3. Preis **A** Arge Bähr/Döhmen/Gansfort/ Penker

1962 Klinikum Bonn Venusberg, 1. Preis
A Bähr und Gansfort, Düsseldorf

1965 Krankenhaus, Duisburg, 3. Preis
A Arge Bähr/Döhmen/Gansfort/Penker

1984 Krankenhaus Olpe, 1. Preis
A Peter Scheele, Dortmund

1994 Reha-Klinik Usedom, 1. Preis
A Harald Deilmann, Münster

1984 Kurpark Bad Oeynhausen
Sanierung und Erweiterung, 2. Preis
A Gruppe Stieldorf, Bonn

1991 Klinikum, Dessau
A Harald Deilmann, Münster

1996 Klinikum, Jena, Ankauf
A HPP Hentrich-Petschnigg und Partner, Düsseldorf

Museen/Ausstellungen

1965 Kunstmuseum Berlin, an der Stadtbibliothek **A** Arge Bähr/Döhmen/Gansfort/Penker

1970 Expo-Weltausstellung Osaka
A Friedhelm Sieben, Penker

1972 Sprengelmuseum Hannover
S. 60 Internationaler Wettbewerb 1. Preis
A U. und P. Trint, Köln/D. Quast, Heidelberg

1976 Aquarium Düsseldorf im Nordpark 2. Preis
A Arge Bähr/Döhmen/Gansfort/Penker

1981 Energie Museum Essen, Gesellschaft der Energieförderer
A Erich Schneider-Wessling, Köln

1982 Technisches Museum, Mannheim
A Heinz Döhmen, Mönchengladbach

1988 Historisches Museum, Berlin, 5. Preis
A Eckhard Gerber, Dortmund

1989 Kunsthalle Kassel
A Erich Schneider-Wessling, Köln

1989 Kunstmuseum Schloß Morsbroich, Leverkusen, Landschaftsplanung 2. Preis

1990 Schokoladenmuseum und Trude-Herr-Park, Köln
A Erich Schneider-Wessling, Köln

1991 Kunstmuseum und Kunsthalle Bonn
Ankauf **A** Harald Deilmann, Münster

1992 Expo 2000 Hannover, Gesamtplanung
S. 96 **A** Frei Otto; Gerlach, Hannover; Schneider-Wessling, Köln; Sieverts, Bonn; Stefan, München

1993 Wohngebiet Ost, Expo 2000 Hannover,
S. 96 Ankauf **A** Schneider-Wessling, Köln; Gerlach, Hannover; Steffan, München

1996 Expo Park Süd und Ost, Expo 2000,
S. 96 Hannover **A** Döhmen, Mönchengladbach; Schneider-Wessling, Köln; Rainer und Sanni Lechner, Neuss

Denkmalpflegerische Projekte

1976 Berliner Tor, Wesel, 3. Preis
A Heinz Döhmen, Mönchengladbach

1984 Gedenkstätte Prinz Albrecht Palais, Berlin, 11. Preis, Skulpturen von Ulrich Rückriem

Justizgebäude

1977 KBE-Gelände, Köln-Bonner-Eisenbahn, Luxemburger Straße, Köln, 1. Preis
BH Moderne Stadt, Köln

1978 Justizbehörde, Land- und Amtsgericht Landgericht, Dortmund
A Erich Schneider-Wessling, Köln

Stadtparks/Grünanlagen

1955 Höhenpark, Witten
S. 122 1. Preis

1956 Park, Alter Döhrener Friedhof, Hannover, Umnutzung, 1. Preis

1958 Bönninger Park, Duisburg, 1. Preis
A Stadt Duisburg, Grünflächenamt

1960 Mathildenhöhe Darmstadt, Parkgestaltung, Ankauf

1962 Neugestaltung Kurpark Unna-Königsborn

1963 Berlin, Großer Tiergarten mit Spreebogen (Regierungsbauten)
A Heinz Kalenborn, Düsseldorf

1970 Westfeldpark Neuss, 1. Preis
A mit Rainer Lechner, Neuss

1972 Yanbu, Landschafts- und Freizeitpark,
S. 90 Saudi Arabien **A** Gellenberg, Dillingen/Gergen, Dillingen/Cox Consulting, Koblenz

1972 Allwetterzoo, Münster
A Dr. Leyhausen, Verhaltensforschung

1977 Uferpromenade Rheinpark, Düsseldorf, Rheinterrassen bis Messegelände, 1. Preis

1978 Stadtpark Dortmund mit U-Bahn Haltestelle, mit Projektplanung
A Eckhard Gerber, Dortmund

1979 Schloßpark Kiel, an der Kieler Förde/Landtag Gutachten

1981 Rheingarten Köln, 1. Preis
S. 126 **A** Erich Schneider-Wessling, Köln/Eduardo Paolozzi, London/München

1985 Stadtpark Dülmen
A Harald Deilmann, Münster

1988 Spiellandschaft Schloß Morsbroich, Leverkusen, 2. Preis

1989 Ein deutscher Garten am Palament, Bonn
S. 130 4. Preis

1991 Fortbildungszentrum des Innenministeriums NRW »Mont Cenis«, Emscher Park, Ankauf **A** Busmann und Haber, Köln

1991 Volkspark Hugenottenpark, Berlin
A Karl Schmucker, Mannheim

Privatwirtschaftliche Einrichtungen und Verwaltungen

1975 Jugend- und Gesundheitshaus Duisburg, 1. Preis **A** Bähr/Döhmen/Gansfort/Penker

1977 KBE Gelände Luxemburger Straße, Köln, Landesbauten, Büro- und Wohnbebauung

1980 Stadthalle mit Felsenpark, Hagen, 1. Preis
S. 62 **A** Eckhard Gerber, Dortmund

1981 Colonia Versicherung Köln-Hohlweide,
S. 24 Hauptverwaltung **A** Ernst Kasper, Aachen/Heinz Döhmen, Mönchengladbach

1984 Oliviandenhof Köln, Passage
A HPP Hentrich-Petschnigg und Partner, Köln

1985 Aachen-Münchener Versicherung, Aachen, Altes Klinikum, Landschaftsgestaltung 2. Preis

1986 Techniker Krankenkasse Hamburg, Landschaftskonzept 2. Preis

1987 Freizeit- und Kongreßhotel Garmisch-Partenkirchen, 1. Preis
A Harald Deilmann, Münster

1988 Westfälische Provinzial Versicherung, Münster, 2. Preis **A** HPP Hentrich-Petschnigg und Partner, Düsseldorf

1987 HDM Heidelberger Druckmaschinen AG,
S. 28 1. Preis **A** HPP Hentrich-Petschnigg und Partner, Düsseldorf

1989 Internationales Handelszentrum (IHZ)
S. 50 Düsseldorf, Zentraler Park östlich Hauptbahnhof, 1. Preis **A** HPP Hentrich-Petschnigg und Partner, Düsseldorf

1989 Stadtsparkasse Köln, 1. Preis
A HPP Hentrich-Petschnigg und Partner, Köln

1994 DuMont Verlag Köln, Hauptverwaltung, 2. Preis **A** HPP Hentrich-Petschnigg und Partner, Köln

1989 Hotel- und Schloßpark Gymnich Gutachten
A Erich Schneider-Wessling, Köln

1989 Deutsche Bundesbank, Frankfurt a. M.
A HPP Hentrich-Petschnigg und Partner, Düsseldorf

1990 Hermes Versicherung, 1. Preis
A HPP Hentrich-Petschnigg und Partner, Hamburg

1991 Berufsförderungswerk Brandenburg, Mühlenbeck/Oranienburg
A Karl Schmucker und Partner, Mannheim

1991 Mannesmann Mobilfunk Düsseldorf-Ratingen, Zentrale **A** Harald Deilmann, Münster

1992 Rheinterrassen, Düsseldorf, 1. Preis
A HPP Hentrich-Petschnigg und Partner, Düsseldorf

1992 RWE Dienstleistungszentrum »Am Stern«, Essen und RAG - Ruhrkohle AG, beschränkter Wettbewerb (Grünkonzept und Gestaltung), 1. Preis

1993 HUK Versicherung Coburg, Hauptverwaltung, 1. Rang
A HPP Hentrich-Petschnigg und Partner, München

1993 Concordia Versicherung, Hannover
A Isenberg und Dürschke, Düsseldorf

1993 KKB Bank, Düsseldorf
A HPP Hentrich-Petschnigg und Partner, Düsseldorf

1994 Kanis, Essen
A HPP Hentrich-Petschnigg und Partner, Düsseldorf

1994 Quelle Neue Hauptverwaltung, Fürth, 1. Preis **A** Beucker/Heider/Langhammer/Maschlanka, Düsseldorf

Gewerbe- und Büroparks

1975 Einkaufszentrum Saarlouis – Steinrausch, 1. Preis **A** Heinrich Gellenberg, Dillingen/Herbert Wallner, Düsseldorf

1989 Gewerbepark Düsseldorf-Reisholz, Am Schönekamp A HPP Hentrich-Petschnigg und Partner, Düsseldorf

1990 »Arbeiten in der Natur«, IBA Emscher Park, Bauzentrum im Industriepark Herten Süd 1. Preis **A** Harald Deilmann, Münster

1991 Gewerbepark Eschborn Ost II, Frankfurt, 1. Rang **A** HPP Hentrich-Petschnigg und Partner, Frankfurt

1992 Büro und Gewerbepark Melatengürtel Köln, 1. Preis **A** HPP Hentrich-Petschnigg und Partner, Köln

1992 Euroforum, Köln, 2. Preis
A HPP Hentrich-Petschnigg und Partner, Köln

1993 Gewerbepark Werdener Straße, Düsseldorf, 2. Preis **A** HPP Hentrich-Petschnigg und Partner, Düsseldorf

1993 Städtebauliche Neuordnung Dresden, Bereich Hauptbahnhof, Innenstadt, 2. Preis
A HPP Hentrich-Petschnigg und Partner, Düsseldorf

1993 Büropark Düsseldorf-Derendorf, Landesbauten Roßstraße **A** HPP Hentrich-Petschnigg und Partner, Düsseldorf

1993 Büropark Albertstadt, Dresden
A HPP Hentrich-Petschnigg und Partner, Düsseldorf

1994 Gewerbe- und Bürgerpark Aachen-Heerlen, Grenzübergreifender Zweiländerpark Niederlande/Deutschland, 2. Preis
A HPP Hentrich-Petschnigg und Partner, Düsseldorf

1994 Gewerbepark Espenhain, Leipzig, 2. Preis
A HPP Hentrich-Petschnigg und Partner, Düsseldorf

Anlagen an Behördenbauten

1977 Landtag Düsseldorf am Rhein mit Yachthafen und Anlage am Fernsehturm, 1. Preis
A Eller-Moser und Walter, Düsseldorf

1980 Kreishaus Meschede, 2. Preis
A Peter Scheele, Dortmund

1981 Messe Köln, Konzept Gesamtgestaltung der Außenanlagen, 2. Preis
A Busmann und Haberer, Köln

1983 Abgeordnetenhaus des deutschen Bundestages, Bonn
A Busmann und Haberer, Köln

1983 Haubrichhof, Köln, 1. Preis
A Ursula und Peter Trint, Köln

1984 Bundesministerium für Wirtschaft, Bonn mit Skulpturen von Heinz Günter Prager

1986 Erweiterung Bezirksregierung Oldenburg
A Eckhard Gerber, Dortmund

1986 Landesvertretung Niedersachsen, Bonn 1. Preis **A** Eckhard Gerber, Dortmund

1986 Haus der Geschichte der Bundesrepublik Deutschland, Bonn, 1. Rang, 2. Preis
A Eckhard Gerber, Dortmund

1987 Kreishaus, Bergheim
A EMW Eller, Moser, Walter, Düsseldorf

1990 Rathaus und Grünzug Schermbeck
A Harald Deilmann, Münster

1994 Bundespräsidialamt Tiergarten, Berlin
A Harald Deilmann, Münster

Fußgängerzonen und Plätze

1972 Fußgängerbereich Euskirchen, Innenstadt
S. 71 1. Preis **A** Herbert Wallner, Düsseldorf

1972 Fußgängerzone Hagen, 3. Preis
A Eckhard Gerber, Dortmund

1973 Fußgängerzone Viersen, 1. Preis
A Herbert Wallner, Düsseldorf

1976 Fußgängerzone Kreuztal, 1. Preis

1977 Fußgängerbereich St. Ingbert/Saarland, 1. Preis **A** Heinrich Gellenberg, Dillingen, Herbert Wallner, Düsseldorf

1978 Fußgängerzone Düsseldorf-Benrath, 2. Preis
A Herbert Wallner, Düsseldorf

1978 Fußgängerzone Königstraße, Duisburg, Ankauf
A Arge Bähr/Döhmen/Gansfort/ Penker

1979 Fußgängerbereich Frechen, Innenstadt, 1. Preis **A** Herbert Wallner, Düsseldorf

1979 Fußgängerbereich Innenstadt Versmold bei Münster, 3. Rang
A Herbert Wallner, Düsseldorf

1980 Fußgängerzone Siegburg/Holzgasse und Kaiserstraße, 1. Preis

1980 Gustav Gründgens Platz, Düsseldorf am Schauspielhaus
A Herbert Wallner, Düsseldorf

1980 Viersen, Kaiserstraße, Gutachten

1984 Bahnhofplatz Dortmund
A Eckhard Gerber, Dortmund

1984 Fußgängerzone Mühlheim/Ruhr, 2. Preis
A Werner Brandt, Düsseldorf

1986 Fußgängerbereich Stadtsanierung Ehrenbreitstein/Koblenz Ankauf
A Arge Bähr/Döhmen/Gansfort/Penker

1987 Markplatz Warstein, 1. Preis
A Walter von Lom, Düsseldorf

1987 Hauptstraße Ahlen, Westfalen, 2. Preis

1987 Fußgängerzone Bonn Bad Godesberg, Koblenzer Straße, 2. Preis
A Rolf Bähr, Düsseldorf

1990 Remigiusplatz Viersen, 1. Preis
S. 68 **A** Heinz Döhmen, Mönchengladbach

1992 Stadtoase Wiedenhofplatz, Krefeld, 1. Preis

1996 Projekt Neuss, Innenstadt, 1. Preis
S. 72 **A** Beratung: Erich Schneider-Wessling, Köln; Dinnebier, Wuppertal; Czock, Düsseldorf

Städtebauliche und landschaftliche Entwicklungsplanung

1965 Mönchengladbach Ortsteil Hardt, 2. Preis
A Arge Bähr/Döhmen/Gansfort/Penker

1969/72 Trabantenstadt Duisburg-Angerbogen, Wettbewerb/Gutachten **A** Bähr und Gansfort, Düsseldorf; Spengelin, Hannover; Heiko Stumpf, Duisburg

1971 Städtebauliche und Landschaftliche Entwicklungsplanung Koblenz -Moselweiss, Gutachten, 1. Preis
A Arge Bähr/Döhmen/Gansfort/Penker

1971 Ortskern Straelen, 2. Preis
A Arge Bähr/Döhmen/Gansfort/Penker

1972 Trabantenstadt Homburg/Saar, 1. Preis
A Heinrich Gellenberg, Dillingen; Herbert Wallner, Düsseldorf

1972 Städtebauliche und landschaftliche Planung für das Entwicklungsgebiet Neukirchen-Vluyn, 1. Preis
A Büttner, Musiol und Wallner, Düsseldorf

1972 Hörsaalforum, Universität Düsseldorf
A Arge Bähr/Döhmen/Gansfort/Penker

1972 Rathaus-Donauüberbauung, Linz/Österreich **A** Harald Deilmann, Münster

1973 Südliche Innenstadt, Viersen Entwicklungsplanung, 2. Preis
A Arge Bähr/Döhmen/Gansfort/Penker

1974 Städtebauliches und landschaftliches Gutachten, Bliesau in Blieskastell/Saar, 2. Rang **A** Heinrich Gellenberg, Dillingen; Herbert Wallner, Düsseldorf

1975 Städtebauliche Rahmenplanung Unterhaching bei München, Gutachten
A Erich Schneider-Wessling, Köln

1976 Bebauungsgebiet Viersen, Süchtelner Höhen, 1. Preis
A Heinz Döhmen, Mönchengladbach

1976 Friedrichplatz Kassel, Ankauf
A Arge Bähr/Döhmen/Gansfort/Penker

1977 Mönchengladbach Abteiberg, Städtebauliche Neuplanung und Sanierung, 2. Preis **A** Arge Bähr/Döhmen/Gansfort/Penker

1983 Wohnstadt Franzen-Brunnen, Saarbrücken, 1. Preis **A** Heinrich Gellenberg, Dillingen; Herbert Wallner, Düsseldorf

1983 Wohnbebauung und Neubau Finanzamt, Trier/Neuenburg, 2. Preis
A Heinrich Gellenberg, Dillingen; Herbert Wallner, Düsseldorf

1985 Bahnhofsbereich Münster, 1. Preis
A Harald Deilmann, Münster

1990 Hauptbahnhof Duisburg mit städtebaulichem Umfeld, Wettbewerb/Gutachten
A Bähr und Spickenbom, Düsseldorf; Kister, Köln; Volkmann, Düsseldorf

1991 Städtebauliche und Landschaftliche Planung, Historischer Stadtkern Schermbeck mit Rathaus und Begegnungszentrum
A Harald Deilmann, Münster

1991 Media Park, Köln
A Schultze, Felitz und Rodemeier, Köln

1991 Bahnhofsplatz und städtebauliches Umfeld, Heidelberg **A** HPP Hentrich-Petschnigg und Partner, München

1991 Neue Messe, München (Flughafen Riem) Städtebaulicher und landschaftlicher Wettbewerb **A** Harald Deilmann, Münster

1992 Hauptbahnhof Kyoto/Japan mit städtebaulichem Umfeld **A** Busmann und Haberer, Köln

1992 Spreeinsel, Berlin
A Harald Deilmann, Münster

1992 Dessau Innenstadt, 1. Preis
A Harald Deilmann, Münster

1992 Neue Messe, Leipzig, 2. Preis

1993 Technische Universität, Cottbus
A Harald Deilmann, Münster

1993 Neugestaltung des Hindenburgplatzes mit Schloß, Münster **A** Harald Deilmann, Münster

1993 Beuel/Süd, Entwicklungsbereich Ministerien, Gutachten, Planungsstudie
A Busmann und Haberer, Köln

1994 Neuer Stadtteil Werden/Brandenburg, Städtebaulicher- und Landschaftlicher Wettbewerb, Gutachten
A Bohne, Giese und Partner, Düsseldorf

1994 Stadt-Universität-Einordnung der Europa-Universität »Viadrina« in der Innenstadt von Frankfurt/Oder
A Harald Deilmann, Münster

1994 Auditorium Rom, Gutachten/Internationaler Wettbewerb
A Busmann und Haberer, Köln; Dani Karavan

1996 Wohngebiet »Meerwiese«, Münster-Coerde, 1. Preis
A Erich Schneider-Wessling, Münster

1996 Neubebauung Hauptbahnhof Darmstadt
A Scheel und Possekel, Düsseldorf/Hecker und Partner, Aachen

Wohnungsbau/Wohnsiedlungen

1990 Wohngebiet Münster-Toppheide
A Harald Deilmann, Münster

1993 Haferblöcken-Wohngebiet, Hamburg
A HPP Hentrich-Petschnigg und Partner, Düsseldorf

1993 Wohngebiet Mühlheim/Ruhr
A Kraemer, Sieverts und Partner, Köln

1994 Wohnbebauung Wuppertal-Vohwinkel, Ankauf **A** Peter Scheele, Dortmund

Städtebauliche Sanierungsplanungen

1970 Ortskernsanierung Straelen/Niederrhein, Historischer Ortskern, 2. Preis
A Arge Bähr/Döhmen/Gansfort/Penker

1973 Stadtsanierung Wachtendonk, Historischer Ortskern, 1. Preis
A Arge Bähr/Döhmen/Gansfort/Penker

1973 Ortskernsanierung Waldniel, 1. Preis
A Arge Bähr/Döhmen/Gansfort/Penker

1974 Ortskernsanierung Kevelaer/Niederrhein, Historischer Ortskern, 2. Preis
A Arge Bähr/Döhmen/Gansfort/Penker

1975 Stadtsanierung Xanten, 2. Preis
A Arge Bähr/Döhmen/Gansfort/Penker

1975 Stadtsanierung Grefrath,
Historischer Ortskern, 1. Preis
A Arge Bähr/Döhmen/Gansfort/Penker

1976 Stadtsanierung Schwalmtal, 1. Preis
A Arge Bähr/Döhmen/Gansfort/Penker

1977 Altstadt Düsseldorf
A Arge Bähr/Döhmen/Gansfort/Penker

1977 Mönchengladbach Abteiberg, 2. Preis
A Arge Bähr/Döhmen/Gansfort/Penker

1992 Halle Neustadt, Sanierung, 3. Preis
A HPP Hentrich-Petschnigg und Partner, Düsseldorf

1992 Leipzig-Grünau, zentraler Bereich
A HPP Hentrich-Petschnigg und Partner, Düsseldorf

1996 Hauptbahnhof Leipzig, Bahnhofsplatz, 2. Preis **A** HPP Hentrich-Petschnigg und Partner, Düsseldorf

Andreu Alfaro,
»El Olimpo de Weimar«, 1991

Andreu Alfaro
»Justizzentrum«, Skulptur,
Justiz Köln, 1989
»El Olimpo de Weimar«, Skulptur,
Westend Carree, Frankfurt a. M., 1991

Anatol (Herzfeld),
»Mast mit Motoradfahrer«, Skulptur,
LGS-Grevenbroich, 1995
»Eisenstuhl«, Skulptur,
LSG-Grevenbroich, 1995

Lajos Bartha
o. T., Skulptur,
Forum Gesamthochschule Siegen, 1981

Mary Bauermeister
»Steinstelen und Kräuterspirale«,
Landeszentralbank Wiesbaden, 1982

Victoria Bell
»Avion«, Skulptur,
Rheingarten Köln, 1995

Erich Bödeker
»Jäger und Frau«, Skulptur,
Bundesgartenschau Köln, 1977

Georg Ettel
»Braunkohlenrad«, Skulptur,
LGS-Grevenbroich, 1995

Ian Hamilton Finlay
»Neun Vorschläge für einen Wald«,
LGS-Grevenbroich, 1995

Christoph Freimann
»Wächter«, Skulptur,
Lamy Skulpturengarten, Heidelberg, 1995

Hermann Götsert/Johannes Hölzinger
»Zinsfinger«, Skulptur,
Fußgängerzone, Viersen, 1990

Matthias Hintz
»Pappelmänner«, Installation
LSG-Grevenbroich, 1995

Dani Karavan
»Tzaphon«, Skulptur,
Landtag, Düsseldorf, 1991

Leo Kornbrust
»Steingewitter«, Skulptur,
Landeszentralbank Wiesbaden, 1982

Anneliese Langenbach
o. T., Brunnen, Marktplatz Kreuztal, 1975
»Die Kölner Frauen im Spiegel der Zeit«,
Brunnen, An Farina, Köln, 1987
o. T., Brunnen, Fußgängerzone–Rathausplatz,
Dormagen, 1987

Alf Lechner
»Schleife«, Flächenabwicklung,
Skulpturengarten Lamy, Heidelberg, 1977

Kurt Link
o. T., Stein- und Bronzeskulpturen,
Gruga Essen, 1965

Hubert Lönecke
»Tien Anton«, Skulptur,
Fußgängerzone Dülken, 1979

Heinz Mack
»Lüftungsschacht«, Skulptur,
Rathaus, Markt Viersen, 1973
»Eller-Mack-Brunnen«,
Landtag Düsseldorf, 1990

Manfred Müller
»Flußboot«, Skulptur,
Innenhof Arbeitsamt Köln, 1987

Eduardo Paolozzi
»Die zerborstene Barke«, Skulptur,
Rheingarten Köln, 1983

Heinz Ludwig Pistol
»Kubus/Kegel«, Skulptur,
Lamy Skulpturengarten Heidelberg, 1991

Heinz-Günter Prager
o. T., Skulptur,
Gesamt-Schule in Köln-Ostheim, 1979

Bernhard Prinz
»Pandorra und Bonanza«
Freundschaftsbecher, Skulpturen
Westend Carree, Frankfurt, 1991

George Rickey
o. T., Skulptur, Nordpark Düsseldorf, 1957
o. T., Skulptur, Staatsanwaltschaft Köln, 1985
o. T., Skulptur, An Farina Köln, 1987
»When up, when down, excentric«, Skulptur,
Landtag NRW Düsseldorf, 1990

Klaus Rinke
o. T., Installation,
Colonia Versicherung Köln, 1983

Ulrich Rückriem
o. T., Skulptur,
Colonia Versicherung Köln, 1983
o. T., Skulptur,
Westdeutsches Werbefernsehen Köln, 1986

Victor Vasarely
o. T., Wandmosaik und Betonskulpturen,
Universität Bochum, 1972

Fotonachweis

Evert Bloemsma:
S. 99, aus Kat. »Der Wundergarten des indischen Künstlers Nek Chand – Ein Gesamtkunstwerk aus Müll und Geröll«, Haus der Kulturen, Berlin, 1991,
Seiten 36/37

Petra Eisinger:
Seite 135 o.

Peter Ganditz:
Seiten 60/61

Archiv Gartner:
Seiten 78/79

Manfred Hanisch:
Seiten 29/30/31/32/33/39u./46/47/49/83/109/110 u. /161 r.

Ruth Kaiser:
Seite 68

Herbert Peterhofen:
Seiten 58/59/155/157 l.

Max Prugger:
Seite 135 u. (Luftbild freigegeben Reg. v. Obb. G 30/6935)

Helke Rodemeier:
Seiten 18/19/20/21/26/27/36/37/41 o./42/43/55/56/63 o. + r./64/65/69/70/71/83/84/85/87 u./93/94/114/116/120/121/122/124/125/127/128/129/138/139/157r./159/160/161/162/172

Wilfried Täubner:
Seiten 41u./102/103

Andreas Woitschützke:
Seite 72

Alle sonstigen Fotos:
Archiv Georg Penker

Falls, lieber Leser, Ihre Beurteilung dieses Buches schlecht ausfällt, so bin ich allein dafür verantwortlich. Findet es aber Ihr Lob, so möchte ich diesen Verdienst gerne teilen.
Es war ein schwieriges Unternehmen aus vielen Projekten, Einzelinformationen, Skizzen und Plänen ein Ganzes zu schmieden. Dies ist möglich geworden durch die engagierte Mitarbeit von Judith Andreae, Nicola von Velsen und Angelika Thill. Sie haben sich mit den Texten intensiv auseinandergesetzt; Thomas Wündrich stand mit Rat zur Seite. Besonderer Dank gilt hier Margarete Fischer, meiner Sekretärin, die unermüdlich die Manuskripte in lesbare Form brachte. Sanni Lechner und Max von Velsen bearbeiteten Skizzen und Pläne bis zur Veröffentlichung.
Zum Schluß danke ich Claudia von Velsen, die unser Schiff mit Mannschaft souverän durch die schwierige See steuerte.

Georg Penker

Impressum

Text
Georg Penker, Judith Andreae,
Thomas Wündrich

Redaktion und Lektorat
Gimlet & Partner, Köln

Städtebauliche Lageskizzen
Sanni Lechner

Gestaltung
velsen & velsen, Köln

Lithographie
Zentralsatz Dieter Noe, Köln

Gesamtherstellung
Druck- & Verlagshaus Wienand, Köln

ISBN 3-87909-570-1

Printed in Germany